ポスト・ケインジアン叢書

21

非線形経済動学

R.M.グッドウィン

有賀裕二 訳

日本経済評論社

Essays in Economic Dynamics
by Richard M. Goodwin
Copyright © 1982 by Richard M. Goodwin

This edition published by arrangement
with Macmillan Publishers Ltd., London
through Tuttle-Mori Agency, Inc., Tokyo

日本語版への序文

　有賀裕二教授の訳による私の『経済動学論集』の日本語版に新しく序文を書くことができて大変光栄である．これらの論文は供給と需要，価格と費用，の安定的均衡点に係わってきた経済分析を産出と価格の循環的運動の安定的均衡の分析に変える努力であった．私の見解では，技術進歩の結果生産と所得の水準が上昇するがその周りに安定的成長経路が存在するという方向の分析がなされるべきである．こうした概念は，資本主義は循環的に成長すると言ったマルクスから生じたものである．私は，競合する種にかんするロトカ‐ヴォルテラ・モデルのなかで非定常的ケースを使用してこれがいかにして生じうるかを示そうと試みた．このようなモデルを定式化するにあたって，私は，完全雇用の影響の形でただ１個の非線形性があらわれるとき，それが産出の成長循環を現代資本主義では連続的に存続させる理由を説明することができるという結論に導かれた．これは明白に，ひとつではなくふたつの非線形性，つまり，上方限界と下方限界のタームで物理的なリミット・サイクルを通常定式化していることにたいする基礎的な変化を与えた．

　1991 年

R.M. グッドウィン
シエナ大学（イタリア）

序　文

　ここに所収の論文は，線形の非集計的分析がなされている本書のつぎに公刊される別冊の巻[訳注1]とともに，保存すべき価値のあるものと思われる私の著述論文を集めたものである．年代順に配列してみると，それらには，経済問題をもっと啓蒙的なやり方で再定式化しようとすることに長い間かなり取り留めなく没頭してきたことが体化されている．第１論文は，制度的変化のためにやや時代遅れになったけれども，一部にはそれ自体がもつ価値のために，また一部には現在マネタリズムが流行していることから留保される．私は最初，経済の不品行は銀行制度に由来すると教えられた．よって，正しく制御されていさえすれば，すべてはうまくいくことになるであろう．これが，やはり学者と政治家双方に通俗的な教義であった．英国の貨幣制度についての私の学位論文はこれを疑う強力な根拠を与えた．その理由とはつぎのふたつである．なぜなら，制御パラメーターと貨幣の実際の支出の間には希薄な関係があり，また生産者が制御を目指す試行を出し抜くことができる方法があるからである．

　貨幣的管理にかんする幻滅は私が循環理論に次第に興味を増したことにより強化されていった．それはティンバーゲンによる景気循環理論のサーベイを研究したオックスフォードにおけるヤコブ・マーシャクのとびきり上等なセミナーにすっかり由来していた．このセミナーが，経済の「実物」の挙動は銀行からの救援がまったくなくても波動をなすことができるであろうし，またそうなるであろうということは可能であるばかりかありそうなことであるということを一気に確信させた．これと〔ケインズ〕『一般理論』の衝撃が加わったことが循環についての論文が優勢になった理由である．

　私の業績が指し示した特定の方向は私の履歴を述べることで一番よく理解

してもらうことできる．ケインズの本が出版間近であった時期，私はハロッドの弟子であった．すなわち，ハロッドは加速度因子と乗数のタームで言い表された景気循環にかんする本により『一般理論』の誰にもわかる欠陥を補うことを手がけていた．私はこの大方忘れ去られた本に大いに感銘を受けたし，いまなお感銘を受けている．しかし，私はこの本がもつ直観はその本のもつ分析的専門技術をはるかに通り越していると思った．私はハロッドに，ティンバーゲンが，ドイツの雑誌にその本の書評をしたとき，加速度因子プラス乗数は1階微分方程式を与え，ゆえに循環ではなく指数的成長を生み出すにすぎないことになるであろうと指摘していたことを話した．ハロッドはこのことを納得したように思われる．というのは，2年後に，彼は有名な成長にかんする論文を書き上げたからである．批判が致命的な衝撃をもつにもかかわらず，私はなおティンバーゲンではなくハロッドこそが資本主義の動学〔訳注2〕についていっそう健全な見解をもっていると思い続けたが，しかし，彼は問題を定式化し解くために必要な技術的装備を欠いていると感じていた．その結果として，私はこの問題に頭を絞り続けた．しかしながら，灯明は戦時中ハーバードでひとしきり物理学を教えることになるまで待たねばならなかった．そこで私は振動子の理論を専門としていた数学者フィリップ・ル・コルベーエに会い，そして彼の学説に追随することになった．彼は私に，電気工学技術者たちは最初は線形2階方程式で第1階のパラメーターがゼロになると仮定することにより周期発電機を分析した，と話してくれた．この接近は，いくつかの正しい結果を与える一方で，まったく不適切であることがわかった．すなわち，それはある決定的な役割を果たす非線形性というはるかに豊かな，より生産的な仮定に置き換えられた．その非線形性はきわめて大きなバラエティをもつ波状からなる安定的リミット・サイクルを与えるのである．私は，これがカレツキが最初に与えた循環モデルのフリッシュによる批判の繰り返し文句であったことを悟った．それは，概念としてはそのときはまだ未知のものではあったが，いまでは構造的不安定性と呼ばれることになったようなものに該当した．私の考えでは，(『カッセル記念論文集』で

の）フリッシュの解決はきわめて有望ではなかった．非線形性がいっそう実り豊かな解答を与えた．これはカレツキにも大方わからなかった解答である．

多年にわたり，私はもっぱら資本主義の歴史の周知の事実に合致することになり，なおかつ分析上厳密な取扱いができるような仕方で，景気循環理論を定式化し直すという問題に従事した．私の考えでは，少なくとも3つの要件に見合うものでなければならない．成長は技術革新の衝撃のタームで考えられる必要があり，加速度因子の反復の形で考えられるべきでなかった（これは私の他のいかなる恩師よりも影響が甚大であったシュンペーターに由来する）．第2に，循環理論に基礎的な加速度因子はいっそう伸縮的な形で思い浮かべられる必要があった．（ノーバート・ウィナーが負のフィードバック制御という工学的概念を一般化したことに大いに感銘したことにより，私はそれを加速度因子に組み込んだ．）最後に，これらの事柄は安定的均衡点(訳注3)の動学的類似物である安定的均衡運動をもつことになるような体系を叙述するような仕方で結合される必要があった．ハロッドの問題にかんして気まぐれに没頭した30年で最高潮に達したのは，ある意味で「成長循環」〔第12章〕という論文であるであろう．ここで私は通例便宜的になされる妥協をする代わりに，成長と循環の分かちがたい合併を行うように努めた．循環モデルの不適切さのほとんどが成長を組み込み損ねたことに由来するということが私には久しく明らかであった．すなわち，同様にまたどの経済学者も成長が間欠的に開始されるという事実を知っているが，それを無視している．ヴォルテラの分析を適用することによって，私は成長も循環も他方なしには存在することがないようなモデルを組み立てることができたし，同時にまたマルクスがけっして居なくなってしまってはならない世界に彼を連れ戻すことができた．

資本主義の不規則的成長という問題を概念化しようとするにあたって，私は早期に，この過程を思い浮かび上がらせる正しい方法は上昇する「天井」に繰り返し追突する弾力的な体系から成り立っているという結論に達した．その結果として，私は種々のモデルにある「天井」とともに「床」を使用す

ることに批判的になった．なぜなら，投資の趨勢上昇は既知数ではなく体系の一部であるからである．基礎的で，単一の，所与の，短期の非線形性は，能力にかんするものであれ労働にかんするものであれ完全雇用である．こうした概念を追求するにあたって，私は片側で振動を起こす経済モデルを定式化したが，それはル・コルベーエが私に語ったところによればこれまで未知の部類に属する振動子を表示していた．この理論を説明するル・コルベーエ教授の論文は本書付録に収録されている．説明は物理‐数学的なタームでなされているけれども，経済学者は，それが潜在的に重要性をもつことに鑑み，それを無視すべきではないであろう．あらゆる循環モデルは多かれ少なかれ下方転換点を説明する際に困難があり，またなんらかの外生的な投資を利用することは疑わしい．循環にかんする本書における種々の論文はみなある程度はこの問題に関係をもっている．私は，ヴォルテラ‐ロトカ・モデルの使用だけが，なんとか健全な定式化に近づいていると感じたものである．なぜなら，それは，単に完全雇用の諸結果を式にしたものにすぎないフィリップス曲線に基礎を置いているからである．しかしながら，本質においては満足のゆくものであるとはいえ，そのようなモデルは依然として保存系（相空間の閉曲線）を与える．ル・コルベーエが私に教えてくれたように，それは，循環の持続を説明する妥当な方法ではない．実際，ル・コルベーエの論文が予示した線に沿って，単一の，適当に定式化した非線形性の導入により，モ̇デ̇ルは構造的に安定にすることができ，かつ単一の安定的リミット・サイクルを与えることができる．

　資本主義は安定的な局面と不安定的な局面をもつ．すなわち，マルサス的カタストロフィーの論文〔第14章〕は動学的不安定性とは別個の構造的不安定性についての練習問題である．一定の環境のもとで，小さいパラメトリックな変化は体系を広大な範囲に影響が及ぶ全体的に異なった過程に向かわせる．これは相空間分析の重要な局面である．すなわち，それは数量的分析に対立する定性的分析を認める．このことがどれだけ経済学で重要であるかは，経済学は全体として分析または制御の使用のために利用可能な信頼可

な数をひとつももたないという単純な事実から会得することができる．私は定性的な状態空間の分析が将来に次第に大きな役割をもつことになると思っている．最適成長にかんする論文〔第11章〕は私がインドで第2次5カ年計画に従事したときの経験から出来上がった．誰もが成長を加速することを望んだが，誰も原理上成長をどれくらいの大きさ，どれくらいの速さ，どれくらいの期間であるかを知らなかったように思われる．単純な解答を仕上げるにあたって，私がラムゼーのステップを繰り返していることを見出した．

シュンペーターによるワルラスの大賞賛は，ワルラスが動学を無視したということを考えれば，つねにいくらか過大なように思われる．逐次計算はワルラスにおけるこの欠陥を救済する自然な方法であると私には思われた．ここで表明された論文〔第7章〕はそうした結果である．動学的結合の部分は集計を外す複雑化に対面し，そのような複雑化を取り扱う方法を示唆する試行であった．最後に残った論文〔第2章〕はケインズ的流動性選好をより慣例的な利子論と和解させる試行を表示している．

私が師たちから多くの影響を与えられたのは明らかなことであるが，また私はつぎに他の人々を教えることによりきわめて多くの満足を見出した．この論文集に他の幾人かの人々に影響を与える力があるならば，私はきわめて嬉しい．

1979年9月，ケンブリッジ大学ピーターハウス〔カレッジ〕にて

R.M. グッドウィン

訳注
1） Goodwin, R.M., *Essays in Linear Economic Structures*, London: Macmillan, 1983.（邦訳：有賀・荒木・浅田・坂訳『線型経済学と動学理論』日本経済評論社，1988年．）
2） 経済学では dynamics を「力学」と訳す習慣はない．本書では「動学」の訳に統一した．
3） 経済学では equilibrium を「平衡」と訳さない．本書では，経済学の慣行にしたがい「均衡」と訳した．

謝　　辞

　著者および出版社は，本書の論文が最初に公刊された本と雑誌の以下の出版社に感謝する．

　論文 "The Problem of Trend and Cycle", *Yorkshire Bulletin*, vol. 5, no. 2, September 1953 の Bulletin of Economic Research. 論文 "The Optimal Growth Path for an Underdeveloped Economy", *Economic Journal*, 1961 の Basil Blackwell. 論文 "A Growth Cycle", in C.H. Feinstein (ed.), *Socialism, Capitalism and Economic Growth* の Cambridge University Press. 論文 "Capitalism's Golden Rule", *Bulletin of the Conference of Socialist Economists*, vol. 2, no. 2, 1972 の *Capital and Class* (the journal of the Conference of Socialist Economists). 論文 "Dynamical Coupling with Especial Reference to Markets Having Production Lags", *Econometrica*, vol. 15, no. 3, July 1947, "The Non-Linear Accelerator and the Persistence of Business Cycles", *Econometrica*, vol. 19, no. 1, January 1951 の Econometric Society. 論文 "Keynesian and Other Interest Theories", *Review of Economic Statistics*, 1943, "A Non-linear Theory of the Cycle", *Review of Economic Statistics*, 1950 のアムステルダムの North-Holland Publishing Company. 論文 "Econometrics in Business-Cycle Analysis", in Alvin H. Hansen, *Business Cycles and National Income* (1951, 1979), "Secular and Cyclical Aspects of the Multiplier and the Accelerator", in L.A. Metzler (ed.), *Income, Employment and Public Policy: Essays in Honor of Alvin H. Hansen* (1948, 1976) からの一部掲載を許可した W.W. Norton. 論文 "The Supply of Bank Money", *Oxford Economic Papers*, 5, 1941 の Oxford University Press. 論文 "Iteration, Automatic Computers, and Economic Dynamics", *Metroeconomica*, April 1951, vol. III, fascicolo I のボローニャの Nuova Casa Editrice Licinio Capelli SpA. 論文 "Wicksell and the Malthusian Catastrophe" については vol. 80, no. 2, 1978 からの掲載を許可した *Scandinavian Journal of Economics*.

目　次

日本語版への序文 …………………………………………………… v
序　　文 ……………………………………………………………… vi
謝　　辞 ……………………………………………………………… xi

第1章　銀行貨幣の供給：1920-38年のイングランドと
　　　　ウェールズの事例 ………………………………………… 1
第2章　ケインズ的利子理論と他の利子理論 …………………… 35
第3章　市場における動学的結合と生産ラグ …………………… 51
第4章　振動的機構と伸縮的加速度因子 ………………………… 93
第5章　循環の非線形理論 ……………………………………… 103
第6章　非線形加速度因子と景気循環の持続 ………………… 117
第7章　逐次代入，自動計算機，経済動学 …………………… 148
第8章　循環政策の性質と問題 ………………………………… 161
第9章　趨勢と循環の問題 ……………………………………… 166
第10章　循環的成長モデル ……………………………………… 181
第11章　最適成長経路と低開発経済 …………………………… 208
第12章　成　長　循　環 ………………………………………… 244
第13章　資本主義の黄金律 ……………………………………… 255
第14章　ウィクセルとマルサス的カタストロフィー ………… 257

付録　2行程振動子 ……………………………… ル・コルベーエ　273

訳者あとがき …………………………………………………311
索　　引 ……………………………………………………313

装丁＊池田龍二

第1章　銀行貨幣の供給：1920-38年のイングランドとウェールズの事例*

　本稿の目指すものは利用可能な統計を分析してイングランドとウェールズの銀行貨幣の供給を支配している諸力についてある推定を行うことである．想像するところこれらの諸力が貨幣の全供給を制御していると考えられる．時系列，とくに相対的に短期の時系列の研究からなんらかの結論を引き出す際のむずかしさというのはここでは操作上のもので結果を試験的なものにとどめる．しかし問題はつぎの事実によって比較的簡単に与えられる．つまり，制御の諸要因が循環的なものでないことはしばしばあり，ゆえに相互に相関し合う傾向はとくにない．

　統計は容易に利用可能な公刊物から取り出しているのでここで再録しない．変更はせいぜい単純なものだけにかぎって統計を連続量にしたり使いやすい形に直したりするように変更されただけである．データ全部はロンドンの手形決済銀行のものであり，これらの銀行で国立銀行を除くとこの領域の預金の92.7パーセントをもつ．預金総額については10大手形決済銀行公表の月別平均が使用されている．これらはさらに1921年2月から1920年1月に遡って拡張されているがマクミラン委員会の『報告』[1]の使用にもとづいている．州自治区立銀行の預金は1936年以降除外されている．当座勘定と預金勘定の系列はB.E.S.S.[2]公表のものであり，これは国立銀行のアイルランド支店を除外している．当座勘定は季節変動の修正を行い，1936年以降の州自治区立銀行と1938年のアイルランド支店の算入を行った推定修正値になっている．10大銀行の資産が与えられているのは1936年までで，1936年には10大銀行と11大銀行の双方，そして1936年以降は11大銀行の資産が与

えられている．手形決済銀行の真の現金準備はそれらがもつ当座用現金とイングランド銀行にある「銀行による預金」の和と考えられる．月間の比較を除けば，使用する数字は季節変動調整済の系列の3カ月移動平均したものである．比率は未修正の銀行現金を預金総額で除して得たものであるが，月間比較を除いて使用される数字はこの系列の3カ月移動平均値である．

雇用の系列は就労している16-64歳の人々の推定総数にかんする労働省の系列である．使用された数字はワルトの方法[3]により季節変動を修正したブラウン氏とシャックル氏のものである．これらの数字はさらに1923年から1920年に遡って拡張されているが『エコノミスト』誌の雇用指数の使用にもとづいている．適切な統計がないことによりこの指数は幾らか信頼の劣るものになっているが，想像するところここで行われる限定使用のためには十分精度が高いと考えられる．

全季節要因の計算は連環比率法でなされた．散布図上に描かれた曲線は視診によってなされたが，これはこれ以上正確な方法を使っても滅多に骨折りに値する利益が得られないように思われたからである．

公衆がもつ紙幣と硬貨の数字はB.E.S.S.が公表したものであるが，非決済銀行の当座用現金については推定修正値であり，それらはイングランドとウェールズに減率縮小してある．これは公衆の現金がイギリス諸島全土に各地の人口に比例して分布しているという仮定にもとづいている．

第1節　銀行のもつ現金の決定

金本位制をつうじてだけ外部の世界としか結びつきをもたない閉じた銀行制度があるとして，その制度内の銀行以外に顧客がもつ中央銀行内にある現金準備金の一部を運用しているならば，銀行のもつ総現金の変化はかならずつぎの（符号を正しく与えた場合の）代数和になるはずである．

(1) 紙幣と硬貨の対銀行純流入または純流出，
(2) 金の純輸出または純輸入，

(3) 中央銀行の保有証券の変化,

(4) 中央銀行の銀行以外の他の顧客による預金額の変化.

反対の符号をもつ公衆の現金の変化は，銀行を通さないもの以外に未決済の紙幣と硬貨の総額に変化はないことから，銀行紙幣の流入または流出に等しくなるべきである．イングランド銀行の金ストックの変化は，金本位制が実施されていたときには，金の純輸入または純輸出を与えたし，同様に他の2項目もイングランド銀行の声明から得ることができるものであった．不幸なことにこれらの諸要因の変化は足し合わせても1925-31年の期間には銀行のもつ現金の変化にはならない．たとえば，1925年から1929年にかけて，イングランド銀行の証券保有は3,000万ポンドだけ下落した[4]．そしてこれは公衆がもつ現金500万ポンドの減少と他の顧客の預金300万ポンドの減少と金ストック100万ポンドの増加によって相殺された．これらの変化の結果銀行のもつ現金の2,100万ポンドの下落があると予想されることになるであろうが，予想に反して実際には800万ポンドしか低落しなかった．このような乖離は短期と長期の双方でまた年別月別のどちらのデータが使用されても見出されるものである．こうなりうるのは諸系列のいくつかの推定値に誤差があるか手形決済銀行が閉じた制度を構成していないためであろう．

手形決済銀行の現金準備は短期には安定的な数量でない．それは高水準に維持できないような激しい変動を示し，これは6年間の平滑でない系列を与えている図1.5と図1.6を視診すればみることができる．これらの変動は一部季節変動によるものであるがゆえに予見される．しかしそれらはまた軌道の定まらない要素も含んでいる．これは大部分は公衆の預金の範囲から生じる．そこでの変化は，それ以外の構成要素を無視するとき，それに等しいが逆方向の変化が銀行のもつ現金にかならずあることを意味する．必要のある支払の量と特質が与えられるならば，大蔵省は短期借入に介入することによって変動を抑えて現在の大きさに保つようにすることができるにすぎない．

公衆の預金の変化は第1に季節的なものではないが，それでもなお銀行のもつ現金は一定の季節パターンを示す．これは図1.1で100万ポンド単位で

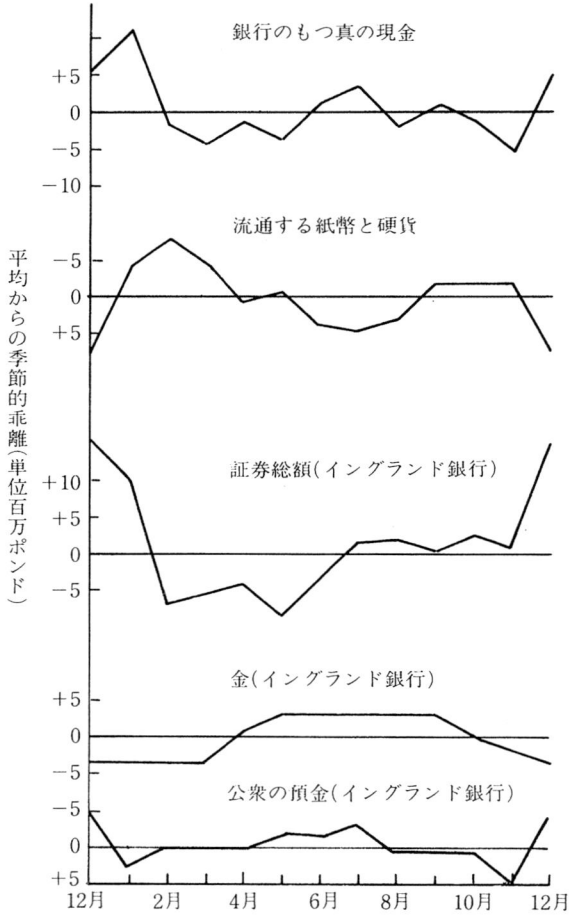

図 1.1 銀行預金の季節変動に影響を与える諸要因

与えられている．もし銀行が硬直的にある固定的な比率を保持するならば，これは実質的に激しい変動を意味することになるであろう．預金はたとえば 1 月には 11 月より 1 億 6,000 万ポンドほど高くなる傾向になるであろう．

図 1.1 で与えられているのは銀行のもつ現金を制御する種々の要因が示す

表 1.1 イングランド銀行金ストックの平均的季節的運動

	12月	1月	2月	3月	4月	5月	6月	7月	8月	9月	10月	11月	12月
1845-1900	96	97	99	101	99	98	104	105	103	103	98	95	96
1925-1931	98	98	98	98	100	102	102	102	102	102	100	99	98

出典：R.H. Inglis Palgrave, *Bank Rate and the Money Market* (London: 1903), p. 71.

100万ポンド単位での平均の周りの季節的諸変動である[5]．これらは全期間の平均に百分比の季節変動を適用することにより計算される．これは季節の影響についての完全に正確な構図を与えるものではないであろう．それはある季節パターンが変わらないと仮定している．そしてまた「正常的なこと」とその期間の平均とを結びつけて連想している．

ふたつの大まかな事実が図1.1の研究から明らかである．銀行のもつ現金はそれを制御する系列よりもずっと安定的である．これは明らかにイングランド銀行の貸付ポートフォリオが公衆の現金と逆方向に変化しているという事実の結果である．これは，とくに負の相関に非常に近いことから，想像するところイングランド銀行が準備金の季節的変動を軟化するための一定の政策をとった結果であると考えられる．外国為替市場の切迫した事情にある部分的な救済をする自由の余地は十分あるのであるから，季節的要因の完全除去があるはずがないという明白な理由は存在しない[6]．

第2の著しい事柄は金のストックと公衆の預金は季節的な摂動の小要因にすぎないということである．ここにわれわれは有名な「秋期流出」の現在の形状と大きさを示す．表1.1のこれを示した最初の推定値の方で，パルグレーブは，粗い方法を使っているが，1845-1900年の間の季節運動の指数を導いた．

これらの推定値が正しい構図を与えるかぎりで，この変化はずっと単純な形をしているものの大まかには違いはないと言えないことはない．しかしながら変動の百分比集約度では半減している．公衆の預金の水準の方はわずかながら季節変化を示している．季節要因の決定は永年または循環的要因がないのでとくに簡単であるはずであるという事実はあるが，使用された平均は

高度に定型的なものではなかったので信頼性に欠ける．

イングランド銀行の証券の季節パターンのもつ特質は大部分は公衆の現金のもつ特質によって決まる．それらの間の顕著にみられる逆方向の運動はイングランド銀行が明確な意思ををもって一部であるが現金の周期的な流入と流出を相殺していることを指示している．これらの努力の結果はかえって奇妙なことに変動を平滑にするどころか，銀行のもつ現金の運動が公衆のもつ現金の運動以上に証券の運動に近くなっているという結果を伴った．証券の額は政策によって決まるので，それに準備金の季節変化の直接的な責任をかけてしまうことが可能であるが，もっとも他の制約やら実践上の困難のためになにか違った結果が得られることはないであろう．

比率が準備金の季節にかんして再帰的な上昇下降に応じて自由に変化しているとするならば，預金は影響を受けないことになるであろうし課題全体は銀行家を除いて関心のないものになるであろう．他方において，比率が準備金の水準とは独立に与えられているとするならば，預金は銀行のもつ現金と同じ百分比平均の季節的乖離をもつことになるであろう．図1.2でみることができるように，これらふたつの間になにかが起きている．比率が準備金のと同じ百分比の季節的乖離をもっているとすれば，それは現金の季節的要因を吸収していることになるであろう．しかし季節的要因がないかあるいは完全に異なっているとするならば，預金の季節的変化は他の諸要因，想像するところでは貸付需要により決まってくることになるであろう．実際的には比率のパターンは銀行のもつ現金のものに相似しているが，激しさは明らかに小さい．これは現金の変化が傾向として一部分吸収されることを意味している．預金の季節的要因の大部分は経常勘定で生じる．われわれはそのパターンが大まかに銀行のもつ現金に相似していることがわかる．それが同一でないという事実は現金準備金のほかに他の諸要因の影響があることを指示している[7]．

貨幣供給の季節的要因はわれわれにおそらく貨幣と利子率の間の関係を研究する最善の機会を与えてくれる．短期の率が適切なものであるように思わ

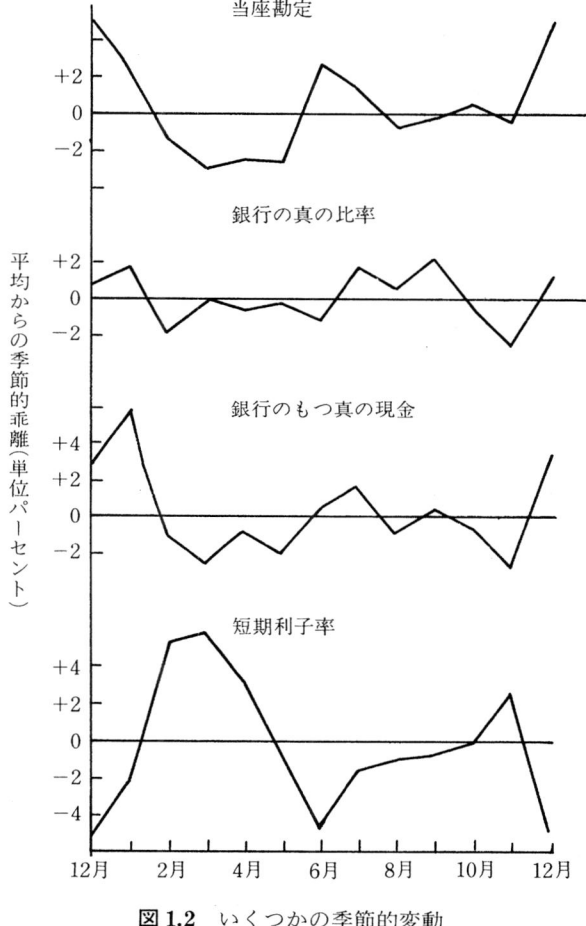

図 1.2　いくつかの季節的変動

れる．この測度として日切りと 3 カ月切りの手形率の単純平均を考えることができるであろう．1920-29 年の期間については短期率ははっきりとした季節的要因をもちこれは図 1.2 で与えられる．それらは当座勘定と明確な負の相関をもつ．これは図 1.3 のような散布図の形で示される．利子に使用されたデータが未加工で季節的要因はかならず粗い近似になっていてしばしば定

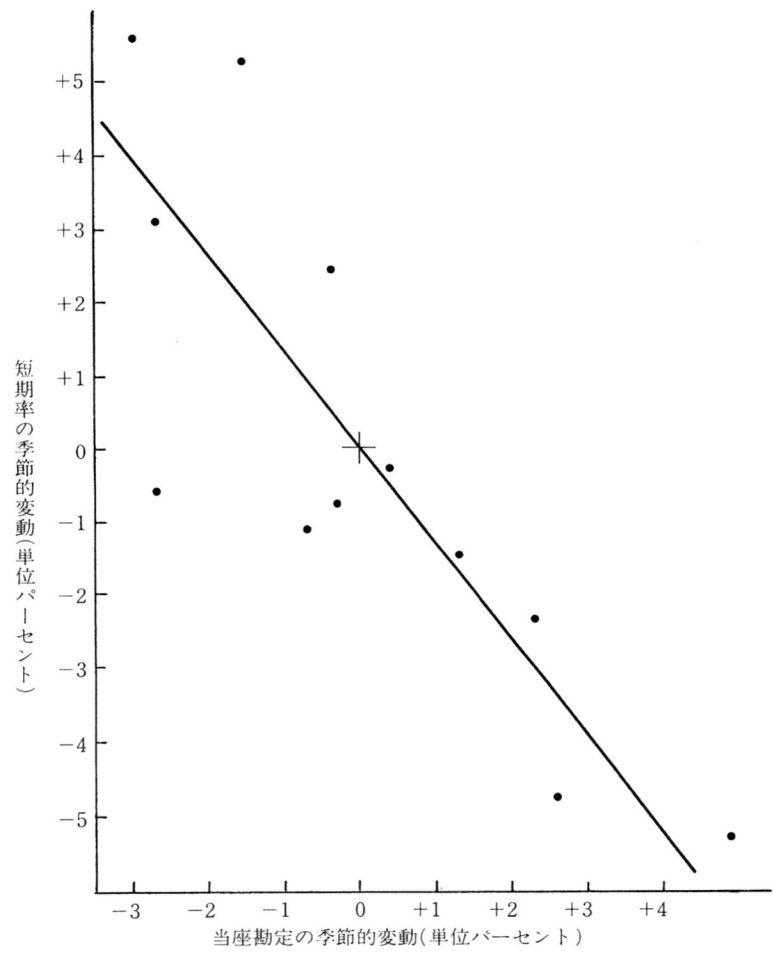

図 1.3 利子率と当座勘定の季節的変動

型的な平均になっていないという事実を考慮すれば，この関係はかなり線形である．われわれが流動性需要表が季節的にもより長い諸期間にわたっても変化していないと仮定するならば，当期の当座勘定にたいする需要の利子弾力性にかんして推定は容易になる．これらの諸点は観察の値域の範囲でおよ

そ 0.7 の等弾力性をとるともっとも整合的になるであろう．もちろん歴史的なデータからなんらかの静学的な関係を決めることには重大な困難が伴う．しかしこの方法は意味のない循環や永年変化の相互の相関という最悪の危険を避けている．季節的要因になんらかの規則的な変化があるという強力な証拠は存在しない．それは関係不変という仮説の有効性に支持を与える．この関係は，観察された変化がすべて貨幣の供給または供給表のシフトから生じるという範囲でのみ，需要曲線であるが，われわれはこれが大部分そうなっていることを知っている．それは，短期の率は想像するところ取引動機のために保有される貨幣だけに影響を与えると考えられるから，ケインズ的流動性関数ではない．ケインズの関数はある別の種類の事柄に関係しており，確かに終始変化に服する．コンソール債の収益の季節的要因は当座勘定との負の相関にたいして当期はなんの明確な傾向を示さないということはなにがしか興味のあることである．しかし彼の仮説はそれを必要としているように思われる．

第2節　粉　　飾

　銀行のもつ現金とその対預金比率についての公刊された声明は銀行がもつ真の現金と比率は一般に粉飾として言及される額だけ異なっている．マクミラン委員会の『報告』公刊以降，銀行のもつ真の現金の正確な推定をすることが可能になっている．これを公表された数字から控除することにより，銀行のもつ現金も比率のどちらにおいても粉飾を推定することが可能である．1927年ではこれにより真と真でない比率の差は 0.015 になった（自称の準備金は実際の準備金が 10 パーセントであるのにたいして 11.5 パーセントである）．

　粉飾は銀行を実際以上に流動性をもっているようにみせる目的に供する．しかしさらに一般には承認されていないがもうひとつの目的に供する．上記で指摘されたように，銀行は季節的な源泉と軌道の定まらない源泉の双方か

ら高度に不安定な準備金に直面している．もし銀行が固定比率を維持するならば，銀行は預金の供給の変化を激しくかつ頻繁なものにすることになるであろう．あるいは，もし銀行が比率が自由に変わることを許すならば，銀行はおそらくは信用の欠如かなにかの批判に服する可能性がある．実際的には銀行はこのふたつの世界から便益のいくらかを達成するが，これは粉飾額の変動を大きくすることを認め，それによって公表比率を真の比率よりもはるかに安定的に維持することを手段としている．図1.4 では1921-23 年と1931-33 年という6つの標本年にたいして，真の比率の増分と粉飾額の方の比率の増分（2者の差額）の間の関係が与えられている．この関係は著しく密接なものである．真の比率と真でない比率の間の接続すべてが見失われるべきでないとすれば時には両者は同じ値だけ変わらねばならない，という観点でみるとき，とくにそうである．視診によって直線をあてはめると，われわれは真の比率の 0.0010 の変化が粉飾の 0.0007 の反対方向への変化と同伴している（反対方向の変化の原因となっている，と付け加えてもかなり安全だと思う）傾向を見出す．この推定方法により真でない比率の変化が真の比率の変化の3分の1にすぎない傾向をもつという結果が得られる．

　この真でない比率を変化させにくくする現象は月別の運動に限定されるものでなく，ずっと長い期間に及んでいる．1921-23 年のケースは示唆的である．銀行の真の現金は急速に低落した．真でない現金は低落したが，2年の期間にわたる粉飾の累進的な増加のためにけっして同額の低落ではなかった．預金は真の比率ではなく真でない比率を不変に維持するのにやっとの額しか縮小しなかった．平均的な年別粉飾はけっして不変のものになっておらず，1921年から27年にかけてほぼ2倍になり，また1929年の 2,650 万ポンドから1934年には 1,200 万ポンドに縮小している．これらの変化は無視できるものではないし偶発的なものでもない．貨幣的発展の全体に関連している．それらは真の比率よりも公表された比率の方に安定性を高めるようなものであった．というのは，1921年から27年にかけて真の比率は 0.0084 だけ低落したのにたいして，真でない方は 0.0011 だけの低落しか割当てられなかっ

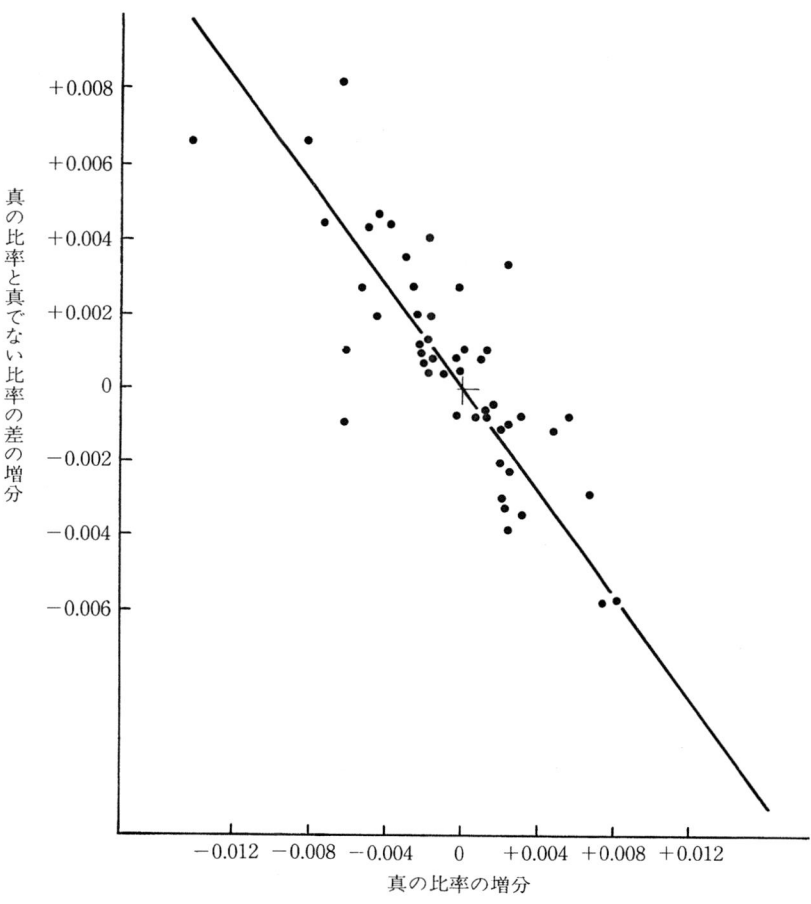

図 1.4 粉飾の変化. 1921-23 年と 1931-33 年

たからである. 1931 年から 34 年にかけて真の比率の 0.0154 の上昇に付随したのは 0.0092 だけの真でない比率の上昇にすぎなかった. 1921 年から 1938 年にかけて年平均での変動係数（標準偏差に 100 を乗じて平均で除したもの）は真の比率について 5.50, 真でない比率について 4.84 であった.

粉飾が変化に富んでいるというこれらの事実はある重要な意味をもつ.

1931年までイングランド銀行がもつ月別運動の知識は銀行のもつ真でない現金だけであった[8]．このことは短期の発展の継続についてなんの確実な知識もないしなんの制御もできないことを意味する．イングランド銀行の政策は大部分が短期の諸問題に関係していたので，これは深刻な制約であった．しかしながら他方では，不変の比率という装いを維持させるのにかなり望ましい自由が銀行に割当てられており，預金の供給に激しい季節的な変化や軌道の定まらない変化をさせることはなかった．

粉飾の長期的変化についてはなにかの正当な理由を見るのはむずかしい．これらの変化は実際にそうであるよりもはるかに高い見かけ上の安定性を比率に与えるような仕方で作用した．安定的比率は貨幣的制御の最近のほとんどすべての理論と実践にとって基礎的なことである．粉飾はこの仮定の妥当性を弱めるのに役立つ要素のひとつである．それが真でない比率を研究することから得た誤った印象であり，理論家にこの仮定を無批判に受け入れさせるように導いたと考えざるをえない．預金の水準にある与えられた結果を生み出すように計画された中央銀行の操作は粉飾があるために過大にならざるをえない．どれだけ大きくなるかは可変的な要因であって操作のサイズだけによってもまた銀行のもつ現金の過去の水準によっても決まらない．金流出や公衆の現金保有の「自動的」結果はこれによってもまた影響されるであろう．

第3節　比　　率

$N = $ 流通する紙幣と硬貨,
$B = $ 銀行のもつ現金,
$D = $ 預金総額,
$C = N+B,$
$\alpha = \dfrac{N}{D},$
$\beta = \dfrac{B}{D} = $ 比率

とせよ．

　預金のタイプの区別を無視するならば，貨幣額をつぎのように書くことができるであろう．

$$D+N = \left(\frac{1+\alpha}{\alpha+\beta}\right)C.$$

ふたつのパラメーター α と β は任意に与えられた C から生じる貨幣額を決める．もしそれらが定数ならば，C が唯一の決定要因である．α と β は定数ではないので，それらを別々に切り離して研究することが望ましい．この節では B と D の間の関係を研究することにしよう．このように切り離して単純にしておくことには経験上良好な根拠がある．なぜなら，C の変化は普通 B を通じて起きるし，また一般的に N は D に直接的または物価，賃金などを通じるかのどちらかにより依存しているからである．われわれは銀行のもつ現金を直前で決定する要因を研究した．この決定は，もし比率 β が独立的に与えられるならば，つぎに銀行貨幣額の決定となる[9]．

　比率が変わらないという仮定，あるいはむしろほんのわずかしか変わらず，しかも取引の状態[10]や準備金の水準の結果として変わらないという仮定は広範に貨幣理論家に受け入れられるようになった．たとえば，ケインズはつぎのように言っている．「われわれは比率はいろいろなタイプの銀行で変わっており，いろいろな理由で時間ごとに変化してきている．しかしある所与の時点で銀行は銀行が確立している比率にぴったりと固着している．以下に与えられた数字が示すように，そこにみられるような変動は取引の状態とはなんの相関も呈示しない．」[11] そして貨幣数量の変化についてのほとんどの理論が組み立てられているのはこの基礎のうえであり，それは中央銀行制御の全理論に基本的なことである．銀行はイングランドにおいては一時的なことを除いて銀行のもつ現金額に影響を与えることはできないので，このことは銀行それ自体は貨幣数量に影響を与えないということ，それゆえにまた想像するところ景気循環に大きな重要な意味をもつことはできないことになるであろうということを意味する．この観点に反対している人々のなかにハイエ

ク教授のような人がいるが，彼らは銀行が比率を交互に弱めたり強めたりすることを通じて貨幣数量の循環的変化を割当てる手段ということで重要な役割を演じると信じている[12].

任意のある時点で少なくとも固定的な比率に依存することは普通のことになりすぎてそれがもつ制約を忘れやすくしている．それは，銀行は比率を安定的に維持するという，非常にうまく実証されているとはいえない信念以外のより良い根拠にもとづいていない．近年はアメリカの銀行は激しい変動を許しているし，以下で示されるように，かなりの変動がイングランドとウェールズで生じた．手形決済銀行が維持した実際の比率は一部には銀行のサイズが小さかった以前の時代からの非合理的な遺物であり，実際そうであるより低くなりうるものであろう．ある特定の銀行がその比率を低めることは公衆の側になにか信用の欠如をもたらす可能性があるというのは本当である．しかし，これは久しく失敗がなかったという理由でもはや重要でないのではないかと考えられる．かつては銀行にとって高い比率が絶対的に必要であったが，今はそうでない．この事実があってそれは下降する傾向がありおそらくそうしつづけるであろう．しかしながら，ケインズ氏が示唆しているように思われるのであるが，これが恒常的に終始起こることはありそうにない．むしろこれは現金ベースの変化と景気循環の局面の双方に関係している．景気上昇期には，銀行家に比率を縮小させる圧力は最大になり，信用喪失の危険は最小になるであろう．景気下降期には逆が真となるであろう．

さらにまた，「安全な」比率は銀行がもつ他の資産の流動性から独立でありえない．これは疑いなく変化に服することになる．このことがもしあるとすればどのくらいの影響を比率に与えるのかということは決めにくい．突然起こりうる現金の損失の補充に当てることができるもっとも流動性の高い基金の額は2, 3の極端なケースでたしかに比率に影響を与える，ということはかなり確定的なことである．これは以下で示されるであろう．

比率が固定的でないならば，銀行貨幣の数量は銀行のもつ現金のほかに他の諸要因によっても決まる．このことが実はふたつの非常に異なる問題を提

出する．(i)時間の関数として（銀行の慣行の変化として），ただし取引の状態から独立に，(ii)銀行のもつ現金の変化の関数として，(iii)気まぐれに，ただし非貨幣的諸要因から依然として独立的に，比率が変わるならば，複雑性が銀行貨幣の供給の決定（あるいは部分的不決定）に導入される．しかしそれはもっとも広義の意味で銀行制度により決まる．この意味でわれわれは「貨幣数量は公衆により決まらない」[13]というケインズ氏に同意できるであろう．しかし，他方において，比率が取引の状態や他の経済的諸要因の関数としても変わるならば，あるいは銀行慣行の変化がこれらの諸要素と相関を示しているならば，これは理論をもっとむずかしくしまた理論にもっと重要な帰結を及ぼす．一般均衡理論はいかなるものであれ貨幣を任意の，すなわち，体系のそれ以外の変数にかんして任意の，パラメーターとして，導入する．これは貨幣数量説のもっとも卓越した特徴である．これは取引の状態が貨幣の供給に作用しているならば成り立たない．

　すでに指摘されたことであるが，比率は月毎にかなりの変化を示しており，これは銀行のもつ現金の不安定性に関連していることがわかった．もっと重要なことはより長い期間でのその動きである．この研究をするために曲線を平滑にして継続しない大きな変化を消去することは有益である．図1.5では季節要因調整済みの銀行のもつ3カ月移動平均，比率の3カ月移動平均，および預金総額が与えられている．

　この図から比率はけっして定数でないということが明白である．それは1921年9月の0.112から1923年5月の0.102に低落，1931年9月には0.090に低落した．そこから再び1934年2月には0.109，1936年10月には0.090に低落した．これらの変化は偶発的なものでもなければ解釈できないものでもなかった．それらは銀行のもつ現金と取引の状態の主要な諸変化と密接に関係していた．また時間を通じた連続的な変化も支配的な要因でなかった．これらの変化の重要性を示す指標としてつぎの事実，つまり，0.100から0.090への変化は10倍の拡張または収縮であったところから11倍に置き換わることを意味し，また0.100から0.110への変化は9倍の縮小になるであ

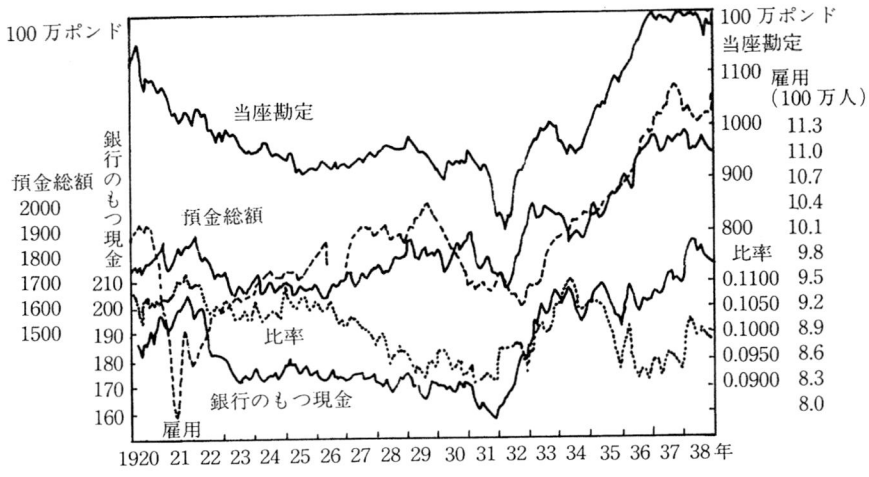

図1.5 預金総額に影響を与える諸要因．1920-38年

ろうという事実がある．比率はたしかに一見したところかなりの安定性をもっているように思えるけれども，安定性の見かけの度数は人を欺くものである．比率の小さな変化のもつ意味はそれと銀行のもつ現金のある与えられた増分のそれに同伴する預金総額の増分の比率，つまり，平均比率の代わりに限界比率を考察することによって出てくる．1921年9月から1931年9月までの4,700万ポンドの銀行のもつ現金の低落は1億300万ポンドだけしか預金の下落をもたらさず，それにより限界比率は0.456となる．そのときから1934年2月までの4,600万ポンドの増加により1億5,500万ポンドだけしか預金は生じなかったが，限界比率は0.297である．このことが，比率が0.100から大して変わっていないがゆえに銀行のもつ現金が変化すれば預金もほぼ10倍に変化するであろう，という論述に誤りがあることを論証することになる．しかしわれわれが唯一もっている関心は増分にかんするものである．銀行のもつ現金のある与えられた増分がその3倍の規模の預金の変化を同伴すると言うことはそれが後者の変化の原因であると言うことではないと付け加える必要がある．準備金の変化の結果として，預金はそれがなかっ

第 1 章　銀行貨幣の供給：1920-38 年のイングランドとウェールズの事例　17

た場合の額であったであろうものより準備金の増分の額の 10 倍だけ高くなったり低くなったりすることもまたありうるであろう．しかしこれにより預金の額は銀行のもつ現金のほかに他の事柄に依存すると言うことになり，また近似的にでさえ預金の変化を一意的に推定することが不可能であることを認めることになる．預金の変化は準備金のある与えられたなんらかの変化に同伴しているのである．

　多くのまた複雑な諸要素が銀行のもつ現金と預金との間にある実際に現存する関係に入っているということは想像するに難くない．最良の洞察をこれに入れられるようにするために，いくらか詳しくその期間に起きた主要な諸変化を研究することが望ましいことになるであろう．しかし紙面に限りがある．図 1.5 から大まかに比率が銀行のもつ現金と正の相関をもち，すでに議論した短期の運動についても同様であるということは容易にわかる．これが意味のない相関であることはおそらくないであろう．その理由はそれを予想する良好な根拠が存在するからであり，また運動がけっして一意的に景気循環に関係しているのでもなければ，もしあったとして同一の趨勢を示しているのでないからである．それゆえに相関が直接的な影響を指示するものである可能性は高く，経済体系全体をともかく通じて作用する間接的な必要でない影響を指示しはしないであろう．比率と現金準備金の間の関係はかならずしも保持されないし，一様なものでない．これは一部には取引の状態を銀行からの貸付需要のシフトを統制するものとして導入することにより説明できる．この最良の測度として雇用の人員の推定値が使用される[14]．取引の状態は，たとえば，銀行が預金の水準を削減しようと試みる際に経験して知る難易（そして得失）を測る指標として使えるはずである．銀行が融資を除いてあらゆるケースの貸付で主導権をとるという事実はこの要因の影響をひどく弱体化させるものでない．それは手形や証券で獲得できる利子率の変化を通じて現われてくるであろう．

　貨幣額を拡張しつづけることができなかったり，あるいはそれをしたがらなかったことが戦後のブームを終焉させた要因であった．それにつづく下降

期における預金の拡張への抵抗は明らかに貸付需要の状態で説明できる．どんな拡張が起きたかは大部分は政府の短期借入の上昇に帰することができる．取引の状態が少しずつゆっくりと改善されて1929年にいたると，イングランド銀行が銀行のもつ準備金を減少させる政策をとったにもかかわらず，預金と貸付は上昇した．今日利用することができるもっと完全なデータを注意深く研究すると，比率のこうした減少が全面的にケインズが信じていたように[15]ミッドランド銀行の慣行の変更の帰結であったわけでないということが決定的に論証される．準備金の減少は1929年6月から31年9月にかけてまったく抵抗を受けることはなかったが，やはり明白に取引の状態のためである．

1931年9月以降銀行のもつ現金の巨大な拡張が到来したが，想像するところマクミラン委員会『報告』に同意した貨幣政策の帰結であると考えられる．1933年4月までに準備金は4,200万ポンド上昇し預金の増加2億1,300万ポンドをもたらし限界比率は0.193となった．このような限界比率の数量的な重要性は，もしも限界比率が0.090である平均比率に等しかったとするならば，預金の水準は19億2,500万ポンドではなく22億1,000万ポンドになったであろうという事実によって明らかにすることができる．拡張にこのような抵抗があるという説明は，明らかに取引の状態は，それが悪化することはなくなったとしても，著しい改善はなにも示していなかったという事実である．雇用は底に達していたが，まだ多くの利得を得るには至っていなかった．

他方において，1936年10月には銀行のもつ現金は1933年と比べてたった100万ポンドしか上昇しなかったが，預金は22億100万ポンドに拡張した．このような預金の派生的拡張は銀行のもつ現金の変化の結果として出てきたのではなく，想像するところ取引の状態が急速かつ活発に急騰してほとんどブームの状態に入っていったためであると考えられる．1936年10月以降，再び銀行のもつ現金の大増加が到来したが，それは預金になにも上昇圧力を発揮せず，景気上昇の終焉という結果となった．

平均比率と限界比率がほぼ等しいという仮定は，もしも完全競争の諸条件が銀行で実現されているとするならば，支持を高めることができることになるであろう．銀行の数が非常に大きくてどんな銀行も単独で利子率に影響を与えることができないならば，そしてどんな行為もその銀行だけの直接的な利益以外のことにもとづくことがないならば，このとき，流動性の考慮を制約として，銀行は，現金が習慣にしたがった比率を超えているかぎり，そしてまた（費用と危険を控除した）利子率がゼロを超えているかぎり，つねに貸出をすることになるであろう．これらを条件とすると，可能になる預金の拡張額は貸付需要の利子弾力性に依存することになるであろう[16]．短期ではこの需要は想像するところむしろ非弾力的であるが，循環のある局面では他の局面よりもはるかに非弾力的となるという違いはある．もしもこうなっているとすれば，銀行のもつ現金がかなり増加すれば，貸付と預金の適正な拡張のつぎに銀行に大損失がおき，拡張が度を越して行われれば，操業の停止にさえ至ることになるであろう．準備金の減少は結果の点からみれば銀行家が彼らが必要であると考えている最低比率にどれだけ硬直的に固守したかということに依存することになるであろう．

この困難な状況はケインズが流動性選好と呼んだ要因の作用によって緩和される．銀行は率を切り下げることにより借入総額をいくらか増加させることができるであろうが，非弾力性が大きくなる時節には，ほとんどの場合，銀行は貨幣を遊休させている他の貸手に取って代わるにすぎない．後者は，われわれの社会では貸出と貨幣の準備は一体となっているという固有な事実の帰結である．それが，取引の状態とは独立的に，銀行制度を通じて貨幣数量を変えるある可能性を付与する．しかし，そこにある自由は遊休貨幣の変化から生じるもので，貨幣の機能的な局面，つまり，貨幣のもつ物価と数量との関係にとってはなんの重要性ももたない，ということに注意すべきである．通常望まれることは貨幣として定義されているものの単なる変化ではなく，むしろ貨幣がすると思われていることの変化である．しかしこの貨幣はそれをすることはないであろう．

短期で貸出す人々は現金保有を選好する理由をほとんどもたない，それゆえ選好の取り替えはむずかしい．これが，短期の利子率はいとも容易に純率でゼロ近くにまで低落する傾向があるのに，長期率はその傾向に抵抗をもつというひとつの理由である．この重要な事実は通常複合率の変化を包括的に参照するために見過ごされている．

このことは銀行貸付需要の非弾力性を小さくするが取り除かない．このような非弾力性に直面している銀行は競争的に行動しない誘因をすでに強くもっている．1932年のような不況期の中頃に現金準備金の増加があったとき，銀行はなにをすべきであったのであろうか．銀行は顧客への融資を買うことはできない．しかし，もしも競争的であるなら，銀行は率を低めて競争相手や新しい借入のいずれかから新しい取引を得ようと望むことができるであろうし，またそうすることになるであろう．もっと特定して言うと，銀行ができることは市場に単に入っていって債券と手形を買うことにすぎない．率がどんなものであれ，これは明白につねに現金保有よりは有利であろう．債券と手形をともに買うことができれば，流動性は減じられないであろう[17]．

ごく短期償還の証券に純率（相場の率から貸出費用と債務不履行の危険を差引いたもの）で正の利子がつくならば，銀行が任意の誰かほかのものと同じく現金保有しているよりは望ましい．長期債券は一見して銀行が手に入れる理想的なものであるように思われるかもしれない．なぜなら，同じことは銀行がもつ他の資産すべてについて当てはまるが，いかなる拡張もそのタイプの過去の貸付にかかる率に影響を与えないからである．しかしながら，これは，銀行も民間投資家と同じく債券の購入に伴う投機的な要因が存在するという事実によってバランスが保たれる．銀行の性格上かなり高い危険には着手したがらない．さらにまた，こうではないとしてさえ，銀行は他の任意の投資家と同様に，ある点で，損失の確率が利得の確率と利子支払の合計を相殺するということを見出すことになるであろう．これらの事実は問題を複雑にして，任意の個々のケースで市場の不完全性と投機的危険が銀行行動の決定の際にそれぞれどの程度重要性をもつかを言うことをむずかしくしてい

る．流動性は正しい意味でここには入らない．

　これまでに競争的状態があったかどうかを知ることはむずかしい．しかし今日では存在しない．マクミラン委員会以前は銀行家は彼らが融資の形成に際して受動的な役割を果たすことを明らかにしていた．率は「協定された」最低率を4パーセントから5パーセントとした銀行率を0.5パーセントから1パーセント上回る．こうした管理価格のすべてにあるように，各々個々の貸付には疑いなくある伸縮性が存在している．しかし，大まかに言えば，そのセット価格で要請された安全な貸付はどれも授与された．銀行資産の研究から見ることができるように，結果は預金水準のむら気の多さとはまったく独立的に規則的な循環的パターンである．銀行があらゆる資産の向かっているのと同方向に行動するならば，貨幣数量は循環的になるであろうし，また短期においては銀行のもつ現金から大体独立している．

　銀行が関連する率とは無関係に投資と手形を自由に売買するのを厭わないならば，銀行が預金の水準を統制するのに現金準備金を使うことは依然として可能である．相違点は強調し過ぎるべきでない．というのは，銀行が融資のケースのときのように価格で操作するか，手形や投資のときのように数量で操作するかどうかは重要性をもたないからである．実質的な相違点は（銀行の観点からだけ考察すると）債券貸付需要の弾力性が他の貸手に取って代わる可能性のために増大することである．また大蔵省の短期借入の額も取引の状態とは独立に変わることができるであろう[18]．

　1920年9月から21年9月にかけての銀行のもつ現金1,400万ポンドの上昇は預金を4,100万ポンドだけしかもたらさなかった．これは融資の大低落を打ち消すのに十分である以上に手形の保有を拡張したことにより可能とされた．もっとたっぷりと拡張することができなかったわけは想像するところ手形率が6.78パーセントから4.09パーセントに低落したという事実に見出される．この額の拡張でさえ政府借入の増加があったために率がひどく低落することなくやっと可能であったということを銘記することは重要である[19]．1930年には預金の水準は恒常的に悪化していく取引の状態に追従しなかっ

た．これはやはり大部分は政府借入額が相対的に大きいことに原因を辿ることができるが，それは率を悲惨に低落させないで手形の上昇を大きくした．この時期は，1921年と違って，投資もまた購入された．

　金本位が放棄されてからは，緩和基調の貨幣政策が着手された．銀行が個人主義的な競争的根拠にもとづいて行動した程度は幾分か検定することができるであろう．狙いは貨幣数量を増加させ利子率を低下させることにより事業活動を再生すること，またその反対のことをするのを助長してやることであった．しかし，大きな規模でそのように操作するには，銀行が銀行の稼得力を沈着に協同して縮小するという仮定が基礎になっている．実際的には銀行は銀行のもつ預金を固定比率が指図していたであろうもののほぼ2分の1だけ拡張した．これは手形や投資の莫大な購入によって成し遂げられた．同時的にかなり明白に，結果として融資は急勾配に低落した．利子率は桁はずれに下落し，それが銀行を困難な状況に陥れた．1932年10月8日の『エコノミスト』誌の別冊銀行業は複雑な平均値からなるシステムをつくって，銀行がこの影響によって純収入を削減してほとんど総利潤のすべてを破壊してしまったと推定した．公表された1932年の利潤は1931年より10パーセント下回っただけであるので[20]，これは極端な推定であったように思われる．強烈な活動と拡張のサイズの制約とによって銀行はなんらかの相当大きな直接的な収入損失を避けることができた．銀行はこれについて反対の操作と結びつく政府の短期借入の大きな拡張のために救われた．銀行が2倍の額の拡張をしたなら，銀行は深刻な損失に直面したことになるであろう．しかしながら，このすべては直接的な影響を推定しているにすぎない．影響力全体を跡づけることはそれが多くの他の展開から切り離すことができないという理由で確かに不可能である．しかし1933年，1934年，1935年の景気上昇期は融資がなにがしか増加せずに生じたという印象的な事実を無視することはできない．それは1923年，1924年，1925年とはおどろくべき対照をなしている．1937年には雇用と産出は1929年よりもはるかに高くなっていたが，融資は過去の最高に達したにすぎなかった．この環境では銀行が巧みに行動し

第1章 銀行貨幣の供給：1920-38年のイングランドとウェールズの事例　23

てあまり儲けの少ない資産をもっとも儲けの高い資産に大がかりに交換するという方に向かったということはかなり明らかなことである．これらの事実により銀行家たちはかなり印象づけられて彼らの政策を再考させられたにちがいない．大きな銀行が数行あるにすぎないところでは，このような環境で私利に頼って預金量のなにがしかの望ましい拡張または収縮をもたらすことができるのかどうかということは重大な未決問題である．預金量変更の度合いと時機はたしかに銀行のもつ現金によってだけで決まらないであろう．

　1931年以来の出来事を大まかに見た範囲では，説明を要するふたつの特色が発生した．1933年7月から34年3月にかけて預金は1億4,200万ポンドだけ低落した．これは二重の意味で注目に値する．その理由はひとつには銀行のもつ現金が800万ポンドだけ上昇したからであり，また景気上昇期はこのときまだ活発に進行中であったからである．説明は政府が短期借入を長期借入に変換する政策をとったということに見出される．結果は銀行がもつ手形保有のサイズを徹底的に切り詰めてさえも銀行は手形率の低落に直面しそれは8月のある時点では0.25パーセントまでに下がったというものであった．銀行はこのとき非競争的な行動に出てある率以下の手形は買わないという協定をした．

　これは銀行を困難な立場に押しやった．銀行が実際にもつ資産の分布はつねに融資と投資の収益性比較，現金の流動性，手形，コール用や急用の貨幣の妥協である．銀行の集計量では[21]，これらの後3者の和が預金の30パーセント以下に低落するとき，危険信号である．手形と短期用貨幣は現金の補充の源泉を形成し，範囲を限れば現金と代替できるであろう．銀行が手形保有の低落分を投資に置き換えていたとするならば，1934年の初めにはこのパーセンテージを優に30以下に押しやったことになるであろう．1934年以降銀行は銀行が協定率で増加した額の手形を買うことができるようになり，預金の拡張が可能になった．

　1936年11月から38年同月にかけて銀行のもつ現金は1,600万ポンド上昇したのに預金の方は4,100万ポンドだけ下落した．逆方向の運動が激しすぎ

てそれをただ 1937 年中期から 1938 年中期にかけて取引の状態の緩やかな悪化があったということだけで説明することはできない．部分的な説明として明らかに，預金にたいする流動資産のパーセンテージは 1937-38 年では 2 度しか 30 以上にならなかったという事実が含まれる．この意味するところは，銀行は銀行が協定した率では手形をますます買えなくなったので，銀行が投資を購入する代わりに投資を売らざるをえなくなったということであった．これは固定比率を維持するために必要であったということになるであろう．銀行は犠牲にした分だけ銀行がもつ流動性必要物を犠牲にしたという事実は多分取引の状態が相対的に好ましくなったということに関係している．

　この研究の結果は肯定的であるどころか否定的なものである．銀行のもつ現金の水準は預金額を制御しない．それはいくつかの要素のなかでもっとも重要な結果にすぎない．正確にどんな要素が入ってくるか，またそれがもつ相対的な影響力を決めることは重相関分析を用いても実行可能でない．大きな要因である取引の状態の数値的な尺度はなにも存在しない．雇用の諸系列は利用することができる最良の粗い近似になるにすぎない．これにたいする銀行の反応は競争の度合い，銀行家による現在についての感情，彼がもつ将来の推定値のような数多くのはっきり定義できない，変わりやすい，確かに測定できない事物に依存している．このようにして決定した諸関係のいずれもが将来に変わらないままでいることになるであろうという保証はなにもないであろう．結局，含められるべき要因数はそれを手に負えないものにして結果を信頼できないものにすることになるであろう．

　多くの誤りが経済学的な理論化の際に起きるのは，長期のものに保たれるにすぎないであろうものを短期に適用することから生じてきた．銀行がもつ現金の額は，ある一定の永年変化が銀行の慣行に起きることに関連して，預金の水準を長期でみると一意的に決めているとも言えるであろう．実際これがそうでないはずであるという理由を考えるのはむずかしい．ふたつのブーム時期の間をひとまとめにしているときは，銀行が慣習的に現金についての流動性必要水準以上のものをもっているかぎり銀行はつねに資産を買うべき

であるというケインズ氏の論点を論駁すべき理由はない．しかし，このことから始めてこれが景気循環の局面と係わりなく生じるという結論に進むことは許されないということは証拠により確固として論証される．ひとつの景気循環の範囲では預金は現金準備金から著しく独立していることが示される．しかし期間が長くなるとこうなることはないであろう．この期間に完全なサイクルが2個起きているが，比率の長期的な行動にかんしていかなる最終的な判断も可能でない．その理由は独立的に与えられる比率の永年変化の趨勢があるのかどうかを言うことができないからである．したがって，ある特殊なタイプのラグが現われる．単純なラグでもなければ「分布」ラグでもないが，循環の局面に依存するラグである．銀行のもつ現金の変化は完全な影響を与えるまである局面では別の局面より非常に長い時間を要するであろう．

　一例としてわれわれは金本位の自動的操作の理論を現代の諸条件のなかで考えることができるであろう．それが機能するには物価にたいしてかなりの急速な影響を与えることが必要である．さもなければ，一国の金全部が流出してしまうであろう．しかし，銀行のもつ現金の変化が比例的に貨幣供給をいかに素早く変化させるであろうかは循環の局面を参照することなしに決めることができない．貨幣額のなんらかの変化が物価に与える影響にかんしても同様のことが言える．これは金本位がなぜつねに事実上維持することがむずかしいことになるのかの理由を説明するのに役立つ．

　期間が短ければ短いほどイングランド銀行による預金水準の制御はますます希薄なものになっていくように思われる．いかなるケースにおいても，銀行のもつ現金にかんして限界比率が平均比率に等しいという仮定で指示されるよりもはるかに大きな変化が必要になる．ある与えられた目標を遂行するのに必要な拡張や収縮は取引の状態に依存するであろうし，政府の借入に依存する場合もある．さらにまた，収縮にはならないとしても，拡張への限度があるかもしれず，それを超えて準備金の額のいかなる変化も預金に伝わらない．これは拡張が利子率に与える影響とこれらの率がつぎに銀行がとる政策に与える影響とに依存するであろう．とりわけ注意すべきこととして

1932年の融資解約があった．これがもつ意味は銀行が融資にかんする率を不変に保とうとする状況を想像すれば明らかにできる．銀行は投資をするたびに融資を失い，銀行のもつ現金の増加の大きさとは係わりなく預金の純増加は起こらない．

　明白に「貨幣数量は公衆によって決まらない」[22]というケインズ氏の見解は受け入れることができない．少なくとも，われわれに完全知識がある唯一の期間についていえば，イングランドとウェールズにある銀行では公衆による影響を著しく受けやすいということが示された．これは貸付需要の帰結であって貨幣需要のそれではないと言うことが本当である．しかしふたつは親密に結びついている．いずれのケースでも問題となる諸決定をするのは公衆であって銀行制度ではない．これらは所与の利子率でなされる貸付額と利子率を通じる双方の経路で作用する．ゆえに貨幣の供給は部分的に利子率を制約としている．ゆえにそれは流動性選好表で所与と考えることはできない．グラフで考察するならば，ケインズ氏は貨幣供給表をどんな瞬間でも垂直的であるとみなしている．実際はこれよりもかなり小さい勾配であるように思われる．どの程度小さな勾配になるかは一般に決定することができない．

　公衆が銀行制度から独立的に貨幣供給に影響を与えるという議論にはいずれも預金総額を当座勘定と預金勘定に分割する問題が含まれる必要がある．準備金の諸目的ごとに区別がなされるわけでないから，預金総額の決定だけでは銀行の活動貨幣の実際の供給は依然として決定されないままである．預金への移転も預金からの移転も，銀行のもつ現金準備金のポジションにも貸出総額にも影響を与えずに，おそらく活動貨幣の供給を100パーセント変化の近傍でもたらすことができるであろうと考えられる．

　不幸なことに預金勘定と当座勘定の区別は明瞭でもなければそうした区別のもつ意味も定かでない．大まかに言えば，預金勘定は取引のために使用されない．これはマクミラン委員会が使用している基準を根拠にしている．「このふたつの間を区分する一般に承認された線は存在しない．しかし可能なかぎりで，当座勘定は要求に応じて支払可能なものの和であり，預金勘定

は日取りまたは通知ののちに支払可能となるものの和であると考えられる.」[23] 当座勘定のうちどれもが預金勘定とちょうど同じく遊休しているかどうかはけっして語れない. しかしこれは少なくともこの時期の一部ではそうなっているというある証拠が存在する. ある点では預金勘定は, それらが価値の貯蔵と活動口座を追加するために使用できるような源泉として役立つという理由で, 貨幣である. それにもかかわらずそれらは経常的取引を達成する諸目的のための貨幣ではない.

　当座勘定の預金勘定にたいする割合は, 事実, 景気循環に同調して変わり, 景気上昇期には当座勘定にシフトし景気下降期には当座勘定から離れるようなある傾向を示す. しばしば言及されたように, 第1次世界大戦以降預金勘定の成長という永年的趨勢が戦争の借入によって枯渇した預金の水準を回復する結果として存在した. 斟酌がこのことになされる必要がある. 図1.6から, この割合は1920年の第1四半期から1921年の第2四半期にかけての急速な低落を経験したが, 激しい景気下降期と一致して動いていたということをみることができる. 1921年から23年にかけてそれは現に上昇し, そのあと下方への趨勢がつづくが, 以前よりそれほど急勾配ではなかった. 1929年の初め頃から1932年の第1四半期にかけてその割合は短い上昇反転を例外として以前よりもっと急速に低落した. このときから1937年にかけてそれはかなり恒常的に上昇した. 相関は良好でないが, これは一部には明白に強い趨勢を分離することのむずかしさと結びつけることができるであろう. しかしながらこの割合はたかだかある指示を与えるにすぎない. 極端な例を取って, 当座勘定の額は一意的に事業活動の水準によって決まると仮定してみよう. このとき預金勘定はこれと預金総額の差額になるであろう. そして一方の他方にたいする割合は預金総額の水準に依存するなんらかの非循環的な挙動を示せるであろう.

　実際的には, 当座勘定は何度も預金総額よりも取引の状態にはるかに密接な関係を示している. 図1.5から, 1920-21年には銀行のもつ現金がかなり拡張して預金総額については比例以下の拡張しかもたらさなかったけれども,

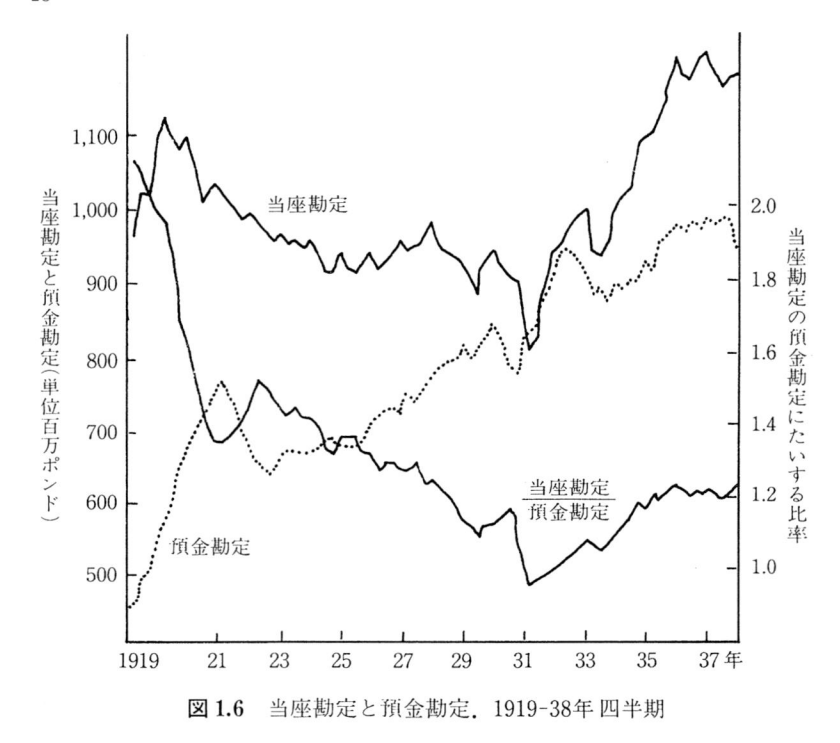

図 1.6　当座勘定と預金勘定．1919-38年 四半期

　この結果はほとんど重要な意味をもたなかったということは容易にわかる．1920年3月から当座勘定は1921年が終わるまでは急速に減少した．潜在的に活動的な貨幣は循環的な諸力の結果であって現金準備金の額や預金総額とはまったく独立的であるように思われる．驚くべきことは減少は1925年の中期まで続いたということである．しかしこれはおそらく物価の大低落で説明されるもので，取引の水準（手形交換高）は1924年まで上昇しはじめなかった．

　預金総額は減少する傾向を大して示さず1929年から循環した．当座勘定はそれよりもはるかに著しく減少し，その低落は1929年2月から1932年2月にかけて18.3パーセントであったが，これと比較して預金総額の方は8.6パーセントであった．説明がつかないことは当座勘定が1930年の預金総額

の上昇を分担したということである．ここでの事態の進展は 1920-21 年の経験の繰り返しをしはしなかった．1932 年以降預金の大拡張は当座勘定の拡張が支配的であって，これはまた事業活動の上昇と密接な関係があることを意味した．結果は 1932 年 2 月から 1936 年 11 月にかけて当座勘定が 53 パーセント上昇したのにたいして預金総額は 33.2 パーセントというものであった．

　この 2 種類の勘定の区別が貨幣供給を銀行がもつ現金の額とは独立的にいっそう可変的なものにさえしているということに疑いの余地はありえないと思われる．困難があるのはいかにしてまたどんな諸条件のもとで預金が 2 者の間に分布しているのかという問題である．問題全体が適切に議論されたこともなかったし，解を与える基礎が敷設されたこともなかった．

　少なくともひとつの事柄はかなり確実である．預金勘定に支払われる利子率は結果の決定の一部になっている．地方の銀行で支払われる率は場所ごとに明白に変わっている．それらは銀行率に追従していない．見たところではそれらがおよそ 2.5 パーセントであったのは 1932 年までで，そのとき以降それらは次第に 1.5 パーセントに縮小していった．ロンドンの預金率だけしか容易に使用することはできないが，それは通常は銀行率以下の 2 パーセントであった．この率は預金勘定の一部分にしか関連していないが，この制約があるとはいえ，それが多分いかなる変化にももっとも感応的であると思われるような部分であるという事実が認められるべきである．1920 年と 1929 年の双方で当座勘定は数カ月ひどく低落してから雇用が低落した．これは事業活動が来るべき事象に関係していることの結果になっているであろう．しかしそれはまた預金勘定の現在の高い率が移転を誘ったためでもあるであろう．1921-23 年に 5 パーセントから 1 パーセントに激しく低落したのは，想像するところ，その時期に当座勘定の預金勘定にたいする割合が上昇したことに関係していると考えられる．そのあと預金率の上昇が当座勘定の継続的な低落とそののちの緩やかな上昇を促進した．とくにはっきりしていることは，ロンドンの率が 4.5 パーセントから 1 パーセントに低落したことを，

1930-31年に当座勘定の減少が突然終焉したことを説明する際に，有効に使えるということである．

1931年は年間を通じて預金の解約があった．第1の段階ではこれは大部分が預金勘定で起こったが，のちにロンドンの率が4パーセントに引き上げられたとき，実際預金勘定は増加し，一方当座勘定は急勾配に下落した．最終的に，1932年以降ロンドンと地方ともに極端に低い率がそのあとの拡張の大部分が当座勘定で起こった理由を説明する重要な要素である．率が低かったばかりでなく，銀行は預金勘定の新しい大口については拒否する直接的制御の手段に訴えた．

預金勘定の率は単独ではふたつの種類の預金の分布を制御しない．しかしこれらの事実はそれがその分布の重要な要素であることを論証するのに役立つ．慣行が銀行率にロンドンの預金率を決めさせるようになっているので，このことが貨幣供給にたいしてかなりの影響力をこれまで無視されていた経路でイングランド銀行に付与する．事実により当座勘定が取引量の単純な関数でないという結論が指摘される．これは，当座勘定は遊休であるかもしれないか，あるいはまた，取引のために必要な水準が任意の時点では固定額ではなくむしろ関連する利子率に依存する表のかたちになっていることを意味するであろう．あるいはこの双方とも意味するであろう．他の短期の率はかならず銀行率とロンドンの預金率の間に入っている．

大まかに言えば，銀行制度の操作は一部には19世紀の銀行学派論争が支持した考えの方向と合致していた．このような操作は数量方程式から引き出される結論を理由としてほとんどの経済学者が望ましいものとして受け入れたものではなかった．数量方程式からの結論は短期的，循環的な現象に適用されるとき有効性が疑わしい．その理由はそれらの結論は任意の額の貨幣は過去とほぼ同一の速度でつねに支出されるであろうという不良な仮定にもとづいているからである．

ある程度であるが，銀行は取引の状態とは独立的に，貨幣数量を維持する．しかし，そのような安定化は，その目的が当座勘定であるにせよ預金勘定で

あるにせよ遊休の預金額を増加したり縮小したりすることにすぎないのであれば，実質的なものよりも見かけ上のものになるであろう．正味の結果は単に銀行が流動性が高い資産を低い資産と交換したり，あるいは逆方向の交換をして，それに公衆が黙従するようにさせるほど利子率が十分に変わるということにすぎないであろう．短期ではとくに貨幣の供給は貨幣の支出から切り離すことができない．

第4節　現金総額と貨幣総額

これまで流通する紙幣と硬貨は所与とみなされていた．しかしそれらが少なくともある程度預金の水準に依存することは確かである．したがって貨幣供給の分析を完全にするためにこれを考察する必要がある．

$$\rho = \frac{1+\alpha}{\alpha+\beta},$$

とすると，

$$N+D = \rho C$$

である．ここに C は公衆と銀行ともに利用可能な現金総額である[24]．パラメーター ρ は究極的に興味をもつパラメーターとなる．N がつねに D に比例するならば，C と比率 β が貨幣額を決める．N がつねにある過去に固定された時間区間の D に比例しているならば，ホートレー氏が示唆したように，貨幣額が内生的に振動する可能性が創出される．これらのケースのどちらにおいても比率 α はこの期間に不変であるようには思われない．年ごとに公衆のもつ現金は変化してけっして預金の変化と同方向になることさえない．比例的であるなどとはとても言えない．期間のなかに預金のふたつの大運動があるが，α の限界比率は傾向として平均値に接近しており，その値は 1921-38 年で 0.141 であった．年平均を使用すれば，α の限界比率は 1921-22 年には 0.730 であったが，1921-24 年には 0.191 であった．また 1931-32 年には 0.260, 1931-33 年には 0.050 であったが，1931-37 年には 0.185 であ

表 1.2

期　　間	ρ の限界値
1921–22	1.8
1921–23	3.5
1921–24	3.7
1921–25	3.6
1921–26	3.5
1931–32	1.7
1931–33	4.5
1931–34	2.3
1931–35	3.9
1931–36	4.9
1931–37	4.1
1931–38	4.1

った．公衆のもつ現金の運動は預金の小運動にはいずれも反映しない．預金総額の代わりに当座勘定が使用されるとしても良好な結果はほとんど得られない．そのうえ，この方法は，銀行が事実預金総額を制御しているのと同じく密接に当座勘定を制御しているとはいえ，銀行がもつ現金が当座勘定を制御すると期待すべき理由が存在しないという困難に煩わされる．

　パラメーター α はゆっくりと変化していく制度的な要因によって制御されない．これは広く信じられていた．明白に，β にかんするのと同じく，このパラメーターは経済発展全般を含む多くの事柄に影響される．

　1921–38 年の β の平均値は 0.0998 であり，α のは 0.141 であり，それは ρ を 4.74 という値にした．これはイングランドとウェールズの貨幣額が平均して 4.74 に現金ベース総額を掛けたものであるということを意味する．これは現金ベースのなんらかの増加や減少により貨幣額の 5 倍の変化が生じるであろうということを意味しない．起こるであろうことを純粋に貨幣のタームで述べることは，それが他の事柄にも依存している以上，不可能なことである．ρ が α と β よりも安定的になるであろうような唯一の状況は α と β が反対方向に変化するような状況ということになるであろう．これを期待すべき理由はなにもないしそれが生じたという顕著な証拠もない．

第 1 章　銀行貨幣の供給：1920-38 年のイングランドとウェールズの事例　33

C が大きく変化し，また十分時間が与えられるならば，ρ の限界値は傾向としてその限界値にいっそう近づく．ρ の限界値を指示される期間の預金と現金ベース総額の増分から計算して，結果を表 1.2 で示した．期間をより長くとると，ρ はより安定的になる傾向があり，ゆえにもっと有益になりそうであるが，それが予測に使用できるようになる信頼を与えるほど十分に安定的であることはめったにない．

注
* "The Supply of Bank Money in England and Wales, 1920-1938", *Oxford Economic Papers*, no. 5 (1941), pp. 1-29.
1) 以下を通じて『金融と産業にかんする委員会報告』 *Report of the Committee on Finance and Industry* のことをこのよりよく知られた表題で指示する．
2) *Bank of England Statistical Summary*.
3) Phelps Brown, E.H., and G.L.S. Schackle, "British Economic Eluctuations 1924-38", *Oxford Economic Papers*, no. 2 (May 1939) pp. 98-135.
4) 使用する貨幣データのほとんどは 100 万単位であるので，これを「m」で指示した．〔訳文では「m」は「万」表示に直してある．〕
5) 公衆の預金と証券は逆向きである．上下の運動は要因全部にとって傾向として銀行のもつ現金の方向と大きさにおいて等しい運動と結びついているであろう．
6) 当然不完全な行動があったはずであるということは驚くべきことでない．というのは 1931 年までイングランド銀行は銀行のもつ現金準備金の水準を知らなかったからである．6 月と 12 月になってはじめて，正しい数字を得ることできた．Macmillan Commitee, *Evidence*, vol. I, p. 14 を参照せよ．
7) これらの違いは一部には誤差が季節的な乖離を不完全な方法で推定することから生じる結果であるであろう．
8) Macmillan Commitee, *Evidence*, vol. I, p. 14.
9) 他の場合で特定されないかぎり，銀行のもつ真の現金と真の比率はすべて参照されている．
10) この表現はケインズがそれを使用したのと同じ意味で使用されている．粗く言えば，経済活動の水準のことである．
11) Keynes, J.M., *Treatise on Money*, U.S. 1st edn., vol. II, New York: Harcourt Brace, 1930, p. 53.
12) これは，銀行のもつ現金が循環的なパターンをもっているなら，比率を変え

13) Kense, J.M., *General Theory*, U.K. 1st edn., London: Macmillan, 1936, p. 174.
14) これは未加工のままで取引の状態を指示するために使用されるにすぎない．それは少なくとも景気循環の局面を顕示することができる．1923年以前の年は貧弱な推定値しかないが，目的のためには良く用をなす．
15) *Treatise*, vol. II, p. 57.
16) 「貸付」という語は，ここでもこの論文のほかのところでも，儲けを生み出すすべてのタイプの資産を含むものとして使用される．
17) 優良証券はすぐに市場で売れるという意味で高度に流動的である．
18) コール用と急用の貨幣は大した変化を示さないし，無視することができるであろう．
19) Macmillan *Report*, Appendix I.
20) 他の所得‐稼得活動が含まれていた．よって，これは決定的な値ではない．
21) パーセンテージは従事する業務のタイプに応じて銀行間で変わる．
22) *The General Theory*, p. 174.
23) *Report*, Appendix I, p. 283.
24) 上記12-3ページをみよ．

第2章　ケインズ的利子理論と他の利子理論*

　多くの試みがあるにもかかわらず，ケインズ的利子理論とより伝統的な利子理論の満足のゆく融和が達成されているとは感じにくい．しかし，ふたつの理論がともに必要であると信じてよい．たとえば，以前の古い諸理論が近年の利子率が辿った尋常でないコースや両世界大戦での利子率の対照的な挙動に満足のゆく説明を付与していると，誰が本当に思うことができるであろうか．他方において，より新しい分析はベェーム‐バベルク，ウィクセル，フィッシャー，シュンペーターその他の名前と結びつく教義の内容に取って代わる場所を見出せないでいる．私の考えでは，これまでに残されたギャップは埋まっていない[1]．投機的な退蔵がないところでは，ケインズ的理論は崩壊する．

　議論をさらに進めるために，私はこのふたつのタイプの理論をどちらの側も注目すべき部分を否定しないようにして融和させることができるつぎの方法を提供する．貸付市場がはっきりと高度に投機的な市場とみなされておりそこで非常に容易にストックを運用できるならば，ケインズ的理論は伝統的理論と矛盾するのではなくそれを完成するものになる．さらにまた，私が提案する方法は，貨幣理論に新しく特別なものであるよりは，価値理論のよりふつうの概念を用いて取り扱うことができる．

　原理を教え込まれるとき，ある時点で初心者の学生は，多くの市場で価格を制御するのはしばしば経常的な供給（あるいはむしろ生産）と需要ではない，と突然に語られる．それどころか，一見したところまったくちがったことで，それは価格の将来についていろいろな人々がもつ期待である．しかし

現代的な価値理論はこれらの見かけ上まったく異種の接近を満足のゆくように統合する．資本理論は，本質的には時間の経過に関係しているとはいえ，まず静学的分析の用具で考案されたのは無理もないことであった．したがって，動学的諸要素の導入は当然他の分野の理論よりも資本理論においていっそう重要になったということは驚くに足らない．この見方からすると，ケインズ卿の革新はより古い資本分析に追加されるものであってそれに取って代わるものでないことがわかる．ある意味で革新は細部の問題であるが，とくに具体的な短期あるいは循環的な分析には特別に重要な細部である．

さて私が示唆する接近が使うことができる方法のいくつかを考察しよう．われわれは貸付を資本市場で売買される商品とみなすことができるであろう．資本市場のストックまたは繰越しは遊休貨幣である[2]．貸付はかならず貨幣的な取引であるとみなされなくてはならないが，貸付はふつうの場合われわれの社会で貨幣的形態をとっている．このような手続きは「実物」要因の研究と本質的に矛盾しない[3]．この商品はいくつかの明白な特異性をもっているが，それらは記憶にとどめられているかぎりなにも困難を引き起こす原因となるまでもない．

まず，重要な意味をもつがわざと単純にした状況をある程度詳しく扱い，そのあとで制限を緩和するものとしよう．貸付はすべて元金や利子が不払いにされる危険がないという意味でリスクのない永久債券を通じて行われる．短期の貸付と債券の再販売は存在しない．不確実性はこの状況では必要な要因でない．取り扱うのが困難であるので，最初はそれを省こう．投機的な市場はいずれも，時間軸上の裁定が興味ある問題を呈示する．それには本質的な非対称がある．現在の供給は将来に繰越せるが，将来の産出は今利用することができない．中心的な事実は，なにかストックが保有されるべきなら，（換金を意図した時期にたいする）期待価格は商品の繰越費用だけ経常価格を上回る必要がある，ということである．価格が低落すると期待され，財のストックがなにも存在しないならば，現金価格への影響はなにも存在しない．ストックが存在しても完全に清算されるであろうが，その現金価格を全部ま

たはいくつかの期待価格よりも適当な額だけ低くすることに依存するであろう．

われわれは現代的な諸条件のもとで貨幣は出費がかからずに遊休保有できるであろうということが近似的に真であると考えることができるであろう．したがって貨幣ストックの遊休保有の実効繰越費用は利子の損失である．一般に，ストックの保有は将来のある時点で（それを下付き添字で示し，時間を任意の単位で測定すれば）

$$P_n \geqq P_0(1+\varepsilon)^n.$$

ここに P は価格，ε は価値をパーセント表示した1期間の単位繰越費用である．貸付のケースでは，利子率 R は価格でもあり繰越費用でもある．1年経つと，ケインズ卿が言明したつぎの結果が得られる．

$$R_1 \geqq R_0 + R_0^2.$$

これと同一の結果は近似的であるが債券市場での投資家の行動を原理的に説明することから引き出すことができる．もしある永久債券の年利払いが a であるならば，現在価値と市場価格は G により

$$G_i = \frac{a}{R_i}$$

で与えられる[訳注1]．R_n が正確に予見される，つまり確率1で期待されるならば，現金を年 n まで保有することに価値があるようにする値はどんなものであろうか．複利を考えないならば，$G_0 - G_n$ がそれぞれ na より大きいか，等しいか，小さいかに応じて，現金保有が得であり，貸出と退蔵は無差別であり，貸出が好ましい．代入と整理により，

$$G_0 - G_n = na$$

から方程式

$$\frac{R_n - nR_0R_n}{R_0} - 1 = 0$$

が得られる．期間が別々に期待率の変化が現在値に関係する仕方を決めるならば，結果は

$$R_n - R_0 = \frac{nR_0^2}{(1-nR_0)}$$

になる．1年経過についてはこれは

$$R_1 = R_0 + R_0^2(1+R_0+R_0^2+\cdots)$$

と書くことができる．したがって高次の項を無視すれば，任意の投機的市場で必要な価格関係から引き出されたものと同じ結果を手にいれる．

投資市場の研究では複利を顧慮しないのは賢明でない．そこで，経常的な市場利子率ではなく R_0 で複利計算されるとすれば[4)]，われわれは na の代わりに

$$a + a(1+R_0) + a(1+R_0)^2 + \cdots + a(1+R_0)^{n-1}$$

をもつ．その和は

$$\frac{a[(1+R_0)^n - 1]}{(1+R_0) - 1}$$

である．ゆえに

$$\frac{a}{R_0} - \frac{a}{R_n} = a\left(\frac{(1+R_0)^n - 1}{R_0}\right)$$

である．これから，

$$R_n - R_0 = \frac{R_0(1+R_0)^n - R_0}{2 - (1+R_0)^n}$$

を得る．貸手に現金保有にとどまらせる利子率の上昇は現行の率と必要な上昇が起こる前に経過する時間の長さの関数である．現行の率が高ければ高いほど，上昇できる幅はますます大きくなるはずである．また同様に，期待される上昇に至るまでの時間が大きければ大きいほど，その上昇はますます大きくなるはずである．この興味ある関係は図2.1からより明確に知ることができる．現在の率が水平軸に沿って測られ，期待される上昇が垂直軸で測られる．任意の現在の率と期待される上昇は点として座標を定めることができる．点が位置する線は最大年数を指示しておりその間現金の遊休保有することが価値をもつであろう．こういうわけで，1935年にイングランドの投資家がコンソール債で4パーセントを得ることができたとし，また彼が公共政

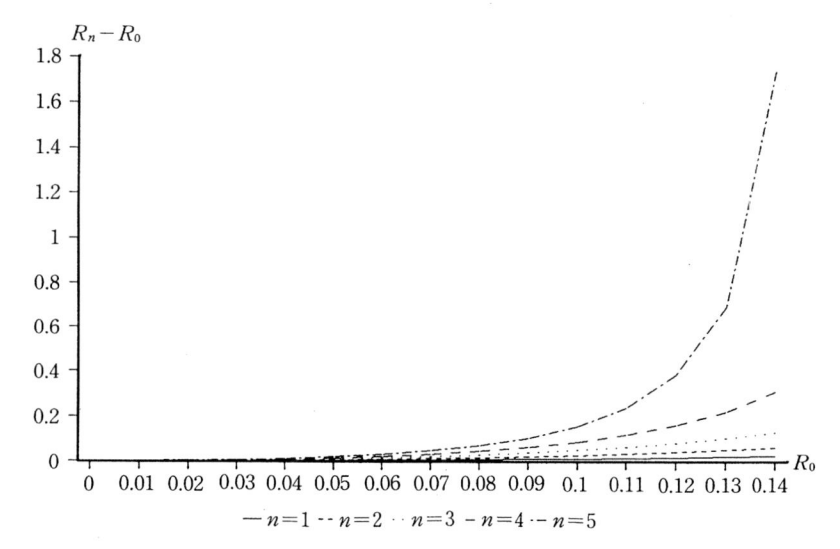

図 2.1 投機的退蔵と利子率〔訳者作成〕

策がその率を維持する計画であると信じ，また彼は1939年に戦争になりその政策を妨げ利子率がほぼ5パーセントに上昇することになるであろうと期待するならば，彼は現金を遊休保有するべきである．他方において彼が1940年に戦争になるであろう（そして率はその年とそれ以降の年が過ぎても5パーセントを超える上昇がないであろう）と期待したならば，彼は1935年に投資すべきである〔訳注2〕．

1935年に3パーセントであると，3.57パーセント以上だけの戦時率が1940年まで投資家に現金を保有させることになるであろう．また率が1パーセントであったなら，1.05パーセント以上の率の期待は同じ結果を導くであろう〔訳注3〕．これらの考察によりケインズ卿は低い利子率の存在が障害になることについて独創的な観点をもつに至った．これらの曲線すべてがゼロの利子率に収束することにより彼の理論が鮮やかに完全に描かれる．ゼロの率ではわずかの上昇でもこれから起こると期待されたとしても，誰も貸出すことはないであろう．われわれが6パーセントをありそうな最高の利回りと

考え，それを61年間待つものとすれば，経常的な率1パーセントで現金をもつ方が価値のあることになるであろう．それ以外の経常的な率を5パーセントまで調べると，極限はそれぞれ26年，14年，7年，3年である〔訳注4〕．利子率が高いと，貸出を控えようとする誘因が弱くなるであろう．経常的な率が10パーセントであると，3年以内では期待される必要な上昇は15パーセント以上，5年以内では25パーセント以上に及ぶことになるであろう．重要なのは絶対的な率だけであるのではなく，むしろ期待される必要な変化である．流動性選好曲線がそれぞれのどんな低い率でも「平らになる」傾向があるのではないということが肝要である．むしろ，こうした平坦化はゼロの率に近づくほど次第に起こる見込みが大きくなる．利子率が変化せずにとどまるかあるいは減少することが期待されるならば，使わない現金を1パーセントで保有しようが10パーセントで保有しようが愚か者である．水準と期待の間の結びつきは，たとえ頻繁にそれが起ころうとも，いずれも必要ない．長期の債券率はたしかに安定する傾向があるために，それがある平均水準を上回って上昇すればするほど，低落を期待する（それゆえ現金を保有しない）人々の数もますます大きくなる．またそれが平均水準以下に低落すればするほど，上昇を期待する（それゆえ現金を保有しようとする）数もますます大きくなる．

　この分析のタームでは貨幣と利子率の間の関係というものはない．あるのは貨幣と期待される率と対応をもつ現在の率との関係である．このような関係はケインズ的定式化の原型よりもずっと複雑であるが，しかしより満足のゆくものになっている，と私は信じている．もし期待される率が経常的な率の変化に反応して変化しないならば，このふたつの接近は同一になる．人々がそのような安定的な期待をもっているという見解には相当な証拠があって支持されている．しかし，明らかに，将来の推定値は改訂されるであろう．こういうわけで利子率は変化し貨幣額（と取引額）は変化しないことがあり，あるいは貨幣額の変化が利子率の変化をもたらさないこともあるであろう．たとえば，まず遊休貨幣が増加すると，将来に旧水準への復帰があるという

仮定では，率の減少に至るであろう．この信頼は，率が下がったままであると，基礎が危うくなり，こうして遊休貨幣がなにも増加しないでも率をさらに減少せざるをえなくするであろう．やはりまた，将来の率がいっそう高くなるという意見にシフトしたために，遊休貨幣の額が変わらずにとどまるのに，経常的な率の上昇に至るであろう．研究は公刊されていないが，私は1932年以降のイングランドで双方のタイプの運動がともに起きたという証拠がいくらかあることを示そうと試みた．

期待利子率をケインズ的体系に付け加えるとひとつの新しい要素が増えるが新しい方程式は増えない．その結果，率が独立的に与えられているのでなければ，変数の値は不決定となる．期待される率が一定の経路で経常的な率に依存するならば，方程式と未知数の数は等しい．しかしこれが確定的な均衡を生み出すかどうかは「期待の弾力性」のタイプに依存する．経常的な利子率の変化によりそれをちょうど相殺するほどの期待率が変化するならば（それは上記で議論した公式が要求する），経常的な利子率は貨幣数量で決まらない．つまり，それは中立的な均衡であってどんな値も満たす．期待率がそれ以上に変化するならば，どんな経常的な率も方程式を満たさないし均衡も可能でない．他方において，期待率がそれ以下しか変化しないならば（それが唯一の見込みの高いケースである），均衡は存在しないであろう．しかし，この条件のもとでは，経常的な率は遊休貨幣の変化が与えられた結果としていっそう幅の広い変動を示すであろう．もし期待率が不変ならばそうはならなかったであろう．

関係する期待率 ER が経常的な率から独立的でないところでは，安定的な期待は存在できないであろう．一般に，遊休貨幣の増加があると，つぎのことが近似的に真であるであろう．タイムラグを経て $\frac{\Delta ER}{\Delta R}>1$ ならば，R の爆発的な減少になるであろう．$\frac{\Delta ER}{\Delta R}=1$ ならば，固定率で連続的に減少するであろう．$\frac{\Delta ER}{\Delta R}<1$ ならば，ある極限に接近する減少である．利子率がこのように行動するようにはみえないという事実が最初のふたつの仮説に反対する論拠である．論拠は決定的なものではなくほかの諸要因もあるであ

ろう．この条件はおそらくある限定された範囲に存在するであろう．

遊休貨幣の減少は，ER が同一のままならば，経常的な率を上昇させるであろう．しかし ER が上向きに動くならば，R_0 はいっそう上昇する，などということであろう．この上昇がある極限に接近するかどうかは低落のときと同じ諸条件に依る．

R_0 の運動とは期待の運動が逆方向になるということを不適切とする必要はない．人々が景気循環に気づいているならば，上昇が継続すると，ある時点で ER がむしろ近い将来に減少する（そして循環の底では逆になる）に至るであろう．結果として，ブーム期の遊休貨幣の減少は R_0 の減少に至る可能性がある．またスランプ期の増加により R_0 の増加がある．これらの運動はケインズ卿が考察したものとは逆転している．しかしそれらは明らかに可能である．事実，長期利子率は，彼が説明する流動性選好表が例外なしに保たれるということを示唆するように動くことはない．なおそのうえ，遊休貨幣がなにも変化しなくても R_0 を変更するような期待の自生的なシフトが考慮にいれられるべきである．とはいえ，そのようなシフトになにか一般的に言えることはない．

確実性があり期待利子率について普遍的な一致があると，遊休資金がなにも存在しない場合にのみ安定的な均衡があることになるであろうと思われる．というのは，もし遊休資金が保有のために使用でき，R_0 がある一定水準（全債券保有者にとって同一水準）以下であったとすれば，誰もが債券を売りに出すことになるであろう．誰も買うことはないであろう．ゆえに G_0 は低落し，R_0 は上昇しついにそれは臨界点を超えることになるであろう．しかし R_0 が臨界点を超えてしまってからは，誰も貨幣の保有をそれ以上好まないことになるであろう．人々は貨幣をもっていたなら買いに出ようとするようになるであろう．売手は誰もいないと，G_0 は上昇しついに R_0 は臨界点以下に下落することになるであろう[5]．

いろいろな人々が将来についてある種の，しかし相反する見解をもつことができるということは論理的に可能である．そのようなケースでは均衡が存

在するであろう．各々の投資家は明確な期待をもち，そして投資家の仲買手数料にかんする状況が与えられると，R_0 はそれ以下の市場率では投資家に彼の全債券を売らせて現金を保有させるようなものであろう[6]．これらの現金需要に序列をつけて合計すると，遊休貨幣の経常的利子率のタームでの需要曲線を得る．遊休貨幣のストックが与えられると，利子率は決定される．

　まだ述べていないふたつの意味で，「貨幣」市場はもっとふつうの投機的市場とは相異なる．ひとつは，貸付用の「実物的」財は将来に移転することができないという点である．それは小麦であれば非常にはっきりできることである．したがって，さらに複雑な分析が貨幣を投機的な目的のために保有する「実物的」結果を見つけるために必要とされる．第2に，小麦の投機家は，現在価格と期待価格を考慮しながら，具体性をもって小麦の繰越し額を決める．しかし同じことは投機的な退蔵をする者には真でない．貸付の繰越し，つまり遊休貨幣は（銀行は除外してあるとすれば）個々人あるいはグループの投機家から独立的に決まる．彼らは，競争的な入札により，現在と将来の利子率を調整する必要がある．その結果，それらは貸付の繰越しと整合するであろう．これに伴う推理は本質的に伝統的な貨幣理論が用いたものと同じタイプのものであり，当然もはや異議のないものであろう．貨幣の保有者は，あたかも価格を所与として振舞い，どれだけ貨幣（活動的）を保有しようとするかを決める．それでもなお，理論家は貨幣供給が与えられており，価格は決定されるとつねに主張してきた．類似的なことであるが，個々の相場形成者は現在の率と将来の率を所与とみなしてどれだけ貨幣を遊休保有しようか決心する．しかし，事実は，銀行制度が貨幣総量を決める．それは，活動的な取引に必要とされるものを控除してから，保有される必要がある遊休貨幣の総量を定め，こうして利子率を決める．

　この点で注意を要するのは資本市場の奇妙な特異性，つまり，その特異性とは相場形成者のあるもの，銀行が投機的なストックの利用可能な供給に重要な影響力をもつということである．ある拡張的な計画が着手されるとき，その一部はしばしば銀行の現金準備金の増加に帰着し，それにより銀行が債

券を買い利子率を低めることになるであろうということが期待される．しかし銀行は，債券購入が最良の市場鑑定のなかのある者（債券を現金と取引する人々）によって不良投資と見なされるとき，債券を買うべき理由はなんであろうか．この問題はつぎのように述べることができるであろう．銀行を含む投資者すべてが将来の利子率について同じ推定値をもっているならば，合理的に行動する銀行は債券購入により貨幣の拡張を強要することにはならないであろう．鑑定が異なるところでは，債券保有者の地位を取って代わられることになる諸個人と鑑定が同じである銀行は，準備金が追加されても使用されぬままになるであろう[7]．他方において，もし銀行の鑑定が諸個人の鑑定と異なるならば，準備金は使用されるであろう．そして結局少なくとも利子率は銀行を余白にいた買手の立場から追加的な買手に変えさせるに足るだけシフトするであろう．したがって，われわれは経常的な利子率の決定理論ばかりでなくまた一部には遊休貨幣と未使用の準備金についてストックの決定理論をもつ．遊休貨幣の供給はある与えられた数量でなく，むしろ利子率と銀行の投機上の見解に依存して上昇する供給表である[8]．銀行の行動と公衆の行動の重要な相違がそこにある．超過準備金が遊休貨幣と見なされるならば，債券の銀行による購入が意味するところは100パーセント以下であるが遊休貨幣の増加である．一方，同じような行動でもふつうの投資家によるものでは遊休貨幣はいっさい増加しない．

　紙幅の制約は債券にシフトしたり債券からシフトしたりすることが創り出す問題の完全な議論をさせてくれない．しかしながら，明らかに将来が予見されれば，すべての活動は現在の日付とシフトが望ましくなるもっとも近い将来の日付の間の対に還元することができる．したがって，上記の分析は精密に仕上げれば使うことができる．同様に，仲買手数料もまた考慮する必要があるが，それらがなにか困難を引き起こすことはない．

　満期が異なる貸付がなされる可能性があるところでは，理論的な装置が拡張されねばならない[9]．長期の貸付は繰り返して短期の貸出をすることによって行うことができるであろう．同様に，長期の市場に入ってからもう一度

そこから出てあるタイプの短期の貸付を行うことができるであろう．率が高くなると期待すれば，投機家は「買持ち」に出て現金を保有するか短期貸付を行うかであろう．率が低くなると期待すれば，投機家は「売持ち」に出て連続的に短期借入をするか長期貸出をするかであろう[10]．これらすべての活動の進行は当然のこととして仲買手数料によりある程度影響を受けるであろう．最近までは経済学者は，費用，支払がなされないというリスクなどを引当すれば，長期と短期の率は均等に向かう傾向をもつであろうと言いたがっていた．そのような傾向が存在しなくなるのは貸付市場の投機的な性質のためである．最後に入ってくる人々がシフトによってこれ以上改善すると期待できないような率は存在するであろう．しかしこれは率の均等を意味するものではないであろう．

永久債券はけっして再契約が許されず，したがって率がいかに変化しても調整が利かない．したがって，貸付が短期になればなるほど，リスク，つまり稼得がのちの日付に貸出せば稼得できていたであろうものより多くなったり少なくなったりするリスクは小さくなる．貸付が短期のものであることが目立ってくるのはそれによって起こりそうな変化の額や再契約までの間の変化の持続を制約されるという意味においてだけである[11]．損失も利得も短期の貸出により生じ得る．ふたつの別個の要素，つまり変化と確実性が結果に影響を与える．長期の貸出は短期貸付の継続によって引き受けることができるという事実が意味するところは，将来の短期の率が確実にある額だけ上昇すると期待されるならば，経常的な長期率はいずれの期にもふたつの期待純収益を等しくするに足るだけ高くならねばならないということである．これと同じ理由で，減少が期待されるところでは，長期率は短期率よりも低くならねばならない．推測を頼りにしなければならないところでは，長期率は，短期の貸付を継続した場合と比較して，最後のところで損失の推定量を利得の推定量にたいして平衡させるようなものでなければならない．不確実性を考慮しなければならないことでつぎの事実は変わらない．上昇が期待されるところでは，人々は短期で貸して同じ率にしようとするであろうし，また減

少が予期されるところでは，人々は長期で貸そうとするであろう．各々のケースで，率が各々の範疇にある貸付ごとに供給と需要を均等にするように調整される必要がある．これらの事実から見ると，ヒックス教授が限定条件をつけずに，「……もし長期の貸付になんの追加的な収益が提供されないならば，人々（と諸機関）は短期で貸そうとするであろう……」[12]と結論した理由を考えるのはむずかしい．

　明らかに，短期率は長期率を超えるであろう．また実際，しばしばそうなっていた．しかしそのような動きはケインズ卿の包括的主張である利子は流動性を手放す報酬であるということと矛盾する．短期の貸付は長期の貸付よりも流動的である．これは流動的という用語をふつうに使えばそうである．流動性の概念を一般的に使用することは有益であり啓蒙的であるけれども，それにより上記のような矛盾を生み出すことになる．利子と貨幣の関係全体はここで分析されたが，流動性という語やそれに類する概念は使われなかった．この問題を投機の問題として取り扱うことによりもっと満足のゆく結果が与えられる．期間が短くなるにつれて貸付が貨幣にますます近似することは利子率変化による投機的なリスクが小さくなることで容易に説明することができる．しかしながら，そのことは率が上昇すると期待されるときにのみ真となるであろう．このケースは，それがかならず遊休貨幣のストックの繰越しのための条件になることにより，われわれが関心をもつ唯一のケースである．

　長期の貸付でより高い利子率を期待することが問題になるところではいつも，費用は利子率ではなく長期率と短期率の差額である．この結論は短期の貸付が現金保有と同じく良好なものである場合にのみしたがう．われわれが指摘していたように，貸付が短期のものになればなるほど，この結論はますます真に近くなる．したがって，長期率と短期率の間のギャップは，長期率そのものが重要な意味をもつのと同じく投機的な立場にとって重要な意味をもつ．短期の貸付について相当量の市場機会が容易に投資家に利用できなければならないということが，重要な限定条件である．こういうわけで，貸付

市場を投機的市場と見なすことにより，実際に使える利子率の理論ばかりでなく利子率構造の有機的な構成と進化の理論が生み出される．

これまでの分析は非現実的であるように思われるかもしれない．その理由は分析を厳密にするために確実性が導入されたからである．しかし実際にはそれはそれほど非現実的なことではない．その理由は必要とされるすべては率がある特定値より上回るか下回るかということが確実であればよい．ある人が今から5年の間利子率がどうなるかということについて一番漠然とした概念をもっているだけでよいであろう．ただし，それが今の率よりも少なくとも1パーセントの4分の3は高いであろうということが確実であると感じることが妥当であろう．

ヒックス教授たちはある種の確率頻度の曲線を使用して人々の不確実な期待を示した．この方法は分析上の利点をかなり提供して高度に扱いにくい問題を処理するが，私の信ずるところ，それは健全な基礎をなんらもっていない．ナイト教授が大分まえに指摘したところであるが，景気循環はふつう先験的なあるいは統計的な確率に基礎づけることはできない[13]．この方法は一定の基礎をもって農業での投入1単位あたりの収益の期待分散を取り扱える可能性をもつが，債券の期待価格についてはもちろんそうではない．確率曲線はもっとも蓋然性の高い値の周りでむしろ対称的であると仮定されているけれども，それは大数の法則となんの関係もない．それはただ漠然性と知識の欠如を示しているにすぎない．確率の性質について主観的な接近にせよ客観的な接近をとるにせよ，期待確率はそれとは別の意味で主観的なものである．その理由は外部的な世界の過去にせよ現在にせよなにも確定しないからである．それは確率理論として知られている教義の内容とは本質的にほとんどなにも関係をもたない．

人々の期待はほとんどの部分で不確実である．人々はそれらにもとづいて行動するであろう（またしばしばそうせざるをえない）．ある場合には価格が低すぎてストックの保有を誘発する．将来の利子率が確実に期待されるならば，現在の利子率が一定水準以下のとき現金保有を誘発するであろう．期

待率になにか疑いが抱かれるならば，現在率は現金保有を誘発するに足る額だけいっそう低くならなければならない．これは投機的な要素であり裁定から区別されるものである．疑いが大きければ大きいほど，現在の率はますます低くなり（潜在的な利得はますます大きくなり）当然現金保有に至ることになる．これらの決定に到達する過程の性質は依然としてなんらかの一般的で詳しい分析をすることを妨げる．その理由はまさしくこの過程になにかの合理的内容がおそらくないということである．われわれが良好な規則として考えることができるのは，利得の確率が大きければ大きいほど（あるいは，ある与えられた確率をもつ利得が大きければ大きいほど），人はますますそれにリスクを冒そうとするであろう，というものである．したがって，期待が経常的な価格から独立的な程度に応じて，所与の環境で現在の率が低ければ低いほど，ますます多くの現金を投資家は保有することを望むであろう[14]．このことは遊休貨幣の需要曲線は経常的な利子率のタームで減少的であるという命題を強化する．

　正確な期待は必要でない．たとえば小麦市場では，取引をする人々は非常に近い将来にかんしてだけしか正確な推定をしようとしない．しかし，異例の大収穫があると，相当に価格を減少させていくことによって，通常その一部をストックとして吸収させることができる．貨幣にかんしてもそうである．利子率は必要なかぎり低落することができる．しかし人々がいかに不確かであろうとも，人々が率が早晩上がっていくところであると信ずるであろう点に到達するであろう．低落がつづくほど，予期される上昇は小さくなる．いろいろな人々にとってこの点の位置はむしろ任意である．その理由は合理的な推定の根拠は小さいということである．そしてとりわけ，期待というものは容易に変化することができまたそうなっている．そしておそらくなんらかの他の経済的な諸条件からは独立的なものである．非常にあり得ることとして，それらが明確でないということのためにしばしば推定値はかえって長期のことを網羅している．ある種の複確率が存在する．のちにつづく日付の諸価格は相互的に排他的な事象でない．それらはまた完全に独立的でないけれ

ども，本質的に異なる状況のもとでも起きるであろう．少なくとも20パーセントの上昇がつぎの5年以内に期待されるとして，またそれが初年度に到来しないとするならば，ゲームは依然として敗れたわけではない．

注

* "Keynesian and Other Interest Theories", *Review of Economic Statistics*, vol. 25 (1943), pp. 6-12.
1) もちろんシュンペーター教授はちょっと理論的な血統を犠牲にすればこのグループに含めることができる．しかしながら，ケインズ卿と同じものとして分類することはできない．ただし両者ともに利子の問題にたいして貨幣的な接近をとっているという事実はある．シュンペーター教授自身による簡潔な所見については，彼の *Business Cycles*, New York: McGraw-Hill, 1939, vol. I, p. 127 および vol. II, p. 608 を参照せよ．
2) これがある意味で任意の慣例であるということは明らかである．遊休貨幣は貸付と同一物でない．
3) *Business Cycles*, New York, 1939, vol. I, p. 129 を参照せよ．
4) この仮定からの誤差は小さいであろう．
5) これらは時間の上での仮説的な運動であって現実のものでない．
6) 不確実性があるところでは市場率が低ければ低いほど，各々の個人が投じて現金にしようとする資源総額の割合は大きくなるであろう．
7) 銀行が期待率について不確かであれば，銀行がもつ準備金の追加のうちある割合を未使用のままにするであろう．
8) これは準備金の供給，銀行のもつ短期および商業貸付の数量が与えられているものとして仮定している．
9) 法人の債券や株式はまた当然含められるべきであろうが，困難が付随するため無視することにしたい．すでに議論した利子の問題のほかに，将来の配当についての不確実性から出てくる困難が存在する．
10) ここでもまたこの試論の別の箇所でも私は J.B. Williams, *Theory of Investment Value*, Cambridge, Mass., 1938 に負っている．
11) そのことを別の仕方で調べれば，ますます額面価値どおりの償還に近接するということ，ますます率の変化が市場価格に与える影響が限定されるということ，さらにまたその期間内に率が変化する見込みがますます小さくなることである．
12) J.R. Hicks, *Value and Capital*, Oxford: Clarendon Press, 1939, p. 146.
13) Frank H. Knight, *Risk, Uncertainty and Profit*, Boston and New York,

Houghton Miffin, 1921, とくに pp. 223-32.

14) この原理はつぎの限定条件に服する.「もっと一般的に言うと,プレイヤーは,見込みがいかに見事であろうとも,損失の期待が彼の財産のかなりの割合を占めるのであれば,ゲームに入ろうとしない.」J.L. Coolidge, *An Introduction to Mathematical Probability*, Oxford, 1925, p. 30.

訳注

1) 等比級数の公式より,
$$G_i = \sum_{t=1}^{\infty} \frac{a}{(1+R_i)^t} = \frac{a}{1-\frac{1}{1+R_i}} - a = \frac{a}{R_i}.$$

2) もしも
$$\frac{a}{R_0} - \frac{a}{R_n} \geq a\left(\frac{(1+R_0)^n - 1}{R_0}\right)$$
ならば,投資家は貨幣保有を選ぶ.これを変形すれば,
$$\frac{1}{R_n} \leq \frac{2-(1+R_0)^n}{R_0}; \quad R_n \geq \frac{R_0}{2-(1+R_0)^n}; \quad R_n - R_0 \geq \frac{R_0}{2-(1+R_0)^n} - R_0.$$
ゆえに
$$R_n - R_0 \geq \frac{R_0(1+R_0)^n - R_0}{2-(1+R_0)^n}$$
のとき,貨幣保有が選ばれる.1935年から1939年までの $n=4$ で計算すると,
$$\frac{R_0(1+R_0)^n - R_0}{2-(1+R_0)^n}$$
は 0.0082 であり,$R_4 - R_0 = 0.05 - 0.04 = 0.01$ で不等号を満たす.ゆえに貨幣保有が選ばれる.一方,$n=5$ とすると 0.011 なので,投資が選ばれる.

3) さらに $R_0 = 0.03$ ならば 0.0057 なので,5年後の「無差別な」な利子率は 3.57 パーセント,$R_0 = 0.01$ ならば 0.0005 なので,5年後の「無差別な」利子率は 1.05 パーセントである.

4) 小数点以下第3位を四捨五入した場合,$R_0 = 0.02$ ならば $n=26$ で 0.04 なので $R_{26} = 0.06$ である.同様に,$R_0 = 0.03$ なら $n=14$ で 0.03,$R_0 = 0.04$ なら $n=7$ で 0.02,$R_0 = 0.05$ なら $n=3$ で 0.01 である.

第3章　市場における動学的結合と生産ラグ*

　動学的な諸関係と一般的な相互依存をともに経済学に導入する必要があるということについては広範な一致が得られている．これは完全を求める計画でもなければ理論的な優雅さと完備性を求めた宣言でもない．もっとも具体性のある実践的な分析はしばしば制限的な諸仮定のために損なわれ変化や相互的結びつきという諸要素を無視したり「消去」している．経済のふたつの部門がなんらかの仕方で相互依存的である（これを結合している，と言おう）とき，そしてわれわれがゼロの解または変化がないという自明の解以外の解をもつとき，一方の部門を他方が変化しないと仮定して議論することはまったく許されない．その理由は，もし一方が不変のままにとどまらないのであれば，他方もまた結合にもとづいて不変ではいられないからである．したがって，ひとつの部門が変わるのを認め他方を不変のままにするということは矛盾のある仮定を保持することになるであろう．

　われわれが言うべきは各々の部門は他のすべてに依存するということであるが，このとき問題は事実上取り扱えなくなる．このことを知るのに必要なのは，ただ一般均衡理論が静学において相対的に不毛であることをちょっと考えてみて，そして動学的な分析の固有のむずかしさを付け足してみることである．このときつぎのような問いが生じる．われわれはこの継ぎ目のない問題を合法的に分解してそれによってひどく間違うことのない解答を得ることができるのか．実際的にはいずれの主題も理解の進歩につれて成功裏に抽象できるようになる．つまり，無視できるものと無視できないものを見つけることができる．

経済的な相互依存関係には非対称性が浸透しており，それが分析の困難を軽減するにあたって基本的に重要なものである．ほとんどのケースで１産業は経済全体にとって重要ではないであろう．しかし逆のことは重要であろう．こういうわけで養豚産業の状態は，繁盛しているにせよ沈滞しているにせよ，国民所得に大した相違を与えないであろうが，後者はきわめて大きく前者に影響を与えるであろう．この条件はもっと詳しくみても保持される傾向をもつ．その理由は産業ＡがＢの産出のかなりの割合を購入しており，そして引き続いてＡ自身の産出の著しい割合をＢに販売しているというケースはめったにあることではないであろう．われわれが細かく分けて精度を高くすればするほど，このことはますます真に近くなるであろう．重要な事柄はわれわれがＢがＡに与える影響を考察する一方，ＡがＢに与える，ゆえにＡに与えていくことになる反対効果を考察する必要はない．結合，あるいは同時的動学方程式の問題ははるかに単純な強制運動の問題，つまり非同時性の問題に移る．本質的に非対称であるために，それを片側の結合と呼んでもよい．反対効果のもつ数量的な重要性は誤差の度合いを固定して部分的な分析をさせることになるであろう．それが大きなところではわれわれはこの問題を終わらせてより単純な問題にする正当性をもたない．

　片側の結合は部分的な動学であって部分的な静学と類推できる．そして当然後者のタイプの理論のもつ長所をいくらか享受することができ，一方，欠点は少なくともいくつかは避けることができるものでなければならないであろう．諸仮定が明瞭に述べられるならば，それらが当てはまらないところにある問題で誤差が形成されるのを避けることを当然可能にするであろう．大分類の産業で建設業のように満足のゆく細かい分類ができない場合には，これらの諸条件を満たすことはないであろう．活動水準はこのようなケースでは経済バランスに重要な相違を作り出す．あるいはまた，経済を市場や産業に依らずにある他の方針で消費，投資，原材料，耐久財などというようなもので分割するならば，非常にありそうなこととしてそれらを隔離することはできない．部門が小さいとしてさえ，片側の結合は保証されないであろう．

その理由は，われわれが支出をつうじた相互依存性をもっと微細に再分割することにより，競合的であれ補完的であれ価格をつうじて同類の財を結合して制約をきつくしているであろうからである．

第1節ではもっと厳密に片側の結合の諸条件を述べたあとで，第2節で私は，条件が満たされているものと仮定して，生産ラグによって特徴づけられる市場の挙動（蜘蛛の巣定理）を考察したい．これはもっとも古く，経験的にもっとも成功した，そしてもっとも単純な仮説である．しかしそれは部分的な静学のきわめて近くにいたままである．証拠によって多くの市場の挙動は国民所得とそれ自身の価格のほかに1～2の価格を考察することによってかなりうまく説明できるということを示せる．第3節では供給曲線と需要曲線がシフトする効果は不規則振動であることが示される．それらは市場が安定的であるという現実主義的な仮定があるにもかかわらず持続する．これらの結果はともにわれわれがそのような循環について知っていることと一致している．蜘蛛の巣定理は素朴な期待にもとづいており，期待は連続的に叶えられない．ゆえに当然つぎの問いが生じる．なぜこの経験がなにかもっと精巧な期待に至ることはなかったのか．そしてもしそうなったら，これは循環を破壊することになるであろうか．幾分驚くべきことであるが，そうではないことが判明する（第4節）．定理は明らかに部分的な分析の例題であってそこではその市場自身の価格が含まれるが他のすべては除外されている．第5節では，われわれが相互に作用し合う，他のひとつないしは数個の動学的な市場を含めることができるということが示される．双方の市場の安定性は結合によって減少する．それらがもつ位相の関係（先導か遅れか）は完全に任意であるが，しかしそれらが一緒に振動する傾向が存在するであろう．同じ生産ラグをもつふたつの市場はそれらの周期が結合によって変更されるということにはならないであろう．しかしもしそれらが異なるラグをもっているならば，それらは複雑な仕方でかき混ぜられて，双方がより長くかつ結合されていない状態とは異なる周期をもつ．また，双方がただ周期的であるということはなくなる．つまり，双方は絶えず変化する波動の形状をもち，外

部の攪乱がない場合でさえそうなる．最後に，われわれはふたつの相互に結合している市場の事例を研究するであろう．もっともこれらは経済バランスに片側にしか結びついていない．とくに興味があることは，拡大された反応あるいは共鳴反応が経済バランスの挙動のなかで特別な構成要素にたいして起こる可能性である．これはこれらの部門に経済の残りと著しく異なる体系的で個々それぞれの特性を授与するであろう．

第1節　片側の結合

もし経済がふたつの部門に分割されているとすれば，片側結合の条件は明らかである．動学的な行列で表示されるつぎの体系を考察せよ．x_1, x_2 は部門の産出，D は微分演算子，$a(D)$ は D の多項式で定係数をもち，また $\psi_1(t)$ と $\psi_2(t)$ は時間の説明されない関数でそれらは産出とそれらの導関数によっては説明のつかない産出にたいする需要である．このとき体系は

$$\begin{bmatrix} a_{11}(D) & a_{12}(D) \\ a_{21}(D) & a_{22}(D) \end{bmatrix} \begin{pmatrix} x_1 \\ x_2 \end{pmatrix} - \begin{pmatrix} \psi_1(t) \\ \psi_2(t) \end{pmatrix} = \begin{pmatrix} 0 \\ 0 \end{pmatrix}$$

によって表示される．条件は a_{12} または a_{21} はゼロでなくてはならないというものである．しかし，もちろん，双方ともにゼロであってはならない．その理由はそうであれば相互依存を意味しなくなりなにも困難がなくなるであろうからである．a_{12} がゼロであるならば，部門1からの支払は経済バランスへの販売に依存しない．それは公益事業か救済事業機関にかんするケースに相当するであろう．もっとありそうな状態は a_{21} がゼロであることであって，部門1による支払はその産出（と導関数）に依存しないことを意味することになるであろう．実際的には $a(D)$ のひとつがゼロになるという要件は不必要に厳しい．意図されるところはそれをゼロとして取り扱うことによりわれわれの答えがある許容限度を超えて誤りが入ってこないようにすることである．実践的にはある限度を設定しある与えられた問題がその範囲内にあるかどうかを決定することはむずかしいであろう．しかし原理として明快で

ある.単純化のために私はいろいろな $a(D)$ がゼロになる可能性を述べるが,これはそれらが結果に無視しうる影響しかもたないことを意味するという条件でのことである.

経済をふたつ以上に細分割するならば,片側結合の条件はまったく明瞭なものではなくなる.体系

$$\begin{bmatrix} a_{11} & a_{12} & \cdots & a_{1n} \\ a_{21} & a_{22} & \cdots & a_{2n} \\ \cdot & \cdot & \cdots & \cdot \\ a_{n1} & a_{n2} & \cdots & a_{nn} \end{bmatrix} \begin{pmatrix} x_1 \\ x_2 \\ \cdot \\ x_n \end{pmatrix} = \begin{pmatrix} \phi_1 \\ \phi_2 \\ \cdot \\ \phi_n \end{pmatrix} = \begin{pmatrix} 0 \\ 0 \\ \cdot \\ 0 \end{pmatrix} \tag{1}$$

が与えられているとして,行と列の入れ替えにより考察する部門を筆頭にもってきたとしよう.列1と行1のところで分割すれば,

$$\begin{bmatrix} a_{11} & B \\ A & C \end{bmatrix} \begin{pmatrix} x_1 \\ X \end{pmatrix} = \begin{pmatrix} \phi_1 \\ \Psi \end{pmatrix} = \begin{pmatrix} 0 \\ 0 \end{pmatrix} \tag{2}$$

をもつ.これから,

$$a_{11}x_1 + BX - \phi_1 = 0 \tag{3}$$

と

$$Ax_1 + CX - \Psi = 0 \tag{4}$$

を得る.(4)式で第1項を落として

$$CX - \Psi \fallingdotseq 0 \tag{5}$$

と主張できるならば,それはわれわれにかなりの単純化が正当化される場合で部分的に1産業または1部門を隔離することができる.あまりありそうなことではないけれども,B がゼロの場合,x_1 を(3)式と切り離して研究することが許される.このとき,(4)はわれわれに支払が経済バランスにどのように影響を与えることになるかを語ることになるであろう.

A がゼロであると仮定しておけば,われわれは体系が実行可能であれば X について解くことができるであろう.そして(3)に代入して x_1 の真の挙動を近似的に得ることができる.われわれは1回か2回反復しさえすればわれわれが得た近似的な解を与えらえたままの関数(4)に入れられるようにで

きるであろう．しかしながら $n-1$ 個の動学的方程式を解くとすればおそらく n 個の解ができて，したがってわれわれが部分的動学にかかわる要点は実質的になにもなくなるであろう．しかし実際，計算機や経済統計の発展の状態はなんらかの完璧な結果を生み出してくれるほどになっていない．結果として，可能であるときは，個々の産業の構造と行動のパターンを分析することが望ましい．方程式(5)を解かないでも，われわれは質的にも量的にも大きく蘊蓄された情報を実際に観察される解についてもっている．これらの結果は送り込まれればその産業が経済の残りの部分でいろいろなタイプの運動に反応するのを見出せるであろう．B が行からなる行列で X が列からなる行列であることに注意すべきである．ゆえにわれわれは集計を考える必要はなく，部門1の主要な市場にあたる，ひとつないしはふたつの部門の特定の影響に制限あるいは注意をひくことができるであろう．なおまた，われわれは少なくとも質的にであるが，1部門の趨勢，40カ月循環，景気の大循環，不規則循環など既知のタイプの経済運動をつうじて研究することができるであろう．

A または B がゼロでなくてはいけないという条件は要求をはるかに超えた厳しいものである．それは十分条件であるが必要条件でない．このことを直観的に見るのはむずかしくない．産業1は小さいが，しかもたとえば産業10の産出の40パーセントを買うことができる．その産業10はもし諸産業を平坦になるように細分割したならば同じく小さくなるであろう．したがって，A の各要素はゼロ（無視できる）でないが，しかも産業10は依然として直接的にせよ他の諸産業をつうじるにせよ産業1になんらかの影響を与えることはないであろう．A も B もどちらもゼロでなくても片側の結合があることになるであろう．われわれが動学的な行列をつぎのように分割し，

$$\begin{bmatrix} A & B & C \\ \hline L & a_{jj} & F \\ \hline K & H & G \end{bmatrix} \tag{6}$$

が行と列を入れ替えて結局非ゼロの列の要素が B にくるようにすれば，片

側の結合のための必要十分条件は H, K, L がゼロになることである[1]．これらは部門 j が影響を与えるような諸部門はなにか有意な反対効果を発揮しないであろうということを保証する．ある部門がこれらの条件を満たすという事実を確定するのはむずかしいであろう．したがって実践的にはわれわれは直観に頼って経済のなかの必要なだけ小さな部門がほぼ確実にそうした条件を満たすであろうと考えねばならないであろう．

　つねに念頭に置かれるべきふたつの要点があると私は考える．もしわれわれが概念上であるが経済を部門ごとに完全に満足のゆくように分析しようとしても，われわれは当然まだその作用を説明したわけではない．たとえば，経済がこれこれしかじかの持続する循環をもつ理由を説明していない．第2に，たとえどんなに精巧に経済を細分割しようとも，経済はある部門に非感応的になるであろうが，経済はその部門を支出をつうじて支配することをやめないであろう．しかしわれわれがこの方向での困難を減少させるとき，われわれはしばしば別の方向で，つまり価格をつうじて困難を増加させてしまうであろう．分類を精巧にすればするほど，財の間での競争や補完性の要素はますます大きくなるであろう．こういうわけで，われわれがスケールを食料から肉，ポークへと替えていくにつれて，価格への感応性の度合いが増加していくのを見出す見込みが高くなる．たとえば，ポークとラムの間ではわれわれは価格をつうじた片側の結合を見出すことを期待できない．第5節で私は例題によりそうした問題に接近する方法を示唆することを試みるであろう．

第2節　蜘蛛の巣定理

　蜘蛛の巣定理は典型的にも本質的にも部分的な動学である．その理由は供給も需要もともにその商品自身の市場の価格に依存しているからである．それがかなり実際の諸現象を説明するのに成功していることがこのように思い切って単純化してさえもいかに良好になるかを見事に論証している．われわ

れがさらに需要の全般的なシフトやまたもっとも密接に関連しているひとつまたはふたつの財の価格を考慮に入れるならば，われわれは説明の完備性と精度の改良を希望できるであろう．静学の観点から，スターレはわれわれがいかに完全に需要を多くのケースで自身の価格，それ以外のひとつの価格，総所得を使用して説明できるのかを示した[2]．結果は良好で，それらは単純で市場理論がわれわれに期待させるであろうものと一致しているという点で，説得力のあるものである．

これから私は連続的な市場売買と生産計画を仮定することにしたい．年毎の栽培だとか特定の飼育期間だとかのもっと通常の事例は特殊なケースとなる．それらは可変的な時間を特定の市場が指示する離散的な値だけになるように認めることにより獲得することができる．さらにまた私は線形の供給と需要の関係だけを考察することにしたい．変動が有効な範囲のなかでは曲線はほぼ直線であるという望みをつないでいるのである．

単一の商品の競争的市場を考察し時間 t で需要が
$$D - \alpha p(t) + \eta(t) \tag{7}$$
であり供給が
$$-S + \beta p(t-\theta) + \psi(t-\theta) \tag{8}$$
であるとせよ．ここに $D, \alpha, S, \beta, \theta$ は正の定数であり p は価格である．供給曲線と需要曲線の勾配はそれぞれ $-1/\alpha$ と $1/\beta$ であり，一方 θ は生産する決意から財が市場にあらわれるまでに必要とされる時間である．関数 $\eta(t)$ と $\psi(t-\theta)$ は主として所得や全活動水準が変化する結果として市場の「外部」での影響に起因するふたつの曲線の任意のシフトを表示する．α と β を定数とすることによって，曲線の変化，ここでは直線の変化はシフトだけであることを意味する．供給が需要に等しいならば[3]，われわれは
$$\alpha p(t) + \beta p(t-\theta) = \phi(t) + D + S \tag{9}$$
をもつ．ここに $\phi(t)$ は $\eta(t) - \psi(t-\theta)$ であり，需要曲線と供給曲線のシフトの間の差額を表示する[訳注1]．D と S は価格がそのまわりで動く変化しない水準を決めるのに役立つだけである．したがって，われわれがこの水準か

らの乖離だけを考察するならば，それらをゼロに等しく置くことができるであろう．もし穏やかな度合いの趨勢があるならば，S と D は時間とともにゆっくりと変化して趨勢からの乖離を生じることになるであろう．

生産する決意はのちの日付の同額の産出になるとつねに仮定してあるが，これはとりわけ農業では真でない．農業ではほとんどの作物の産出は天候にひどく左右される．こういうわけでエーカー数は矛盾なく価格により制御できるが，エーカーあたりの収益は体系性のないランダムな性格をもつであろう．産業においては，ストライキや材料の不足が産出を意図した水準から乖離させるであろう．$\phi(t)$ は絶対的に制限を受けないので，われわれはそのなかにこうした制御することのできない要因の結果を含めることができるであろう．エツキールの示したところによればポテトにかんしてはこの種の攪乱が振動の持続要因であり，振動はそれがなければ消失することになったであろう[4]．以下において単純化のために私はシフトのことだけを語ろうとするであろうが，$\phi(t)$ はこうした他の諸要素もまた含まれているものと理解されるべきである．

(9)の一般解は $\phi(t)$ をゼロと置くことによって見出すことができる．第3節で私は特解を任意の ϕ にたいして考えるであろう．また時間をラグの単位周期で測定するのも便宜がよく $\theta=1$ とする．また $a=\beta/\alpha$ とする．このとき

$$p(t)+ap(t-1) = 0 \qquad (9a)$$

であり，これはつぎのタイプの解

$$p(t) = P\lambda^t \qquad (10)$$

をもつ．ここで P は初期条件によって決めることができ λ は市場構造によって決めることができる．自明でない解については，

$$\lambda = -a \qquad (11)$$

あるいは，われわれの目的のためにもっと便宜のよいかたちにかけば[訳注2]，

$$\lambda = |a|e^{i(\varepsilon+2n\pi)}, \quad n = 0, \pm 1, \pm 2, \cdots \qquad (11a)$$ [訳注3]

となる．万一 a が負であるならば（たとえば，供給曲線と需要曲線がとも

に右下がりかともに右上がりであるか,つまりラグつきの乗数分析であるならば),このとき $\varepsilon=0$ であり,一般解は

$$p = e^{ln|a|t}\{P_0 + P_1 e^{i2\pi t} + P_{-1} e^{-i2\pi t} + P_2 e^{i4\pi t} + \cdots\} \quad (12)$$

である.極大の周期は1である[訳注4].それは初期のラグ周期上の挙動は市場構造にかんするかぎりでは任意であるという事実を表現しているにすぎない.なんらかの与えられた形状が反復されるであろう.その形状は,外部の攪乱が存在しない場合には,その価格がその均衡値に沈静するか線形性の範囲を越えて爆発するまで,無限に反復されるであろう.

われわれがここで仮定するような正常的な状態は需要曲線が負の勾配をもちまた供給曲線が正に傾いているようなものである.このとき λ は負の実数でありまた $\varepsilon=\pi$ である.したがって,解は

$$p = e^{ln|a|t}\{P_0 e^{i\pi t} + P_{-1} e^{-i\pi t} + P_1 e^{i3\pi t} + P_{-2} e^{-i3\pi t} + \cdots\} \quad (13)$$

になる.複素共役の項を対ごとにとり[訳注5],われわれが最初に定義した記号を再び取り入れるならば,解を純粋に実数の項で書くことができるであろう.

$$p = e^{(ln\beta/\alpha)t/\theta} \sum_{k=0}^{k=\infty} \left\{ A_k \cos \frac{2k+1}{\theta} t + B_k \sin \frac{2k+1}{\theta} t \right\}. \quad (13a)$$

任意の定数 A_k と B_k はフーリエ解析により任意の1ラグ周期上の価格の挙動により決められるであろう[訳注6].解が無限にあることは投入と販売が連続的であるという仮定から生じる.すべての生産者が決定と市場売買を各期に一度しか行わないならば,解はひとつしかない.

曲線のシフトがなければ,したがってわれわれは振動周期にラグ θ が2回適用される場合の定理の周知の諸結果を得る.ある振動の前半は形状は任意となっても,後半は時間軸について(減衰振動を除けば)形状は鏡像とならねばならない.β/α が1より大きいならば,振動の振幅は増加する.β/α が1ならば不変にとどまる.1より小さいならばひどく減少する.

図 3.1 〔訳者作成〕

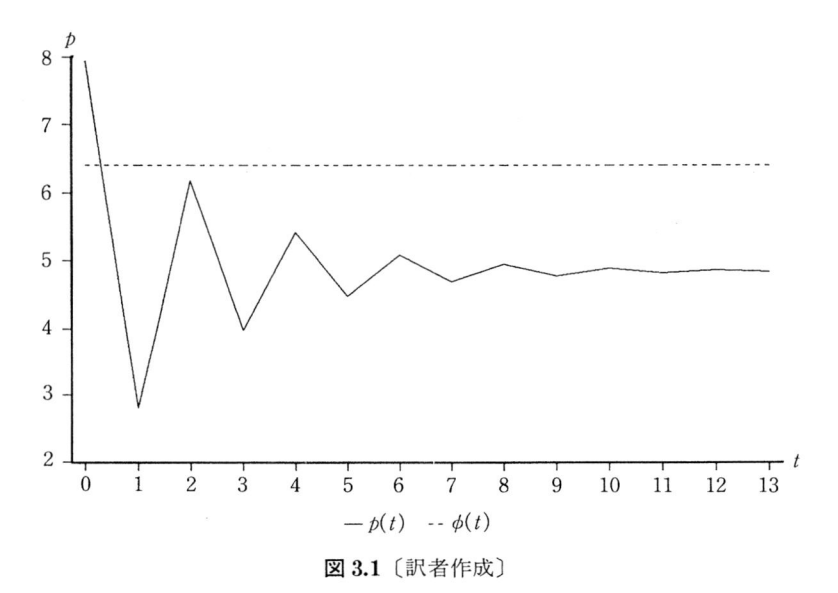

第3節　供給曲線と需要曲線のシフト

単一のシフトがあってそれがある時間持続するならば，解はまったく単純である．市場が減衰振動の傾向をもつ，つまり，動学的に安定であるならば，とりわけそうである．存続する単一のシフト Φ にたいして，価格は

$$p(t) = \frac{\Phi}{\alpha} - \frac{\beta}{\alpha} p(t-\theta)$$

および

$$p(t-\theta) = \frac{\Phi}{\alpha} - \frac{\beta}{\alpha} p(t-2\theta)$$

により与えられる．これを繰り返し代入することにより，われわれは

$$p(t) = \frac{\Phi}{\alpha}\left\{1 - \left(\frac{\beta}{\alpha}\right) + \left(\frac{\beta}{\alpha}\right)^2 - \left(\frac{\beta}{\alpha}\right)^3 + \cdots + \left(-\frac{\beta}{\alpha}\right)^\tau\right\} \tag{14}$$

を得る．ここに τ は Φ が起きた時間 $t=0$ から経過して時間 t に至るまでの

ラグ単位 θ よりなる整数の最大数を表示する．Φ が昔に起きてかつ $\beta/\alpha<1$ であるならば，最終結果は

$$p(t) = \frac{\Phi}{\alpha+\beta}$$

に近似できる．これはグラフで $\alpha=0.80$, $\beta=0.52$, $\Phi=6.4$ として図 3.1 のかたちに示される．

　容易にわかるように，振動は正の減衰のために素早く沈静する．他にふたつの可能性があるだけにすぎない．あまりありそうにないケースで供給曲線と需要曲線の勾配が等しく，振動が縮小しない中立的な均衡が存在する．あるいは爆発に向かって振幅がどんどん増加していくことがありうるであろう．動学的に安定的なケースは循環の自殺に至る．中立的なのはまれにしか期待することができないであろう．不安定なケースは不条理な結果に至る．したがって，単純な蜘蛛の巣定理は商品循環が連続的に存続することを説明するのに適当でない．

　この困難から抜け出るひとつの可能な道はレオンチェフが論証した[5]．振幅が増大ないしは減少するにつれて，価格はたしかにある領域に行き当たるがそこでは曲線は直線でない．通常でない形状を除くならば，彼は中立的な均衡点に到達してそこで循環がそのまま続くか攪乱があると循環がそれへと戻っていくであろう，ということを示した．こうして彼はこのタイプの非線形差分方程式がリミット・サイクルをもつことを論証したが，これは非線形微分方程式で有名なポアンカレのリミット・サイクルに類比される．これは振動の理論の基本的な概念である．

　もちろん直線を使用する論拠はあるのであって，その理由はこのケースにおいてしか本当に完全な分析は達成できないということである．ある一定の範囲のうえではいかなる曲線も直線で近似できるであろう．そしてもしその範囲が必要なだけの大きさをもつならば，かなりの利点がある．しかし定常的な曲線の場合にはわれわれがこの近似をしてみても蜘蛛の巣定理に大して役に立たない．しかしながらわれわれが曲線が固定されているという仮定を

図 3.2

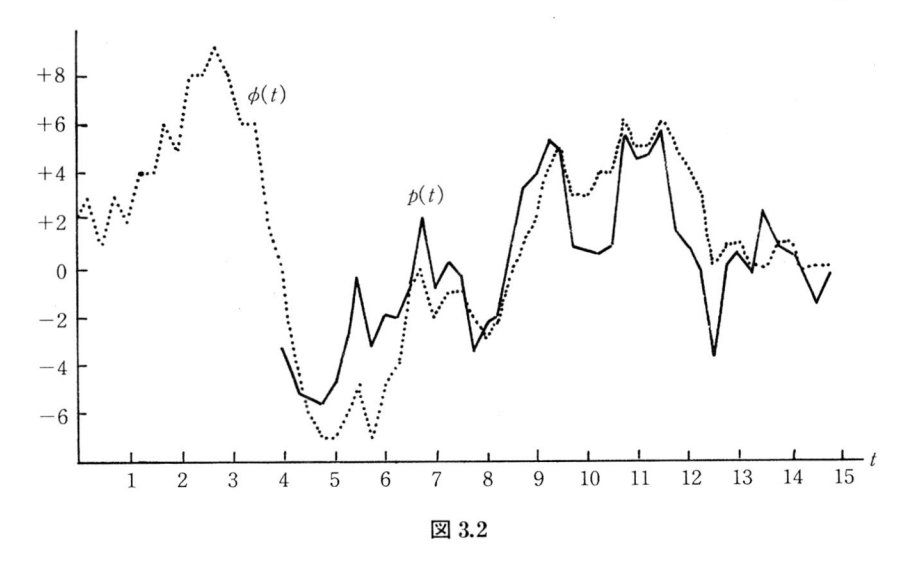

外す瞬間,困難は消失する.これによりそうなる理由は図3.1からみることができる.そこにあるひとつのシフトにより振動が励起しつぎに次第に減衰していく.そこでつぎからつぎへと多くのシフトが起きることを想像するならば,結果は振動の持続になる.古い振動が沈静しても新しいのが連続的に励起されるからである.したがって,われわれが動学的に安定的な市場機構をもつならば,その循環は「外部」からの擾乱がある間は消失しないであろう.つまり,循環的にせよ確率的にせよなんらかの変化が所得や気候などに起きることである.

この方法によりわれわれはシフトの類ならなんでもその系列の結果を研究できるであろう.任意の $\phi(t)$ はつぎのようにしていずれも望むだけ狭めて近似できるであろう.つまり,それは短い区間の系列から出来上がっておりその区間の各々の間ではそれが定数でほぼ ϕ の真の値の平均にほぼ等しいとみなせばよい.前と同じ論証により,

$$p(t) = \frac{1}{\alpha}\left\{\phi(t) - \left(\frac{\beta}{\alpha}\right)\phi(t-\theta) + \left(\frac{\beta}{\alpha}\right)^2 \phi(t-2\theta) - \cdots\right\}. \tag{15}$$

図3.2では供給曲線と需要曲線の差額が連続的にシフトしていくということを近似した結果を示した例題が与えられている．短い時間区間はラグの4分の1にとってある．α と β の値は前と同一である．

　そのまま残される価格変動は素早く沈静するけれども（曲線の一番右端のところに注意せよ），この例題から，変化がある間は循環は衰えずに続くときには穏やかになりまたときには激しくなり変化の程度と形状に依存する，ということが明白である．振動は持続させられるばかりでなく歪みをもつ．この不規則性はまた現実と一致している．このような特性は単純な蜘蛛の巣定理にはなにも含まれていない．外部の攪乱がない場合には周期は8単位の時間数となるであろう．これにたいしてここでは主要な振動でみて頂上から頂上は5, 19, 9, 8単位の時間数，谷底から谷底では4, 8, 9, 10, 8単位の時間数になっていることがわかる．

　不安定性があり $\beta/\alpha>1$ であるならば，攪乱はいずれも爆発に至る率を増加させるにすぎない．このケースではレオンチェフの論証に頼る必要がある．それは，爆発して結局減衰する領域に到達し，そしてふたつの領域を分かつ点のところで動学的に中立的な均衡ということになるであろうという論証である．われわれは攪乱が連続すれば減衰する領域に押しやられるであろうと推測できるが，非線形の諸関係なしにはこれを論証するのはほとんど無理であろう．中立的な均衡でさえ曲線を終始シフトさせては受け入れがたくなる．各々の新しいシフトは振動の振幅を追加するが控除はない．したがって振幅は際限なく増加するであろう．市場は連続的な変化に服しているので，われわれはどこかある点で減衰する要素を仮定せざるをえない．

第4節　期待の帰結

　生産者は商品循環のある市場にいるとつねにひどい目に合う傾向がつづく．彼は価格が高いときにはほとんど売れず，価格が低いときに沢山売ることになる（当然，そのことがまた価格を低めることになるのであるから）．理由

はあれこれあるが生産者は経常的な価格を期待価格とみなすのをやめようとするであろう．これは循環の持続周期が短いならばとりわけそうである．さらにまた，公共的な政策にかかわるつぎの重要な問題が存在する．循環の破壊に至ることになるであろうなにか他の単純なタイプの期待は存在するのであろうか．

期待は経済分析にむずかしい課題を呈示する．なぜなら，可能性はきわめて多数あるのにそれらの実際の挙動については情報はほとんどないからである．便宜主義と現実主義の双方により非常に単純なタイプの研究が思い浮かぶ．価格がすべての生産者によりつぎの生産期間にはその直前の期間に変化した分の一定比だけ変化すると期待されるようなケースを考察しよう．この比を ρ，期待価格を $\text{ex } p$ と名づければ，われわれは

$$\text{ex } p(t) = p(t-\theta) + \rho \Delta p(t-\theta)$$
$$= (1+\rho)p(t-\theta) - \rho p(t-2\theta)$$

をもつ．時間 t での供給は

$$-S + \beta \text{ ex } p(t)$$

により決まり，したがって(8)は

$$-S + \beta(1+\rho)p(t-\theta) - \beta \rho p(t-2\theta) \tag{16}$$

と書き換えられる．$\rho=0$ ならば，生産は経常的な価格を基底としており，単純な蜘蛛の巣定理がしたがう．$\rho>0$ ならば，価格は同じ方向に移動し続けることが期待される．これにたいして $\rho<0$ ならば，逆のことが期待される．後者の方が循環の性質に合致しているという理由でますます現実味のあるものになるであろう．ρ が大きさで 1 より小さければ，変動を沈静する期待が反映されているか，あるいは確実性が欠如しているがゆえに経常的な価格への信頼が大きくなるということを意味するかのどちらかであろう．

すべての生産者が同じ期待をもつなどということは，既知の事実に矛盾しているしまた本来まったくありそうもないことである[6]．しかしながら，視診にもとづけば，総期待係数 ρ はいろいろな個別の係数の加重平均とみなすことができることが判明する．たとえば，ふたつのグループの供給者がい

て別々の期待をもっていると想定しよう．
$$-S_1+\beta_1(1+\rho_1)p(t-\theta)-\beta_1\rho_1 p(t-2\theta),$$
$$-S_2+\beta_2(1+\rho_2)p(t-\theta)-\beta_2\rho_2 p(t-2\theta).$$
動学的な供給曲線のふたつの勾配 β_1,β_2 は各々のグループの相対的な重要性を示す測度となるであろう．総供給曲線は
$$-(S_1+S_2)+\{\beta_1(1+\rho_1)+\beta_2(1+\rho_2)\}p(t-\theta)-\{\beta_1\rho_1+\beta_2\rho_2\}p(t-2\theta)$$
となるであろう．この式は，もし
$$S = S_1+S_2$$
$$\beta = \beta_1+\beta_2$$
$$\rho = \frac{\beta_1\rho_1+\beta_2\rho_2}{\beta_1+\beta_2}$$
と置けば，(16)と同じかたちの方程式として表示することができる．それゆえ(16)の係数 ρ は個々の期待係数の平均とみなすことができそれぞれのグループはその重要性に応じて加重してある．もっと一般的に述べれば，k 個のグループがあり十分に一様な期待をもてば，つぎの式を得る．

$$S = \sum_{n=1}^{k} S_n, \tag{17}$$

$$\beta = \sum_{n=1}^{k} \beta_n, \tag{18}$$

$$\rho = \frac{\sum_{n=1}^{k} \beta_n \rho_n}{\sum_{n=1}^{k} \beta_n}. \tag{19}$$

ρ が実際の個別の期待の平均値を意味することが理解されるであろう．こういうわけでその値が表示するのはグループがもつ意見の差異の方であって個々の不確実性ではない．たとえ諸個人の行為が $\rho=+1$, $\rho=-1$, $\rho=0$ のいずれかに対応するにすぎないとしても，集計により ρ は分数の値をとることができる．さらにまた，意見の差異は平均の ρ の値をむしろ小さくすることになるであろう．いずれのケースにおいても ±1 は現実的にみると ρ が起こりそうな範囲の上限と下限であるように思われる．

供給と需要を等しく置くことにより，方程式(9)の代わりに，われわれは

$$\alpha p(t) + \beta(1+\rho)p(t-\theta) - \beta\rho p(t-2\theta) = \phi(t) + D + S \tag{20}$$

を得る．$\phi(t), D, S$ がゼロに等しいと置いてしまえば，われわれは同次方程式を得るが，これが経済的に意味するところは，われわれがシフトが曲線にないという条件のもとで価格の平均値からの乖離だけを研究するということである．

$$p = P\lambda^t$$

を代入し $\beta/\alpha = a, \theta = 1$ とすれば，λ はつぎの特性方程式を満たさねばならないことがわかる．

$$\lambda^2 + a(1+\rho)\lambda - a\rho = 0. \tag{21}$$

2根は

$$\lambda = -\frac{a(1+\rho)}{2} \pm \sqrt{\frac{a^2(1+\rho)^2}{4} + a\rho} \tag{22}$$

であり，もっと一般的に述べれば，

$$\lambda = |\lambda|e^{i(2n\pi \pm \varepsilon)}, \quad n = 0, \pm 1, \pm 2, \cdots \tag{22a}$$

である．λ が正で実数であるならば，ε はゼロであり，また λ が負で実数であるなら，$\varepsilon = \pi$ である．もし λ が複素数であるならば，

$$|\lambda| = \sqrt{-a\rho} \tag{23}$$

であり[訳注7]，また

$$\tan \varepsilon = \pm 2 \frac{\sqrt{-\frac{(1+\rho)^2}{4} - \frac{\rho}{a}}}{-(1+\rho)} \tag{24}$$

である[訳注8]．各根が1組の解を与えるので，各々に任意の定数 P_n を割当て，それらすべてを合計して一般解を得ることにより，われわれは

$$p = e^{(ln|\lambda|)t} \sum_{n=-\infty}^{\infty} \{P_n e^{i(2n\pi+\varepsilon)t} + P_n' e^{i(2n\pi-\varepsilon)t}\} \tag{25}$$

をもつ．

これらの結果を用いて，いろいろな平均的な期待を有する循環についての影響がどうなるであろうかという問題に解答することができよう．循環が破

図3.3〔訳者作成〕

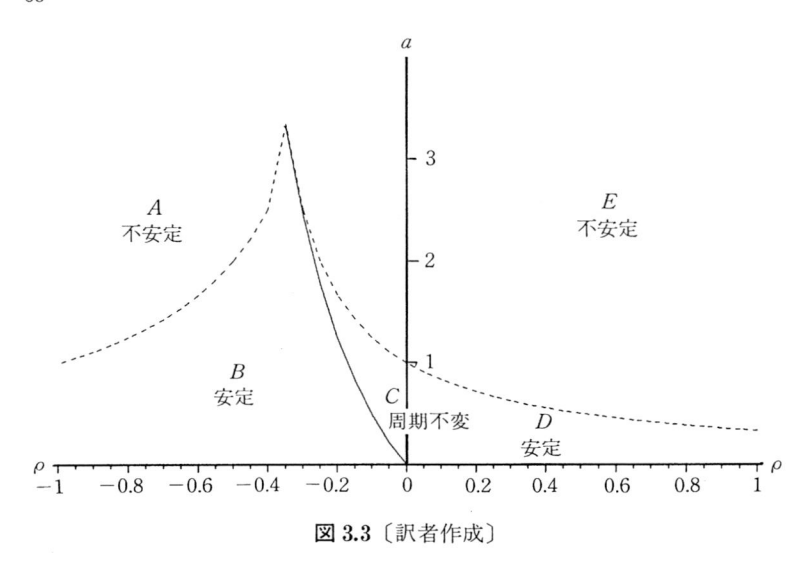

領域ラベル: A 不安定, B 安定, C 周期不変, D 安定, E 不安定

壊されることになるには，2根がともに正かつ実数でなければいけないので，

$$\rho < -1,$$
$$a \geq -\frac{4\rho}{(1+\rho)^2} \quad (26)$$

が必要とされる．-1 より小さい値はいずれもほとんど意味をなさないように思われるから，こうなる可能性は容易に除外される．そのうえ a の値もまた大きくならねばならないであろう．それはこの機構を不安定にすることになるであろう．この領域は図3.3の外部に見出される．負の実根は単純な蜘蛛の巣と同じ周期の振動を生み出す．この結果は，

$$\rho > -1,$$
$$a \geq -\frac{4\rho}{(1+\rho)^2} \quad (27)$$

の場合で，図3.3の領域 C, D, E で与えられる．a と ρ の組合せで領域 A と B で見出されるものは複素根を意味し，それゆえ期待がない場合と比べ

第3章　市場における動学的結合と生産ラグ

て周期は長くなっている[訳注9]．B の一番右端から始まり長さが2であるとすると，周期は左側に移動するにつれて増加し $\rho=-1$ でこの長さの2倍になる．この点で a の値は周期の長さにかんしてなんの役割も果たさない．この点は期待の現実主義的な限度であるので，その点について言うことができることは，負の期待は振動周期を増加させて負の期待がない場合にそうなるであろう周期の2倍にまでなるであろうということである．$\rho=-1$ の線の左側では，周期[7]は振動のない場合の解がもつ領域の境界（図3.3には示していない）に接近するにつれて際限なく増加するであろう．ρ を与えた場合には，a が大きければ大きいほど周期は短くなる[訳注10]．

循環は同様にまた諸定数を減衰を導入するに必要なだけ変化させることにより破壊できるであろう．事実，危害をおこしやすい振動や「乱調（hunting）」[訳注11] が通常調整器（governor）や自動操縦装置のようなサーボ機構で消去されるのはこのようにして行われる．したがって，期待が安定性に与える影響は重要な意味をもつ．実根の領域では動学的な安定条件は

$$a < \frac{1}{1+2\rho} \tag{28}$$

である．複素根の領域ではそれは

$$a < -\frac{1}{\rho} \tag{29}$$

である[訳注12]．これにより図3.3では，領域 A, E が定数が不安定な値を表示し，一方，B, C, D が安定な値を表示することが示される．問題をつぎのように述べることができよう．供給と需要の一定の諸条件が与えられるならば，いろいろな期待が与える安定性への影響はどうなるであろうか．$\rho=0$ の右側では，ρ が大きくなればなるほど，根の大きさはますます大きくなる．したがって，安定的な市場は安定性を失い，また不安定な市場はますます不安定になる．ρ がゼロから減少するにつれて，根のふたつの項はともに大きさを小さくしていき，結局，実根と複素根を分かつところで（B と C の間の線上で），第2項はゼロになる．この線を超えると，根の絶対的な大

表 3.1

a	$\rho=0$ のときの時間定数	極大の安定性を与える ρ	安定性極大のときの時間定数
1.0	∞	-0.17	1.1
0.9	9.5	-0.16	1.0
0.7	2.8	-0.13	0.8
0.5	1.4	-0.10	0.7
0.2	0.6	-0.05	0.4

きさは $\sqrt{-a\rho}$ となり，その結果それは明白に ρ の負の値が大きくなるほど増加していく．したがって，根の大きさがこの境界線に沿って極小になり，ゆえにそれに沿った点は達成可能な最大の安定性を表示する．

単純な期待が循環を破壊することができるかどうかということは程度の問題である．単純な期待は供給曲線と需要曲線になんらかの変化がある間は循環をけっして完全に破壊することができない．循環の破壊にどれだけ近接できるかは減衰の強さが曲線のシフトの猛威と比べてどれだけ強いかに依存する．負の期待が中位の程度のものであれば，減衰は鋭敏に増大する．これを数量的に見るためには市場の時間定数を考察することが役に立つ．これはつまり変動のある与えられた振幅が，攪乱がこれ以上存在しない場合に，その初期値である 1/2.7 に減少するまでの時間の長さのことである[訳注13]．われわれは期待がゼロである市場の時間定数を極大の安定性を与えるような時間定数と比較できるであろう．a のいろいろな値にたいしてラグ区間で分けたふたつの時間定数が表 3.1 で与えられている．負の程度の小さい期待は減衰にかなり大きな差異をつけ，したがって当然循環を大いに改善する（つまり，穏やかな世界では実質的に循環を消滅する）ことになるのは明白である．しかしながら，これらは最適な結果であってある種の計画によってはじめて遂行可能なものである．生産者の間に循環の自覚というものが広く行き渡っているならば，これにより負値の高い値の ρ が生み出される傾向があるであろう．この結果，循環が延長されまた不安定にされる．循環の自覚や情報にもとづく期待は循環を廃止するであろうということがこれまで言われてきた．

これには嫌疑がかけられる．その理由はあらゆる循環のなかでもここでのようなもっとも単純なものでそうではないからである．循環を廃絶しようとする試みで生産者に循環を理解しそれを考慮に入れるように言うことは無益である．そうすることは実際的には循環を悪化させることになるであろう．生産者のなかのほんの一部だけが循環の自覚をもつならば，彼らはどっさりと儲けを得ることができるであろう．注目すべきことに，彼らは意図せずに循環を改善するという公共的サービスを提供するであろう．

　要約するならば，単純な期待で循環を消去するものはなにもないと言うことができるであろう．それでもなお，循環はわずかな負の期待により大いに改善できるであろう．これらの負の期待は循環の持続を2倍まで延長することができ，その間に循環を安定的でなくし，期待のない場合よりも安定的でなくしてしまえさえする．すべての正の期待は安定性を減少させる．一般に，負の期待はそれに対応する正の期待よりもはるかに大きな安定性に達する．

　このすべてが論証されたのはひとつのタイプの期待だけにたいしてである．もっと複雑なあるいはもっと精巧なタイプも分析できるが，生産者の反応がそうした精密化にたえず追従することになるのかどうかは疑わしい．たとえば，われわれは加速度を定数と見なせる．つまり，生産者は価格の増加は価格がちょうど増加したのと同じ倍数で増加するであろうと期待すると仮定できるであろう．

$$\text{ex } p(t) = p(t-\theta) + \Delta p(t-\theta) + \Delta^2 p(t-\theta).$$

あるいは，生産者というものが人間であるという制約を忘れられるならば，われわれはこの方向での措置をもっとすすめることができよう．生産者が基礎とする期待が循環機構の正確な知識にもとづいているならば，われわれが期待できるように，循環はほとんど自明の意味で消失することになるであろう．生産者が市場曲線の正確な推定を利用して価格を予測すると想定せよ．

$$\text{ex } p(t) = -\frac{\beta}{\alpha} p(t-\theta). \tag{30}$$

このケースでは，

$$p(t) = \left(\frac{\beta}{\alpha}\right)^2 p(t-\theta). \quad \text{〔訳注 14〕} \tag{31}$$

この解はもはや振動せずむしろ指数解であり，安定性は著しく増加している．われわれとしてたしかに言えることは生産者がけっしてこの結果に到達することはないだろうということである．しかし考えられるところでは政府は生産者にそれを遂行するよう勧告することができよう．

最後にわれわれは第3節でより単純な機構に適用されたのと同じ推理をこれらの機構に適用できるであろう．古い振動が沈静するにつれて，新しい振動が供給曲線と需要曲線のシフトによって励起していく．この結果は振動は持続し，つねに形状が変化しているということである．厳密な分析はいくらか複雑になる．私は数学的に類似したケースの詳細を別の箇所で与えた[8]．

第5節　生産ラグ付きの市場の結合

容易に起きうることとして，経済バランスの依存が片側である市場がそれにもかかわらずひとつ以上の関連する市場と相互的に結合している場合がある．経済がこれらの市場に与える影響とそれら自身の相互依存を考慮に入れることにより，われわれは実際の挙動の第一次的な決定要因を含めて考えるという希望をもてるであろう．このような諸条件が保持されるところでは，部分的な動学と一般的な動学の間に有用な中間地点が存在する．多くのタイプの相互依存が存在するであろうが，私はもっとも単純なものだけを考察したい．供給曲線または需要曲線が他の市場の価格に比例する項をもつというものである．

しばらくは経済バランスの依存ということは無視することにしよう．差分の演算子を E と名づければ，m 個の市場の体系をつぎのように表示できるであろう．

$$\begin{bmatrix} a_{11}(E) & \cdots & a_{1m}(E) \\ \cdots\cdots & \cdots & \cdots\cdots \\ a_{m1}(E) & \cdots & a_{mm}(E) \end{bmatrix} \begin{pmatrix} p_1 \\ \vdots \\ p_m \end{pmatrix} = \begin{pmatrix} 0 \\ \vdots \\ 0 \end{pmatrix}. \tag{32}$$

需要の側だけで結合しているならば,非対角要素は定数以外は含まないであろう.自明でない解の条件は動学的な行列の行列式(あるいは λ のタームで表現すれば特性方程式)がゼロになることである.この方程式の次数は対角線上にない諸項によっては変更されることはないので,供給の結合があるかないかは可能な行動のタイプに質的に影響を与えることはないであろう.したがって,議論を単純化するためにだけ私は供給の側の結合を省略したい.さらにもっとも単純なケースを除けば一般的,代数的な解は与えられないということもまた明らかである.市場がふたつのときだけでさえこうなわけで,それらのラグがそれぞれ9カ月と12カ月であるならば,われわれは7次の特性方程式をもつことになりそれを代数的に解くことはできない[訳注15].ラグの最小公倍数が小さいか,あるいは市場がふたつ以上あるところでは,特性方程式は所与の状況のもとで数値的に解くことができるであろう.私は代数的に解くのに必要なだけ単純なケースに制限するが,それはもっと複雑な問題にたいしても結果の性質を明らかにする.

ふたつの市場を考察するが,それらは需要の側で結合しており,そのうちのひとつが単位生産ラグをもつとせよ.

$$\beta_1 p_1(t-1) + \alpha_1 p_1 + \gamma_1 p_2(t) = 0, \tag{33}$$
$$\gamma_2 p_1(t) + \beta_2 p_2(t) + \alpha_2 p_2(t) = 0. \tag{34}$$

われわれはふたつの市場の動学的な相互作用にだけ興味があるので,すべての定数と経済の残りの部分へ関数的依存しているものは無視される.すべての定数は γ_1, γ_2 を除くと正である.γ_1, γ_2 は正になるか(大ざっぱに言えば,財は補完的であることを指示する),負になるか(競争的)のいずれかであろう.これらの方程式はつぎのように書けるであろう.

$$\begin{bmatrix} \beta_1 E + \alpha_1 & \gamma_1 \\ \gamma_2 & \beta_2 + \alpha_2 \end{bmatrix} \begin{pmatrix} p_1 \\ p_2 \end{pmatrix} = \begin{pmatrix} 0 \\ 0 \end{pmatrix}. \tag{35}$$

$p = P\lambda^t$ の形の解を代入することにより，われわれは λ を行列式がゼロでなくてはならないという条件によって決める^(訳注16)．ゆえにわれわれの特性方程式は便宜のよい形でつぎのように書けるであろう．

$$\lambda = -\frac{\beta_1}{\alpha_1}\left[\frac{1}{1-\dfrac{\gamma_1\gamma_2}{\alpha_1(\alpha_2+\beta_2)}}\right]. \tag{36}$$

かなり起こりそうな条件であるが $\gamma_1\gamma_2 < \alpha_1\alpha_2 + \alpha_1\beta_2$ である間は，根は負であり，ゆえに他の市場は第1市場からの振動を拾い上げるであろう．第1市場の安定性は結合がない場合には β_1/α_1 の大きさにより決まることになるであろう．そのままの振動が続けば，その安定性は括弧のなかの式が1より大きいということから結合により減少する．第2市場での振動振幅は

$$P_2 = -\frac{\gamma_2}{\alpha_2+\beta_2}P_1 \tag{37}$$

により与えられるので，かなり高い見込みとして，振動の猛威が第2市場における方が第1市場におけるよりも小さくなるであろうし，それは実際期待どおりのことであるであろう．さらにまた，財が補完的である，つまり，γ_2 が正であるならば，ふたつの市場は異なる位相で振動するであろう．ひとつの価格が高いならば，そのとき他方のそれは低い．しかしふたつの市場が競争的ならば，価格はともに上がったり下がったりするであろう．

　結合している振動的なふたつの市場のケースで，私は同一的な市場だけを考察してみよう．それは代数を単純にしてくれるであろう．市場数の増加，同一的でない市場，供給による結合，これらはみな複雑化を伴うがふつうは数値的に解答可能なものである．しかしそれらは周期にたいする影響を例外とすれば，相異なる結果を導くことはない．需要をつうじて結合しているふたつの市場はつぎのように表示されるであろう．

$$p_1(t) + ap_1(t-1) + bp_2(t) = 0, \tag{38}$$
$$bp_1(t) + p_2(t) + ap_2(t-1) = 0. \tag{39}$$

ここに，

$$a = \frac{\beta_1}{\alpha_1} = \frac{\beta_2}{\alpha_2} \tag{40}$$

であり，また

$$b = \frac{\gamma_1}{\alpha_1} = \frac{\gamma_2}{\alpha_2} \tag{41}$$

である．このようなわけで，市場はまったく同一である必要はないが，ただ比率とラグで同一になる必要がある．もし(39)式を(38)式から控除して $y_1 = p_1 - p_2$ を代入するならば，われわれは

$$(1-b)y_1(t) + ay_1(t-1) = 0 \tag{42}$$

を得る．(39)を(38)に加算して $y_2 = p_1 + p_2$ とすれば，われわれは

$$(1+b)y_2(t) + ay_2(t-1) = 0 \tag{43}$$

を得る．このように変数を分離することにより，問題は結合していないふたつの1階差分方程式，つまり単純な蜘蛛の巣に還元される．これらは第2節で指示された仕方で解けるであろう．一番明白な結果はもともとの周期は結合により変更されないということである（双方のケースでともに 2θ 以下である）．この結論はまた相似的でない市場にたいしてもそれらが同一のラグをもつ間保持される．これとは対照的に，これと類推的な状況であるが動学的な市場が微分方程式で特徴づけられる場合，ふたつのもとの周期から離れて拡散するに至ることになるであろう．

特性方程式のそれぞれの根は

$$\lambda_1 = -\frac{a}{1-b} \tag{44}$$

と

$$\lambda_2 = -\frac{a}{1+b} \tag{45}$$

である．b が正であるか負であるかにかかわりなく，ひとつの根は $-a$（結合がない市場の根）[訳注17]より大きくなりもうひとつは小さくなるであろう．こうして双方の市場にはそれぞれ振動があり，市場が結合していない運動と比べて，そのうちのひとつはいっそう安定的でなくなり，もうひとつはいっ

そう安定的になるであろう．こうして安定性は結合した差分方程式では変化を受ける．これは微分方程式で周期性が変更されることに類推できる．安定的でない解がつねに支配する傾向があることから，われわれは結合が安定性を減少させると結論づけることができるであろう[訳注18]．万一他方の価格よりもその生産物自身の価格の方の重要性が少ないならば，b は1よりも大きいであろう．それは，双方ともにではないが振動のひとつが指数解に切り替わっていくことを意味するであろう．指数解が安定的であるか不安定であるかは b のサイズに依存するであろう．もし市場が相似的でないならば，その振動の安定性が（$\gamma_1 \gamma_2 < \alpha_1 \alpha_2$ である間，つまり自己の価格の方が他の価格よりも重要性が高い間は）[訳注19]単独で安定性が最小になる市場の振動よりも小さくなることを示すのはむずかしいことではない．

解は
$$p_1 = \frac{1}{2}(y_1 + y_2) \tag{46}$$
と
$$p_2 = \frac{1}{2}(-y_1 + y_2) \tag{47}$$
である[訳注20]．各 y は周期 2θ で任意の形状の波動を表示する．そしてこれらは一般に異なるであろう．減衰的諸要因が異なっているために，それらはもう一方に比例して衰えるであろう．その結果としてそれらの和または差は，減衰とは別に，どちらも単に周期的になるにすぎないであろうけれども，絶えず変化をつづける波動の形状を与えることになるであろう．解の第1成分ではそれらはまったく同じ位相であるが，第2成分では異なる位相であることは注意に値する．もしも $b > 0$（補完財）であれば，第1の解が優越する傾向をもち，それゆえに市場は歩調を乱す傾向をもつであろう．他方，もし $b < 0$（競争財）であれば，第2の解は安定性を失い，それゆえに市場はともに上がったり下がったりする傾向をもつであろう．振動の組成は単独でも任意の組合せのどちらでも励起できるであろう．よって，ひとつの市場が他の市場に比較して先行することも遅れることも可能である．

第3章 市場における動学的結合と生産ラグ

相似的でない市場の結合がそれらのそれぞれの周期に与える影響を見るために，一方が他方にたいして生産ラグが2倍であるような，もっとも単純な例題を考えよう．このような体系は

$$\begin{bmatrix} 1+a_1E & b_1 \\ b_2 & 1+a_2E^2 \end{bmatrix} \begin{pmatrix} p_1 \\ p_2 \end{pmatrix} = \begin{pmatrix} 0 \\ 0 \end{pmatrix} \tag{48}$$

と表示される．その特性方程式は

$$(1-b_1b_2)\lambda^3 + a_1\lambda^2 + a_2\lambda + a_1a_2 = 0 \tag{49}$$

である．もしも $b_1b_2<1$ つまり $\gamma_1\gamma_2<a_1a_2$ というケースに限定するならば，このとき，根はすべて実数で負であるか，またはひとつが実数で負でそれ以外のふたつが複素共役である．しかしながら，a_1, a_2 および b_1b_2 が正で実数ならば，根のすべてが実数にはなりえないことがわかる[訳注21]．したがって，根はつぎの形になるはずである．

$$\left. \begin{array}{l} \lambda_1 = re^{i(2n+1)\pi} \\ \lambda_2 = r'e^{i(2n\pi+\varepsilon)} \\ \lambda_3 = r'e^{i(2n\pi-\varepsilon)} \end{array} \right\} \quad n=0, \pm 1, \pm 2, \cdots. \tag{50}$$

ここに r, r', ε は(49)のパラメーター a_1, a_2, b_1, b_2 によって決まるべきものである．したがって，周期はすべて2以下であるであろうが，それよりかならず長くかつその長さに限度がないものを除く．ゆえに結合した周期は複雑な仕方で結合のない周期と構造パラメーターの双方に依存する．例外的なケースを除けば，市場は前と同じ極大の周期をもつことはないであろう．ふたつの独立的な周期はかき混ぜられてある複雑な周期の集合になる．これと同じ周期の集合が両市場によって呈示される．これらのなかで最長のものはふたつの独立的な循環のなかで長い方よりも長くなるであろう．実際長さがどれくらいになるかは制限がない．こういうわけで結合の帰結として循環の存続を延長する強力な見込みがある．さらにもっと注目すべきことはもはや単に周期的ではないという事実である．それは，外部的な攪乱や自然的な減衰がないときでさえ，同じことを繰り返さない．偶然による場合を除けば，種々の周期が蟻継ぎしたようにぴったりと繋がり合うことはないであろう．

なぜなら，それらはもう一方の整数倍でないからである．それゆえに各循環でそれらは新しい仕方で結合し永続的に変化していく形状に帰する．ふたつの市場は周期について同じ集合を含むであろうが，それらの時間の形状は同じではないであろう．これは，対応するもとの周期の振幅がふたつの市場の間で異なるであろうからである．さらにまた，一方の市場の周期のほとんどは他方の市場の周期と位相を異にするであろう．

もしもふたつの市場が片側で経済バランスと結合しているならば，攪乱を示す関数を方程式(9)に特定化されているものとして含めることができるであろう．(38)と(39)の代わりに，

$$\begin{bmatrix} 1+aE & b \\ b & 1+aE \end{bmatrix} \begin{pmatrix} p_1 \\ p_2 \end{pmatrix} = \begin{pmatrix} \phi_1/\alpha_1 \\ \phi_2/\alpha_2 \end{pmatrix} \qquad (51)$$

と書かれるべきであろう．完全な解はすでに同次方程式(38)と(39)で与えられた一般解プラス(51)の特解から構成される．もし関数 $\phi_1(t)$ と $\phi_2(t)$ を一連の条件とみなすことができるならば，体系が線形であるということを利用して，われわれは特解を項ごとに計算して結果に付け加えればよいであろう．y_1 と y_2 の変数変換を行うとき，$\phi_1(t)$ と $\phi_2(t)$ の和と差をとるだけでよいであろう．よって，任意のひとつの典型的な項にたいする体系の反応をどちらかの関数で研究するだけで十分である．

もしも ϕ が完全に任意であるならば，われわれは第3節の流儀でそのまま続けて y_1 と y_2 の反応を $\phi_1(t)$ と $\phi_2(t)$ の和と差にたいして計算することができるであろう．あるいは，単位パルスにたいする体系の反応を計算してから，時間をつうじた和をとってその反応が徐々に任意の攪乱に近づいていくことを見出すことができるであろう．しかしながら，少なくとも ϕ のある部分に，たとえば，明確な趨勢や循環というような系統的なものがあるであろう．もしも持続的な指数の趨勢があるならば，ϕ のある項はつぎのように書けるであろう．

$$\frac{\phi_k}{\alpha} = \Phi e^{\lambda_k t}.$$

ここに λ_k は成長率を与える[訳注22]. 結果として特解は

$$y_{1k} = \frac{\Phi_k}{1-b+\dfrac{a}{\lambda_k}} e^{\lambda_k t}, \tag{52}$$

$$y_{2k} = \frac{\Phi_k}{1+b+\dfrac{a}{\lambda_k}} e^{\lambda_k t} \tag{53}$$

であり,よって,市場は同一の趨勢をもつであろうが,大きさは変更されている.

もし ϕ/α のすべてまたは一部が 2～3 の振動する項で表示することができるならば,典型的なものはつぎの複素数の形で考察できるであろう.

$$\frac{\phi_j}{\alpha} = \Phi_j e^{i\omega_j t}.$$

指数解を (42) に代入することにより,

$$\left(1-b+\frac{a}{e^{i\omega_j}}\right) Y_{1\alpha} e^{i\omega_j t} = \Phi_\alpha e^{i\omega_j t} \tag{54}$$

を見出す[訳注23]. 市場は経済の残りと同一の周期を成分とする振動をもつであろう. しかし,振幅と位相は,市場の動学的構造によって決まる複素定数 $1-b+\dfrac{a}{e^{i\omega_j}}$ により変更を受ける. もしもそれが $r_1 e^{i\tau_1}$ の形で書き直されるとするならば,$1/r$ は y の変動の振幅と ϕ の変動の振幅との比であり,τ は ϕ と比べて(正であれば)y の遅れを,(負であれば)y の先行を与える.

$$r_1 = \sqrt{(1-b)^2 + 2(1-b)a\cos\omega_j + a^2} \tag{55}$$

[訳注24]

励起が市場に与える最小限の影響 ($r_1 = 1-b+a$) または共鳴がないのは,$\cos\omega_j = 1$ ならば,起こる. つまり,この周期攪乱は周期が無限大である攪乱(定数)1 ラグ単位, 1/2 ラグ単位等々である場合の攪乱である[訳注25]. 最大限の影響または共鳴が起きるのは $\cos\omega_j = -1$ のときであり,$r_1 = 1-b-a$ である[訳注26]. そのためには $\omega_j = (2n+1)\pi$ が必要とされる[訳注27]. しかしこれらは体系 (13) の自然周期に対応している. $r_2 = 1+b-a$ についても同様である. たとえば,もしも $\alpha=0.5$, $\beta=0.3$, $\gamma=0.15$ ならば,$r_1=0.1$ であり,その市場の振動は 10 倍の振幅をもつであろう. したがって,経済が近

似的にその部門と同一の周期をもつ小さな振動をもつとすれば、それでもなおかなりの反応が認められることになろう．

励起に比例して誘発される振動の位相は

$$\tau_1 = \tan^{-1}\left\{\frac{-a\sin\omega_j}{1-b+a\cos\omega_j}\right\} \quad (56)$$

により与えられる．循環の長さが非常に長い攪乱であるとき，もし $b<1$ ならば，わずかながら先行があり[訳注28]，それは増加して4生産ラグをもつ周期にたいして

$$\tau_1 = \tan^{-1}\frac{-a}{1-b}$$

になる[訳注29]．市場の先行（あるいは遅れ）は，構造パラメーターがどんなものであろうとも四半期循環より大きいことはありえない．共鳴が起きるところで〔市場と攪乱の〕ふたつは同調する．4/3の周期で，市場は攪乱にたいして遅れをとるであろう[訳注30]．y_2 については，位相は

$$\tau_2 = \tan^{-1}\left\{\frac{-a\sin\omega_j}{1+b+a\cos\omega_j}\right\} \quad (57)$$

で与えられる．それは，負の b のとき，ふたつの成分となる運動は逆転することを示している．それらは一般にもう一方と同調することはないであろう．

第6節

要約すれば，前節は一般的な動学的相互依存とともに生じる複雑さを示唆していると言うことができるであろう．ふたつの同一的な市場から n 個の同一的でない市場へと進むためには，まだ生まれていないような計算機のサービスまで延期されるであろう．もしも集計が満足のゆくようにできれば，もちろん大きな問題を数部門だけしか含まない問題へと還元できるであろう．このとき第5節の方法が実行可能になるにちがいない．

部分的動学の方法は，それが妥当する多くの場合で価値あるものである．

それを本論文の結果が示唆していることを私は願っている．蜘蛛の巣定理そのものは，多分動学でもっとも成功的な試みであるが，部分的分析のもつ制限的な諸仮定が実り多い結果を与える例題である．これらの仮定をほんのわずかだけ拡大して経済の残りの部分への衝撃を被覆することにより，循環の維持と不規則性になる事情を述べて，この定理がかなりの程度応用可能になるよう改善することができた．期待の問題でも同様に，進歩はむしろ経済の狭い部分を切りとって集約的に研究をすることで達せられる．事実，このような個々の分析をつうじてのみ，これまで以上に野心的な（経験的に検証しうる内容をもった）一般理論が構築されるべき意味深い諸仮説を定式化し検定することさえできる，ということが言えそうである．いずれにせよ，単一市場では，われわれはなんらかの現実的に単純な期待の影響が安定性の変化と周期の長さのタームでどんなものになるのか正確に述べることができた．

実際に単純であるものの，相互に影響し合う経済的な組合せという問題は，消費と投資，建設と景気循環，等々におけるほど広い関心はもたれていない．ふたつの部門の半分離により，われわれは両部門が結合がない場合に安定的でない部門よりも安定性を失うであろうことを示すことができた．両部門の周期は複雑な仕方で相互に結びつけられ，獲得し合う．そして周期を長びかせ波動の形状をつねに変化させる結果になる．最後に，経済の共鳴という現象の助けを借りて，われわれは経済の各部分でなぜしばしば定性的に異なる行動パターンが取られるのかということにありそうな説明を組み立てることができた．それぞれの部分は明らかに経済の運動全体のなかで自分にもっとも共鳴する成分を拾い上げるのである．

注
* "Dynamical Coupling with Especial Reference to Markets Having Production Lags", *Econometrica*, vol. 15 (1947), pp. 181-204.
1) 私はこのようにそれを表現することをクープマンス氏（T. Koopmans）とルビン氏（H. Rubin）が示唆してくれたことに感謝する．

2) 〔Staehle, H.〕"Relative Prices and Postwar Markets for Animal Food Products", *Quarterly Journal of Economics*, 59 (February 1945), pp. 237-79. 彼はいくつかのケースにおいてそれ以外にひとつの価格を，あるときは単に自身の価格だけを，またあるケースでは価格ではなく所得だけを考慮する必要があるということを見出している．
3) 私はストックの投機的保有のことを考慮していない．
4) 〔Ezekiel〕"The Cobweb Theorem", *Quarterly Journal of Economics*, 52 (February 1945), pp. 255-80.
5) 〔Leontief, W.〕"Verzögerte Angebotsanpassung und Partielles Gleichgewicht", *Zeitschrift für Nationalökonomie*, 1934. 定理の有用性を確定したのはこの論文であったと言うことはおそらく過言ではない．
6) この点でも他の多くの点と同様にハンス・スターレ博士に大いに感謝する．
7) 周期という語で解のなかの最長の周期ということにしている．
8) 〔Goodwin, R.M.〕"Innovations and the Irregularity of Economic Cycles", *Review of Economic Statistics*, 28 (May 1946), Appendix, Section 3, p. 104.

訳注

1〕 単純な「蜘蛛の巣定理」(1階差分方程式) の標準的な解法はつぎのとおり．ラグは1期のみとし，初期条件のために切片 D, S はゼロでないものとする．このとき，需給均等条件(9)式を

$$-\alpha p(t) + D = \beta p(t-1) - S$$

と書き直す．これを $p(t)$ について解くと，

$$p(t) = \left(-\frac{\beta}{\alpha}\right)p(t-1) + \frac{S+D}{\alpha} \qquad (*)$$

である．価格の均衡値は $p(t)=p(t-1)$ を代入すれば得られる．

$$p^* = \frac{S+D}{\alpha+\beta}.$$

$p(0)$ を代入して $p(1)$ を計算して，以下つぎつぎと $p(t-1)$ を $p(t)$ に逐次代入することにより，

$$p(t) = \left(-\frac{\beta}{\alpha}\right)^t p(0) + \left\{1 + \left(-\frac{\beta}{\alpha}\right) + \cdots + \left(-\frac{\beta}{\alpha}\right)^{t-1}\right\} \frac{S+D}{\alpha}$$

を得る．p^* を用いて整理すれば，解

$$p(t) = \left(-\frac{\beta}{\alpha}\right)^t \{p(0) - p^*\} + p^*$$

がしたがう．

なお，(*)式に解 λ^t を代入して非同次項 $\dfrac{S+D}{\alpha}$ を0と置けば，特性方程式は，

である．ゆえにこの根は
$$\lambda - \left(-\frac{\beta}{\alpha}\right) = 0$$
である．ゆえにこの根は
$$\lambda = -\frac{\beta}{\alpha}(=-a)$$
である．

2〕複素数の絶対値 $a+ib$ は $|a+ib|=\sqrt{a^2+b^2}$ である．横軸に実数，縦軸に虚数をとれば，斜辺とほかの辺との関係は
$$a = \sqrt{a^2+b^2}\cos\varepsilon, \ b = \sqrt{a^2+b^2}\sin\varepsilon$$
である．こうしてこの複素数は「極座標」
$$\sqrt{a^2+b^2}(\cos\varepsilon + i\sin\varepsilon) = \sqrt{a^2+b^2}\left(\frac{e^{i\varepsilon}+e^{-i\varepsilon}}{2} + \frac{e^{i\varepsilon}-e^{-i\varepsilon}}{2i}\right)$$
に変換できる．いまの例では根は複素共役でない．よって $-a$ の極座標表示は(11a)式になる．

3〕ガウス平面（複素平面）上で $e^{i\varepsilon}=\cos\varepsilon+i\sin\varepsilon$ はちょうど「単位円」（半径1）上にある．ε が0から 2π へ変化すれば，この数 $e^{i\varepsilon}$ は原点のまわりを一定の半径
$$|e^{i\varepsilon}| = \sqrt{\cos^2\varepsilon+\sin^2\varepsilon} = 1$$
で円を描く．よって，$+1$ の実数軸から π だけ回転すると -1 になる．ゆえに，λ が正（a が負）になるためには $\varepsilon=0$，λ が負（a が正）になるためには $\varepsilon=\pi$ を必要とする．

4〕ラグの周期は1であるが，解の周期は1でない．解の周期は∞である．

ここで周期（period）の定義について述べる．ある固定した整数 m とすべての t にたいして
$$p(t+m) = p(t)$$
のとき，解 $p(t)$ は周期的であると言い，これが保持される最小の整数 m を解 p の周期と言う．これにたいして，原著者は注7で「周期を最長の周期」の意味で使用していると断っている．原著者は本章で周期をむしろ振動数（周期の逆数）と取り違えて述べる傾向がある．

また，$i \geqq m$ なるすべての i について
$$f^i(p) = f^{i+m}(p)$$
のとき，関数 f は周期的であると言う．単位円とその偏角 q を使用する場合，基本周期（最小周期）は 2π で，
$$h(q) = h(q+2\pi) = h(q+2k\pi)$$
で定義される．ここに k は整数である．また $h(\varepsilon q)$ の周期は $2\pi/\varepsilon$ で定義される．ゆえに $\varepsilon=0$ のときの周期は ∞ である．

ところで

$f(0)=0$, $f^n(q)=2k\pi$

であるとき，0 が不動点であり，q は最終的に不動（eventually fixed）であると言う．不動点 $q=f(q)$ の周期は以上の定義から1ということになる．

5〕 一般にフーリエ級数の複素表示はつぎのようにして与えられる．

関数 $p(x)$ が周期 2θ をもつとき，
$$p(x)=p(x+2\theta)$$
である．x が 2θ 変化するとき，t が 2π 変化するとせよ．つまり，
$$t=\frac{\pi}{\theta}x.$$
このとき，
$$p(x)=\frac{A_0}{2}+\sum_{n=1}^{\infty}\left(A_n\cos\frac{n\pi x}{\theta}+B_n\sin\frac{n\pi x}{\theta}\right)$$
と展開できるとする．このとき，フーリエ係数は
$$A_n=\frac{1}{\theta}\int_{-\theta}^{\theta}p(x)\cos\frac{n\pi x}{\theta}dx,$$
$$B_n=\frac{1}{\theta}\int_{-\theta}^{\theta}p(x)\sin\frac{n\pi x}{\theta}dx$$
である．これらの係数を展開式に代入して得られる級数を $p(x)$ にたいするフーリエ級数という．

オイラーの公式
$$\cos nx=\frac{e^{inx}+e^{-inx}}{2},\ \sin nx=\frac{e^{inx}-e^{-inx}}{2i}$$
をフーリエ級数に代入すれば，
$$p(x)=\frac{A_0}{2}+\sum_{n=1}^{\infty}\left(\frac{1}{2}(A_n-iB_n)e^{in(\pi/\theta)x}+\frac{1}{2}(A_n+iB_n)e^{-in(\pi/\theta)x}\right)$$
を得る．ここで，$P_0=A_0/2$, $P_n=(A_n-iB_n)/2$, $P_{-n}=(A_n+iB_n)/2$ と置けば，複素表示
$$p(x)=\sum_{n=-\infty}^{\infty}P_n e^{in(\pi/\theta)x}$$
を得る．なお，
$$P_n=\frac{1}{2\theta}\int_{-\theta}^{\theta}p(x)e^{-in(\pi/\theta)x}dx$$
である．

6〕 $p(t)=e^{\ln|a|t}\sum_{n=-\infty}^{\infty}P_n e^{i(1+2n)\pi t}$

の $e^{\ln|a|t}$ は，$|a|=e^{\ln|a|}$ であるので $|a|^t$ を意味する．

この（12）式で $P_n=(A_n-iB_n)/2$, $P_{-n}=(A_n+iB_n)/2$ と置けば
$$p(t)=e^{\ln|a|t}\sum_{n=0}^{\infty}\left\{\frac{A_n-iB_n}{2}e^{i(1+2n)\pi t}+\frac{A_n+iB_n}{2}e^{-i(1+2n)\pi t}\right\}$$

である．オイラーの公式
$$\cos nx = \frac{e^{inx}+e^{-inx}}{2},\ \sin nx = \frac{e^{inx}-e^{-inx}}{2i}$$
を使用すれば，
$$p(t) = e^{ln|a|t}\sum_{n=0}^{\infty}\{A_n\cos(1+2n)\pi t + B_n\sin(1+2n)\pi t\}$$
がしたがう．

原著では単位ラグ周期で時間を測定するために $\theta=1$ と置いた．これは変数 x をスケール変換して $t=x/\theta$ と置くことを意味する．$t=x/\theta$ を使用すれば，
$$p(t) = e^{lna(x/\theta)}\sum_{n=0}^{\infty}\left\{A_n\cos(1+2n)\pi\frac{x}{\theta} + B_n\sin(1+2n)\pi\frac{x}{\theta}\right\}$$
がしたがう．(13a)式は π が脱落しているが，上式でふたたび x を t，n を k に置換した式である．

7〕 (22)式の根を
$$\lambda_1 = -\frac{a(1+\rho)}{2} + i\sqrt{-a\rho - \frac{a^2(1+\rho)^2}{4}},$$
$$\lambda_2 = -\frac{a(1+\rho)}{2} - i\sqrt{-a\rho - \frac{a^2(1+\rho)^2}{4}}$$
と置く．2次方程式における根と係数の関係から，
$$\lambda_1 + \lambda_2 = -a(1+\rho),$$
$$\lambda_1\lambda_2 = -a\rho$$
である．

一方，極座標表示では，訳注2を参考にすれば，複素数 λ の絶対値は
$$|\lambda| = \sqrt{a^2+b^2}$$
である．このとき，
$$\lambda_1+\lambda_2 = |\lambda|(\cos\varepsilon+i\sin\varepsilon)+|\lambda|(\cos\varepsilon-i\sin\varepsilon) = 2|\lambda|\cos\varepsilon,$$
$$\lambda_1\lambda_2 = |\lambda|(\cos\varepsilon+i\sin\varepsilon)|\lambda|(\cos\varepsilon-i\sin\varepsilon) = |\lambda|^2$$
である．

ゆえに，
$$\lambda_1+\lambda_2 = 2|\lambda|\cos\varepsilon = -a(1+\rho),$$
$$\lambda_1\lambda_2 = |\lambda|^2 = -a\rho$$
を得る．これより，(23)式がしたがう．

8〕 訳注2により，$\tan\varepsilon$ は虚数係数と実数係数との比であるので，実際には
$$\tan\varepsilon = \pm\frac{\sqrt{-a\rho-\frac{a^2(1+\rho)^2}{4}}}{-a(1+\rho)/2} = \pm 2\frac{\sqrt{-\frac{\rho}{a}-\frac{(1+\rho)^2}{4}}}{-(1+\rho)}$$
である．

9〕 ここで，原著者は周期を振動数（周期の逆数）の意味で使用している．訳注

4 を参照せよ．
　差分方程式の一般解は
$$p = P\lambda_1^t + P'\lambda_2^t = |\lambda|^t(A\cos \varepsilon t + B\sin \varepsilon t) = |\lambda|^t \cos(\varepsilon t + C)$$
と書いてよい．cos は周期 2π の関数であるので，訳注4より，解 p の周期は $2\pi/\varepsilon$ である．角振動数 ε を与えたとき，振動数 f，周期 T の関係は
$$f = \frac{\varepsilon}{2\pi}, \quad T = \frac{2\pi}{\varepsilon} = \frac{1}{f}$$
になる．振動数は周期の逆数である．

　ε は(24)式から計算できる．$\rho = 0$ のとき，$\tan \varepsilon = \pm 1$ なので，$\varepsilon = \pm \pi/4$ である．一方，$\rho = -1$ のとき，$\tan \varepsilon$ の分母は 0 になり，$\tan \varepsilon = \pm \infty$ なので，ここでは，a の値にかかわらず，$\varepsilon = \pi/2$ である．周期の計算は $2\pi/\varepsilon$ である．ゆえに，周期は 8 から 4 に短縮し，期待のない場合に比べて 1/2 になる．

　なお，微分方程式の場合の周期計算はつぎのとおり．
$$\lambda = -\frac{\nu}{2} \pm i\Omega$$
と約束する．このとき，微分方程式の一般解は
$$p = Pe^{\{-(\nu/2)+i\Omega\}t} + P'e^{\{-(\nu/2)-i\Omega\}t} = (A\cos \Omega t + B\sin \Omega t)e^{-(\nu/2)t}$$
である．ここに $A = P + P'$, $B = i(P - P')$ である．この周期は $2\pi/\Omega$ で計算できる．

10〕 ここで，原著者は周期を振動数（周期の逆数）の意味で使用している．(24)式で a の増大は，ρ がマイナスで所与とすれば，$\tan \varepsilon$ を減少させる．$\tan \varepsilon$ の減少は，角振動数 ε の減少をつうじて，周期を増大する．

11〕 ハンチング=hunting．制御系が安定性を失うことにより，フィードバック調整システムの機能にみられる周期的変化のこと．

12〕 実根をもつ条件は
$$\frac{a^2(1+\rho)^2}{4} + a\rho > 0.$$
安定条件は根が 1 より小さいことを要求するから，
$$1 > |\lambda_1|, |\lambda_2|.$$
したがって，実根の安定条件は，
$$1 > \left|\frac{a(1+\rho)}{2}\right| + \sqrt{\frac{a^2(1+\rho)^2}{4} + a\rho}.$$
これは，
$$\left(1 - \frac{a(1+\rho)}{2}\right)^2 > \frac{a^2(1+\rho)^2}{4} + a\rho$$
を意味する．これより，(28)式
$$a < \frac{1}{1+2\rho}$$

がしたがう．

虚根をもつ場合には，(23)式を参照して，
$$1 > |\lambda| = \sqrt{-a\rho}$$
が安定条件である．ゆえに，(29)式がしたがう．

13〕「極大の安定性を与える ρ」は $-4\rho/(1+\rho)^2=a$ を満たす ρ である．これは実根かつ重根のケースである．ゆえに
$$|\lambda| = \frac{a(1+\rho)}{2}$$
である．ここで原著者は「初期値」を $1/2.7$ に選んで
$$|\lambda|^t = \frac{1}{2.7}$$
を満たす時間 t を「時間定数」と呼んでいる．原著者は，「初期値」を $1/2.7$ に選んでいる．これは計算の便宜のために自然対数に関連させて採用したと思われる．実際，自然対数は
$$e = 1 + \frac{1}{1!} + \frac{1}{2!} + \frac{1}{3!} + \cdots = 2.71828$$
である．したがって，以下の計算は厳密には $1/e$ として計算するのがよい．すなわち，$|\lambda|^t = 1/e$ より $\log_e |\lambda| = -1/t$ から「時間定数」t が計算できる．「$\rho=0$ のときの時間定数」は $-1/\log a$，「安定性極大のときの時間定数」は $-1/\log\{a(1+\rho)/2\}$ で与えられる．詳しい計算結果は訳者作成表3.1のようになる．

訳者作成表3.1

a	$\rho=0$ のときの時間定数	極大の安定性を与える ρ	安定性極大のときの時間定数
1.0	∞	-0.17	1.14
0.9	9.49	-0.16	1.03
0.7	2.80	-0.13	0.84
0.5	1.44	-0.10	0.67
0.2	0.62	-0.05	0.42

14〕 $\phi(t), D, S$ をゼロとおいた(9)式の $p(t-\theta)$ に(30)式を代入すればよい．

15〕 9カ月と12カ月の最小公倍数は36カ月である．したがって，時点 t からスタートして第1市場はラグを4周（E の4乗），第2市場はラグを3周（E の3乗）で t と同じ状況に戻る．ゆえに対角要素だけを見れば，
$$\begin{bmatrix} E^4 x_1 & * \\ * & E^3 x_2 \end{bmatrix} \begin{pmatrix} p_1 \\ p_2 \end{pmatrix} = \begin{pmatrix} 0 \\ 0 \end{pmatrix}$$
を得る．解 $p = P\lambda^t$ を代入して係数行列式をつくって計算すれば7次の特性方程式をもつ．差分の演算子 E の t への適用は1回につき $1/\lambda$ である．

16〕 E の t への適用が $1/\lambda$ であることを注意すれば，(35)式は

$$\begin{bmatrix} \beta_1\dfrac{1}{\lambda}+\alpha_1 & \gamma_1 \\ \gamma_2 & \beta_2+\alpha_2 \end{bmatrix}\begin{pmatrix} P_1\lambda^t \\ P_2\lambda^t \end{pmatrix}=\begin{pmatrix} 0 \\ 0 \end{pmatrix}$$

である．2次の正方行列の係数から係数行列式ができる．これをゼロと置いて λ を計算して(36)式を得たのち，(36)を上記の第1式 λ に代入すれば(37)式を得る．

17〕 これは単純な「蜘蛛の巣定理」(1階差分方程式)の根である．訳注1を参照せよ．

18〕 需要方程式(38)，(39)式は，自分自身の「今期の価格への依存」(係数1)，「前期の価格への依存」(係数 a)，「自分以外の他財への依存(結合)」(係数 b)により定義されている．b の値が絶対値で1より小さいとき，「自分以外の他財への依存」は小さい．これを原著では他財の「重要性」が低いという表現をしている．このとき，a の値にかかわらず，それぞれの根は負値をとる．なお，a は定義よりつねに正の定数である．

19〕 相似的でない市場では，(40)，(41)式は成立しない．つまり，「自分以外の他財への依存」の係数はそれぞれ異なる．いま

$$\left(\dfrac{\gamma_1}{\alpha_1}\right)<1,\ \left(\dfrac{\gamma_2}{\alpha_2}\right)<1$$

であるならば，

$$\left(\dfrac{\gamma_1}{\alpha_1}\right)\left(\dfrac{\gamma_2}{\alpha_2}\right)<1\times 1$$

が成立して条件式が得られる．

20〕 $y_1=p_1-p_2$，$y_2=p_1+p_2$ で p_1，p_2 にかんして解いたもの．詳しく書けば，(42)，(43)式より

$$y_1(t)=\lambda_1^t\{y_1(0)-y_1^*\}+y_1^*\,;\ \lambda_1=\dfrac{-a}{1-b}.$$

$$y_2(t)=\lambda_2^t\{y_2(0)-y_2^*\}+y_2^*\,;\ \lambda_2=\dfrac{-a}{1+b}.$$

(46)，(47)式はこれらによって定義される．

$0<b<1$ かつ $1<b$ のとき，ともに $\left|\dfrac{-a}{1-b}\right|>\left|\dfrac{-a}{1+b}\right|\,;\ |\lambda_1|>|\lambda_2|.$

同様に，$b<0$ のとき，$\left|\dfrac{-a}{1-b}\right|<\left|\dfrac{-a}{1+b}\right|\,;\ |\lambda_1|<|\lambda_2|.$

したがって，$b>0$ のとき，y_1 はつねに y_2 を絶対値で優越する．しかし，p_1 の第1要素と p_2 の第1要素はつねに反対方向に変化する．したがって，両市場は歩調を合わせることができない．一方，$b<0$ のとき，y_2 がつねに y_1 を絶対値で優越する．$a>0$ のとき，つねに $\lambda_2<0$ なので，このとき両市場は振動が

支配しまた同調する．

21] この実係数多項式(49)の「フルウィッツの行列式」の主行列式をつくり，係数が $a_1, a_2 > 0$，また $b_1 b_2 < 1$ を考慮する．このとき，

$$|a_1| > 0.$$

$$\begin{vmatrix} a_1 & a_1 a_2 \\ 1 - b_1 b_2 & a_2 \end{vmatrix} = a_1 a_2 - a_1 a_2 (1 - b_1 b_2) > 0.$$

$$\begin{vmatrix} a_1 & a_1 a_2 & 0 \\ 1 - b_1 b_2 & a_2 & 0 \\ 0 & a_1 & a_1 a_2 \end{vmatrix} = a_1 a_2 a_1 a_2 - a_1 a_2 a_1 a_2 (1 - b_1 b_2) > 0.$$

ゆえに，「ルース‐フルウィッツの条件」により，(49)式の根は負の実部をもつ．よって，体系は安定であることがわかる．

また，n 次の実係数多項式が安定ですべての係数が正のとき，根はすべてが負の実数と複素数を含む．実際，a, b, c を実数として，実係数多項式は $(\lambda + a)$ と $(\lambda^2 + b\lambda + c)$ に分解される．c が正であるためには $b^2 - 4c < 0$ になる．つまり，$Re(-b \pm \sqrt{b^2 - 4c}) = -b < 0$ であり $b > 0$ であるが，根は複素数を含む．

なお，「ルース‐フルウィッツの条件」を述べておく．
「実係数の多項式
$$P(z) = a_0 \lambda^n + a_1 \lambda^{n-1} + \cdots a_{n-1} \lambda + a_n$$
のすべての根が負の実部をもつための必要十分条件は，フルウィッツの行列式

$$\begin{vmatrix} a_1 & a_3 & a_5 & \cdots & 0 \\ a_0 & a_2 & a_4 & \cdots & 0 \\ 0 & a_1 & a_3 & \cdots & 0 \\ 0 & a_0 & a_2 & \cdots & 0 \\ & & \cdots & & \\ & & \cdots & & a^n \end{vmatrix}$$

の主行列式がすべて正となることである．」(Gantmacher, F.R., *The Theory of Matrices*, vol. 2, New York: Chelsea, 1959, pp. 194-5; 山本稔『常微分方程式の安定性』実教出版，1979年，176ページ，定理4.22などを見よ．)

22] (51)式に変数変換 $y_1 = p_1 - p_2$, $y_2 = p_1 + p_2$ を適用すれば，
$$(1+b) y_1(t) + a y_1(t-1) = \Phi e^{\lambda_1 t},$$
$$(1+b) y_2(t) + a y_2(t-1) = \Phi e^{\lambda_2 t}$$
を得る．このとき，$y(t-1) = (1/\lambda) y(t)$ に注意して，特解(52)，(53)を変数変換後の体系にそれぞれ代入すれば，たしかに両式を満たすことがわかる．

ただし，トレンドの項は原著のように
$$\frac{\phi_k}{\alpha} = \Phi e^{\lambda_k t}$$

ではなく，
$$\frac{\phi_1}{\alpha_1}+\frac{\phi_2}{\alpha_2}=\Phi e^{\lambda_1 t},$$
$$\frac{\phi_1}{\alpha_1}-\frac{\phi_2}{\alpha_2}=\Phi e^{\lambda_2 t}$$
でなければならない．

23] 各項のフーリエ級数展開により，
$$Y_n = \frac{\Phi_n}{(1-b)e^{i\omega_j t}+a}e^{i\omega_j t}$$
がしたがう．特解は
$$Y(t) = \sum_{n=-\infty}^{\infty}\frac{\Phi_n}{(1-b)e^{i\omega_j t}+a}e^{i\omega_j t}.$$
この場合の一般解は(42)式の一般解とこの特解との和である．われわれは λ_j を $e^{i\omega_j t}$ に置き換えているので，(42)式では $e^{i\omega_j t}=-a/(1-b)$ とみなす．

さらに，上式の右辺を三角関数で表示すれば，
$$Y(t) = \Phi_0 \frac{\{(1-b)+a\cos\omega_j\}\sin\omega_j t - \{a\sin\omega_j\}\cos\omega_j t}{\{(1-b)+a\cos\omega_j\}^2+(a\sin\omega_j)^2} \quad (*)$$
である．さらにこれをつぎのように書き換えることができる．
$$Y(t) = \frac{\Phi_0}{\sqrt{(1-b)^2+2(1-b)a\cos\omega_j+a^2}}\sin(\omega_j t + \tau_j). \quad (**)$$
ここに，
$$\tau_j = \tan^{-1}\frac{-a\sin\omega_j}{\{(1-b)+a\cos\omega_j\}}$$
である．τ は攪乱（外力）と変位（displacement）との位相差である．これは(56)式にほかならない．

24] 訳注23(**)式の分母にあたる．これはつぎのように解釈することができる．一般にベクトル x, y の内積は
$$|x+y| = \sqrt{x^2+2xy\cos\theta+y^2}$$
である．また，訳注3を参照しガウス平面上で $\varepsilon=-\omega_j$ と置き換えれば，
$$|e^{-i\omega_j}| = 1.$$
ゆえに，
$$|(1-b)e^{-i\omega_j}+a| = \sqrt{(1-b)^2+2(1-b)a\cos\omega_j+a^2}$$
がしたがう．

25] 周期は $2\pi/\omega_j$ である．また $\cos\omega_j=1$ より $\omega_j=0$．よって周期は ∞ である．$\omega_j=0$ から $\Phi_j e^{i\omega_j t}=\Phi_j$，つまり Φ_j は定数．なお，$\omega_j=2n\pi$ と置けば，周期 1, 1/2 等々となる．

26] ここでは共鳴は最大の振動が生じることを意味している．実際，訳注23の特解は $(1-b)e^{i\omega_j t}=-a$ のとき無限大になる．われわれは λ_j を $e^{i\omega_j t}$ に置換

第3章 市場における動学的結合と生産ラグ

えているので、これは

$$e^{i\omega_j t} = \frac{-a}{1-b} \quad (\text{定数})$$

を意味する。ところで

$$e^{i\omega_j t} = \cos \omega_j t + i \sin \omega_j t$$

である。これが定数となるのは $\omega_j=0$ または π のときである。しかるに、訳注25より $\omega_j=0$ のとき振動は生じない。ゆえに、$\omega=\pi$ のときにかぎり、

$$e^{i\omega_j t} = -1 \quad (\text{定数})$$

となり、共鳴が起きる。同じことは訳注23(**)式を使用して導ける。$\omega=\pi$ であれば、

$$\frac{\Phi_0}{\{(1-b)-a\}} \sin(\omega_j t + \tau_j)$$

となるので

$$\frac{-a}{1-b} = -1$$

のとき、係数が無限大となり共鳴が起きる。

ここに強制振動で共鳴が起きる有名な例題を紹介しておく(戸田盛和・渡辺慎介『非線形力学』、共立出版、1984年、11-5ページを参照)。この例題では、摩擦のある振動子に周期的な外力 $mf_0 \sin \Omega t$ を加えたときの運動方程式が

$$\frac{d^2 x}{dt^2} + 2\gamma \frac{dx}{dt} + \omega_0^2 x = f_0 \sin \Omega t$$

になっている。一般には、共鳴(resonance)は振動子の固有振動数 ω_0 と外力の振動数 Ω が一致するとき(振動数は周期の逆数 $\omega_j/2\pi$ で定義されるので、共鳴は振動子の周期と外力の周期が一致するとき)、振幅が急速に増加するような場合を指す。たとえば、このような振幅の急増は、例題の特解

$$\frac{f_0}{\sqrt{(\omega_0^2 - \Omega^2)^2 + (2\gamma\Omega)^2}} \sin(\Omega t + \tau)$$

で起きる。

27〕 $\cos \omega_1 = -1$ より角振動数 $\omega_1 = \pi$ である。一方、攪乱と変位の位相差の計算に(56)式を使用する。$\omega_j = \pi$ を代入すると

$$\tan \tau_j = \frac{0}{1-b} = 0.$$

このとき、$\tau = \pi$ または $-\pi$ である。

28〕 $b<1$ ならば $a/(1-b)<0$ で偏角 τ_1 はガウス平面上でマイナスである。

29〕 $\omega_j = \pi/2$ のとき $\cos \omega_j = 0$, $\tan \omega_j = 1$ であり、

$$\tan \tau_1 = \frac{-a}{1-b}$$

がしたがう。このとき生産ラグを計算すれば、$2\pi/\omega_j = 4$ である。

30) 一般に，振動子の変位は外力の変位から $\pi/2$ だけ遅れる．これはちょうど 2π の 1/4 にあたる．

第4章　振動的機構と伸縮的加速度因子*

　ほとんど誰もが投資が循環問題を考える鍵となっていることに同意している．幾人かの理論家にいたっては，投資過程がそれ自体で実際上は説明をすっかり与えてしまうと言う．この見解を古典的に開示したのはシュンペーターであるが，ハンセン教授が向かっているように思われるのはこの方向である[訳注1]．これと正反対のところにいるのが「自己発生」に重点を置く理論家たちでそのほとんどは経済構造の全体が周期的逆転を決めると主張する．どちらの理論も単独ではまったく満足のゆくものでないというのが私の意見である．構造的な接近は不断に繰り返される波動の形が生じないことで有罪になる．その場合，波動は死滅するか絶えず増加し続けて爆発してしまうかのどちらかになるはずである．革新的理論はこの種の困難をともにうまく取り扱うが，他方の理論がもつ強味となっているもの，つまりブームが回帰するとき紛れもなく規則性という要素があるということについて，すっかり確信させられない．革新的投資が束になるという単なる事実は固有の傾向があることの証明と考えることはできない．周囲の経済構造は交互に投資を禁じたり推奨するであろう．ゆえにそれに投資が束になることの説明が入るであろう．確かに，ふたつのタイプの理論の組合せが望ましい質を備えるのである．

　資本と投資を取り扱ったとき，ケインズは伝統的理論に従った．利子率を所与とするならば，所与の諸条件のもとで，それに対応する資本額が存在する．しかし万一現有の額がそれに対応していないならば，投資のサイズの特定化，つまり，資本の旧均衡数量から新均衡数量へと進歩する率の決定がな

されなくなる．この脱漏は多くの経済理論に見出すことができるが，なかでも資本理論では重大である．それを埋め合わせるひとつの道は，経常的投資率は資本財の費用を制御する，それゆえに資本の限界効率に負の影響を与えるというケインズの観点を考慮することである．線形の関係を保持しておけば，資本の限界効率をつぎのように表示することができるであろう．

$$r = -\mu k - \nu \dot{k} + \Lambda. \tag{1}$$

ここに r は利子率であり Λ はシフト・パラメーターである．利子率が所与で Λ も所与であれば，投資率ならびに資本ストックの額は完全に確定する．この定式化にともなう困難は〔投資の〕スケジュールが大きなシフトによって左右されるということである．実際，シフトが果たす役割は多分 r が果たす役割よりもはるかに大きい．Λ の値のこのような変化は一部には将来の産出についての期待変化の結果であり，また一部には革新の結果である．われわれはスケジュールは所与の技術状態，そして現在所得と期待所得の所与の水準にたいしてのみ保持されると言うことができるであろう．所得の影響についてもっとも単純なありそうな仮定（比例性）をすることは，加速度原理を資本の限界効率に挿入することを意味する．この脈絡で述べると，加速度因子は景気循環分析に適合することになる．

利子率は投資過程でほとんど役割を果たさないと一般に考えられる．いずれにせよ，その変動はここで考察される縮約された体系では説明することができない[1]．したがって，利子率の変化は，期待の変化と一緒に加えられて，革新的シフト関数に吸収することができるであろう．われわれはこれを $\phi(t)$ と呼ぼう．諸定数の便宜的な再定義を行い，加速度原理を含むように拡張し，利子率が無視されると，資本の限界効率(1)式は，

$$\xi \dot{k} + k - \kappa y = \phi(t) \tag{2}$$

と書くことができるであろう．ここに ξ は定数で κ は加速度係数である[訳注2]．

この定式化を査定するのにある代わりの啓蒙的な方法がある．これが意味するところは，資本が任意の持続的な均衡水準に漸近的に接近するというこ

とである．それは加速度因子の伸縮的な形態にすぎない．純投資がなにもないとき，つまり，完全な調整が存在するとき，（技術などの所与の状態にたいして）資本は所得に線形に比例する．均衡が達せられないならば，投資率は資本の均衡または理想的な数量と現実の数量との間の差に比例する．それは(2)式をつぎのように書き換えることによって見ることができる．

$$\dot{k} = \frac{1}{\xi}(\kappa y + \phi - k).$$

κ と同様に，ξ は時間の次元をもち，資本の任意の超過または不足は，もしそれ以外になにも変化しないならば，それを ξ 年で廃絶するようになる率で除去される，という意味をもつものと解釈できるであろう．通常の加速度因子がもつ含意は資本がつねに完全に所得に調整されるということである．これが主要な欠陥である．というのは，われわれはあるときには超過能力があり，また別のときには能力不足があることを知っているからである．

伸縮的な加速度因子の性質は新しい不変的水準に突然所得が増加するときの反応を研究すればもっとも容易に理解することができる．便宜上，われわれが所得，資本，投資の過去の水準をゼロと考えるならば，$t=0$ で Y へ所得増加が起きるとき，

$$k = -\kappa Y e^{-t/\xi} + \kappa Y \quad (t \geq 0) \tag{3}$$

となる．こういうわけで，資本は極限で次第に慣例的な加速度因子が与える値に近づく．投資は，k の第1次導関数

$$i = \dot{k} = \frac{\kappa}{\xi} Y e^{-t/\xi} \tag{4}$$

であって，極大値 $\kappa Y/\xi$ からゼロに減少する[訳注3]．

伸縮的加速度因子は，所得の発生因子として，所得の伝播因子として機能する動学的乗数との組合せで作用するが，これは景気循環を説明することができる確定的な体系を作り上げる．このことを示すために，ふたつの方程式の同次的な部分を考察しよう．

$$-\dot{k} + \varepsilon \dot{y} + (1-\alpha)y = 0. \tag{5}$$

$$\xi\dot{k}+k-\kappa y = 0. \tag{2a}$$

これらの同時方程式の特性方程式は

$$\xi\varepsilon\lambda^2+[\xi(1-\alpha)+\varepsilon-\kappa]\lambda+1-\alpha = 0 \tag{6}$$

である(訳注4). この λ にかんする方程式は実根または虚根であるので,結合した体系は実数の指数解か振動解のいずれかになるであろう. 後者の振動解になる条件は

$$[\xi(1-\alpha)+\varepsilon-\kappa]^2 < 4\xi\varepsilon(1-\alpha) \tag{7}$$

である. 定数にまったくもっともらしい値を与えることによりこの条件は満たされるが,その結果このようなモデルは資本主義の間欠的な崩壊の理論になりうる基礎となる. もしもそれがこれらの循環に満足のゆく説明になりうるものとするならば,それはかならず安定的でなければいけないが,過度に安定しすぎてもいけない. それは比較的に長い周期を与えるのでなければいけない. われわれは,たとえば,周期が9年になっているということ,また振動の振幅は,外部の攪乱なしで,1循環で1/2, 2循環で3/4だけ減少しているということ,を要求してよいであろう(訳注5). これらのふたつの要件はつぎの定数にかんする諸条件を述べたものである(ただし,ε を0.25 としている).

$$1-\alpha = 0.124\xi. \tag{8}$$
$$\kappa = (1-\alpha-0.05)\xi+0.25^{(訳注6)}. \tag{9}$$

これらの条件は順次つぎの妥当な値の集合によって満たされる[2].

$$\begin{aligned}\alpha &= 0.60.\\ \kappa &= 1.4.\\ \xi &= 3.2.\\ \varepsilon &= 0.25.\end{aligned} \tag{10}$$

ξ だけが期待される以上の高い値であるように思われる(訳注7).

別のいくつかの出典に都合のよくない経験的証拠があるということを考えれば,加速度原理を循環理論の基礎とすることはまったく納得できるものでないように思われる.「……少なくとも短期の観点からは,加速度原理に力

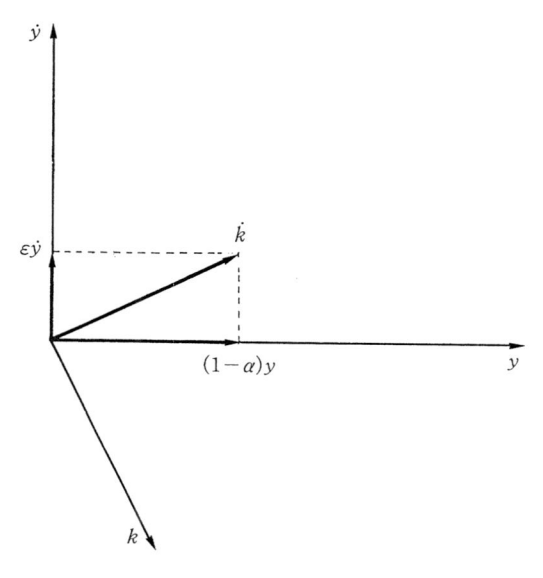

図 4.1

点を置きすぎることは誤りである」とハンセン教授は言っている[3]. 加速度原理は結局有益な道具でないと想像できるが, それにもかかわらず, その魅力は大きい. それは経済学におけるつぎの基本的な動学的事実のもっとも単純な式である. その事実とは, 資本はストックであり, 投資はフローであり, 両者は内密に所得に関係している, というものである.

　先験的なもっともらしさがあるということのほかに, 加速度原理は循環について, ふたつの基礎的な, ゆるぎない事実を説明することができる. そのふたつとは, 投資揺動の相対的速度の増大とそれらが所得と消費に先行するということである. 修正された加速度因子はまた超過能力が循環の一定の位相に存在するということを説明する. これは, ベクトルの回転の形式で表示したものを考察すれば, 容易に真であることがわかる. これは振動問題を扱うのにかなり便利な装置である. 全回転は1完全循環を表示する. ゆえにふたつのベクトル間の (360度で除した) 角度はそれらの間での循環の先行ま

たは遅れを示す．所収の図〔図4.1〕で，方程式(5)は投資 $\dot{k}$ を $(1-a)y$ と $\varepsilon\dot{y}$ のベクトル和であるとしたものと解釈される．(10)で与えられる値を利用することによって，投資は1/8より若干小さい循環だけ，あるいはおよそ1年だけ所得にたいして先行する．一方，資本は1/4循環以下の遅れで所得にたいして遅れる．方程式(2a)は投資は資本の超過または不足に比例すると述べている．したがって，超過能力は下降期の中間点より前に現れ，そして上昇期の初期を通過するまで存続する．この挙動はケインズが閉じた循環理論について唯一明示的に述べたことと合致している．ただし，彼が結論の基礎としたのは加速度原理よりも資本財の寿命の長さの方であった．「もしも投資率がある最低水準以下になるならば，時間の問題があるにすぎない．時間が経過して，この最低水準以上に投資の回復を引き起こすほどに十分に資本の限界効率が上昇するのである．」[4] 伸縮的加速度因子は明らかに少し硬直的すぎるものである．なぜなら，それは所得の低落のときには投資が漸次的に低落を意味するのにたいして，いったんその最低水準が曖昧になるや否や，急速な低落はほとんど妨げられない，という理由からである．これは下降期と上昇期の間に非対称があるという説明を与えることができるが，しかし，そのような非対称はまた自生的投資が上昇期に集中される傾向があるということからも生じることがある．

注
* "Secular and Cyclical Aspects of the Multiplier and the Accelerator", in L.A. Metzler (ed.), *Income, Employment, and Public Policy: Essays in Honor of Alvin H. Hansen*, New York: W.W. Norton, 1948, pp. 108-32 の一部掲載．
1) 貨幣政策の役割は r を(1)式または(2)式に明示的に扱うことにより容易に考慮することができるであろう．利子率は遊休貨幣に関係するが，それは総量を通じて活動貨幣にリンクする．そして活動貨幣は所得に依存する．しかしながら，このすべてはわれわれの現在の目的にとっては副次的問題である．というのは，r は事実それほど大きく変わらないからである．
2) (8)と(9)は3つの未知数にふたつの方程式を表示しているので，任意の値を3つのうちひとつに指定することができるであろう．それは残りのふたつにた

いする解となる方程式である．値 $a=0.60$ は「循環的」消費性向に近いものである．したがって ξ と κ を決定する出発点として使用できるであろう．
3) Hansen, A.H., *Fiscal Policy and Business Cycles*, New York: Norton, 1941 〔都留重人訳『財政政策と景気循環』日本評論社，1950 年〕．
4) Keynes, J.M., *The General Theory of Employment, Interest, and Money*, New York: Harcourt, Brace and Co., 1937, p.253. 掲載の許可を得ている．

訳注

1〕 ハンセンは Hansen, Alvin Harvey (1887-1975) で 1937 から 56 年までハーバード大学教授を務めた．原著者注 4 の文献とともに Hansen, A.H., *Full Recovery or Stagnation?*, New York: Norton, 1938 が著名な業績である．

2〕 (1)式を変形すると，
$$k+\frac{\nu}{\mu}\dot{k}=\frac{1}{\mu}(\Lambda-r)$$
である．これを係数の再定義により，
$$k+\xi\dot{k}=\phi(t)$$
と書く．ここで「比例性」の仮定 κy を挿入すると(2)式がしたがう．

3〕 (3)式を t にかんして微分すれば(4)式が得られるが，$t=0$ のときその極大値がしたがう．

4〕 (2a)式より，$y=\frac{1}{\kappa}(\xi\dot{k}+k)$ である．これをさらに時間にかんして微分すれば，$\dot{y}=\frac{1}{\kappa}(\xi\ddot{k}+\dot{k})$．これらを(5)に代入すれば，
$$\xi\varepsilon\ddot{k}+[\xi(1-a)+\varepsilon-\kappa]\dot{k}+(1-a)k=0$$
を得る．これから特性方程式がしたがう．

5〕 減衰振動は対数減衰率 γT で減衰する．訳注 6 から，原著者は $\gamma=0.1$ と考えていることがわかる．このとき，$e^{-\gamma T}$ は $T=7$ のとき 0.4965853，$(e^{-0.1\cdot 7})^2$ は 0.2465969 であるから，1 循環で 0.5 の減少，2 循環で 0.75 ($=0.5+0.25$) の減少の記述は周期 7 のケースにあたる．しかし，周期 9 のケースとすると $e^{-0.1\cdot 9}$ は 0.4065696，$(e^{-0.1\cdot 9})^2$ は 0.1652988 となる．

6〕 減衰振動は
$$\ddot{x}+2\gamma\dot{x}+\omega_0^2 x=0$$
の形で親しまれている．この特性方程式は
$$\lambda^2+2\gamma\lambda+\omega_0^2=0$$
であり，根は
$$\lambda=-\gamma\pm\sqrt{\gamma^2-\omega_0^2}=\lambda_1, \lambda_2$$
である．解は「重ね合わせ」によって，

$$x = Ae^{\lambda_1 t} + Be^{\lambda_2 t}$$

である．この解は γ の大小によりふたつに分かれる．物理学では γ を摩擦係数と呼ぶ．減衰振動が生じるのは $\omega_0 > \gamma$ のケースである．このとき，解は

$$x = ae^{-\gamma t}\cos(\omega t + b)$$
$$\omega = \sqrt{\omega_0^2 - \gamma^2}$$

と書くことができる．振動の減少は γ によって決まるので，γ を減衰率という．振動が1周する時間 $T=2\pi/\omega$ （振動の周期）の間に振幅は $\exp(-\gamma T)$ だけ減少するので，無次元量 γT は対数減衰率と呼ばれる．なお，$\gamma > \omega_0$ のケースは過減衰といい，解は

$$x = e^{-\gamma t}(A\exp(\sqrt{\gamma^2 - \omega_0^2}\,t) + B\exp(-\sqrt{\gamma^2 - \omega_0^2}\,t))$$

である．（戸田盛和・渡辺慎介『非線形力学』共立出版，1984年，8-9ページを参照．）

本章のケースは減衰振動である．特性方程式を本訳注の特性方程式の記号に書き換えると，

$$2\gamma = \frac{\xi(1-\alpha)+\varepsilon-\kappa}{\xi\varepsilon},$$
$$\omega_0^2 = \frac{1-\alpha}{\xi\varepsilon}$$

である．したがって，

$$\omega = \sqrt{\frac{1-\alpha}{\xi\varepsilon} - \left(\frac{\xi(1-\alpha)+\varepsilon-\kappa}{2\xi\varepsilon}\right)^2} \tag{*}$$

である．

ところで，減衰率 $\gamma=0.1$ を仮定する．いま $\varepsilon=0.25$ と仮定されているので，(9)式

$$\kappa = \xi\{(1-\alpha)-2\gamma\varepsilon\}+\varepsilon = \xi\{(1-\alpha)-0.05\}+0.25$$

を得る．この(9)式を(*)式に代入すると，

$$\omega = \sqrt{\frac{1-\alpha}{\xi\varepsilon} - \gamma^2}$$

がしたがう．振動の周期 $T=9$ を仮定しているので，

$$\frac{2\pi}{\omega} = 9.$$

これを計算すると，

$$\left(\frac{(2\pi)^2}{9^2} + \gamma^2\right)\varepsilon\xi = 1-\alpha$$

である．$\gamma=0.1$, $\varepsilon=0.25$ を代入すると，(8)式

$$0.124369\xi = 1-\alpha$$

がしたがう．

7〕 線形2階同次微分方程式

第 4 章　振動的機構と伸縮的加速度因子

$$\xi\varepsilon\ddot{k}+[\xi(1-\alpha)+\varepsilon-\varkappa]\dot{k}+(1-\alpha)k=0$$

は，これらの数値を代入すれば，

$$0.8\ddot{k}+0.13\dot{k}+0.4k=0$$

である．(2a)式より，

$$\dot{k}=\frac{\varkappa}{\xi}y-\frac{1}{\xi}k$$

であるので，$\dot{k}_0$ は $k_0=1$, $y_0=0$ のとき $1/3.2$ である．このようにして $k_0=1$, $\dot{k}_0=-0.3125$ が初期条件のときの k の軌道を数値計算することができる．これは結局つぎの方法と同値である．まず，いま求めた $\dot{k}$ の式を(5)式に代入すれば，

$$\dot{y}=-\frac{1}{\xi\varepsilon}k+\left(\frac{\varkappa}{\xi\varepsilon}-\frac{1-\alpha}{\varepsilon}\right)y$$

を求める．こうして線形連立微分方程式

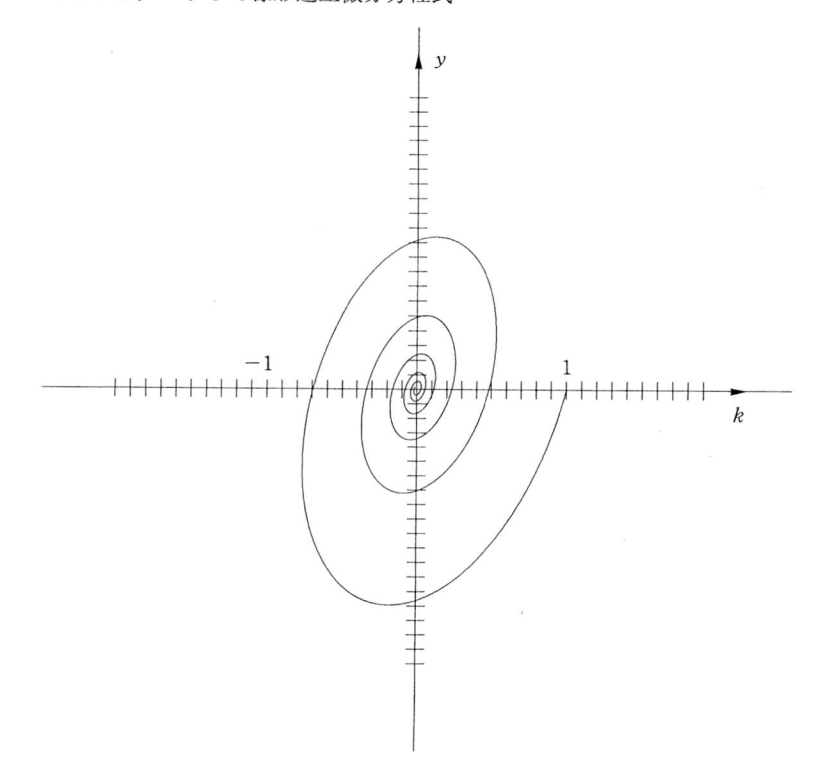

図 4.1 参考例

$$\dot{k} = -\frac{1}{\xi}k + \frac{\kappa}{\xi}y$$
$$\dot{y} = -\frac{1}{\xi\varepsilon}k + \left(\frac{\kappa}{\xi\varepsilon} - \frac{1-\alpha}{\varepsilon}\right)y$$

がしたがう．ここで初期条件$k_0=1$, $y_0=0$ として数値計算しても上記と同一の結果がしたがう．図4付録はルンゲ‐クッタ法による数値計算結果である．

第5章　循環の非線形理論*

　先導的な役割を果たしている理論家が景気循環の分析に注意を向けたとき，その帰結はいつも喜ばしいものである．シュンペーター，ピグー，フリッシュ，J.M. クラーク，ハロッド，ハーバラーが与えた諸例題はその証拠である．ヒックス教授の著作でもっとも最近のものもこの刻印を更新している[1]．それは，経済学者にそんな人がいるかどうかは別として，循環に関心のない人なら読み損なってよいとしても，循環に関心のある人なら誰も読み損なうことなどできない本である．この本が成就したことをそのまま数え上げるだけで，このことを明らかにするに十分足ることになるはずであろう．(i) 『一般理論』を動学の線上でエレガントに再声明したものである．(ii) ケインズの乗数－加速度因子のハロッド氏の見解を基礎的な点で推奨している．(iii) 加速度因子の理論を変更して主要な欠陥（これは数ある小欠陥とははっきりと区別される）を取り除いている．(iv) この変更を使用して未決の中心的な問題，つまり，循環の存続の解を示唆できる．(v) 貨幣の役割を改めて確証し再声明して，それに重要であるが補助的な役割を与えるようにしてある．このような理論書が，これほど簡潔に（168ページで），非常にうまく書き上げられ，わずか（2.25ドル）の値段である．この本はことに，われわれが絶え間なくわれわれを攻めたてている霊気を呼び起こすこともなく害毒を及ぼし，しかも高価なテキストと比較するならば，もっとも歓迎されるものである．それはもろに職業的経済学者向けのものであろう．というのは，それは本質的に実験的な努力，真の「モデル」であるからである．しかし，私の推測ではそれは質の高い学部学生や大学院の学生が読むことを目指した

ものである．予備的な試行により私は，教えようとすれば，この本の中心テーゼは優等卒業の学部学生に理解することができるということを確信した．

ヒックス教授は彼のモデルを開始するにあたって，経済学者のなかでも例外的な謙遜をしている．

> 私は，私がこれから詳述しようとする議論はたしかに私が係わっている重大な問題の答えの主要部におそらくなるであろう，と実際考えている．……私は私が見出した答えが正解であるということについてはけっして肯定的でない．理論は事実にたいして検証されるまでは，そのことが確実になり始めることはない．そして，私がすることができたいかなる検定もきわめて見かけ倒しのものであったということに十分注意している．ここで提供される理論が理論的批判に対抗しうるならば，つぎの段階は統計，計量経済学，およびほぼすべての経済史の研究者たちの問題になろう．……（序文）

この短い覚書きにおいては，私は理論上の論点に絞って，いくらか心もとなさはあるものの，経験的局面については骨の折れる検定という課題を達成するためのより良い訓練を受けた他の人々に委ねたい．

率直さは愛敬のあるほどで，この著者は自分が得た三位一体の源泉を乗数についてはケインズ，加速度因子についてはクラーク，成長現象についてはハロッドというように，克明に略さず詳細に綴っている．その結果，古くて馴染み深い積み木からまったく新しい構造を作り上げたことに含まれている独創性の要素がほとんど見失われてしまいそうになるほどである．彼はつぎにケインズがカーン〔乗数〕過程を簡単に圧縮する際に与えた損害を回復するような仕方で動学的乗数の性質を設計し始める．このような明晰な説明が15年前に利用可能であったなら，混乱と逃げ口上の山を積み重ねることを省けたかもしれない．主たる新しい要素はラグの配分という困難な問題の注意深い議論に含まれており，彼の論証によれば，基本的に単一ラグ仮説から

第5章 循環の非線形理論

引き出される結論を変更しない．

　第4章にはこの構築物の第2の柱がある．というのは，「乗数の理論と加速度因子の理論は変動の理論の2側面であり，それは需要の理論と供給の理論が価値の理論の2側面であるのとちょうど同じである」(p. 38)．ここで出現するふたつの非線形性のうちひとつが，ヒックス理論をそれ以前の理論と区別する．「産出の上昇が誘発する投資の拡張は，それに必要な資源が利用可能であるならば，好きなだけ大きくすることができる．しかし，対応する収縮は固定資本の粗投資が負になりえないという条件によって速度が小さい」(p. 66)．また流動資本と運転資本の加速度理論の議論もあるが，そこには非対称性はかならずしも存在しない．単純な所得‐支出ラグはここでは(p. 52以下)財のストックと企業者の反作用のタームで再解釈される．このステップは望ましいものであるように思われるが，それは時計上の時間でないものを含むことになり，それが期待に反した問題を呈示し，いくらかの曖昧さを循環の長さに残す．私の考えでは，ヒックス教授がフリッシュの続行を司る関数（差分方程式ではなく積分である）の線に沿った動学的に完全な装いの取扱いのもつ諸困難から一歩離れることに本当に成功したかどうかにかんしてはいくらか疑問である．

　ハロッド氏の規則的に進歩する経済は，つぎの理由で，可能なものと受け入れられても有望なものとは考えられない．つまり，それは不安定的均衡運動であるからである．よって，小さい乖離は恒常的運動へ還帰する傾向を創り出さない．滑らかな成長を棄却したあと，ヒックス教授は至極当然のこととして循環的理論に向かう．その理論として彼は乗数‐加速度因子が相互作用するハンセン‐サミュエルソンによる定式化を変形することを選ぶ．彼は消費ではなく所得を加速度の影響として利用するので，彼は方程式から第2の差分（それゆえにまた振動が起こる可能性）をなくす．この第2のラグを彼はそっと，そして正当な理由を与える試みをあまりせずに，投資支出における単一周期のラグとして再挿入する．もちろん，彼はそのあとでラグの配分についてこれよりも現実的かつものすごくむずかしいケースを考察してい

るのであるが．この純粋に線形のモデルから，われわれは馴染み深い4つの挙動の型をもつ．つまり，指数的（複利的）成長，指数的衰退，爆発的（複素指数的）振動，減衰的振動の4つである．これを越えると，霧深い流水がある．実質的な論証は数学付録に移され，その結果，本文は2, 3のどちらかと言えば試験的な結論を報告するようになっている．その理由は，この非常に単純なモデルでさえ可能性の点で豊富でありすぎるために，複雑化して消費と投資支出の双方におけるラグの配分についての現実的な仮定を導入することを明瞭に斟酌させるようにすることができない，というものである．厳密あるいは精密にできる可能性はないが，ヒックス教授はつぎのようなかなり確信させる論証を行った．つまり，これらの複雑化は複雑化にすぎず，基礎的な重要性をもつような事柄ではなく，よって，それらは大きい循環を分析するにあたって実質的に無視することができるであろう．この非常に有益な結果はこの本を装飾する多くの補助的な道具建てを象徴している．

　ようやく，この本の中心的論点に到達する．すなわち，循環はいかにして持続するかという点である．あらゆる線形のモデルには，3つの可能性がある．その第1のもの，つまり，爆発的振動は即座に棄却できるであろう．第2に，われわれはモデルの加速度係数がまさしく持続的で，減衰しない循環に通じているであろうということを知っている．フリッシュ教授は大分前のことであるが，ティンバーゲンとカレツキの初期のモデルにたいして，このようなことにはならないであろう，ときっぱりと引導を渡した[2]．そのとき以来，振幅が移り気なショックをつうじて再生されるような減衰系を仮定することが流行になった．ヒックス教授はこの解をエレガントであるが少しコンパクトすぎる一節（pp. 90-1）で棄却する．その節を完全に理解するには，良心的読者は193-5ページにある数学付録のパラグラフ第27と格闘しなければならないであろう．この論証の要旨は，確率的ショックは循環に同方向に作用することも反対方向に作用することもあるであろうから，正味の影響は小さくなりすぎて認知できるほどの振幅の循環を続行することを当てにすることができないであろうというものである．

循環の存続を説明するであろう現有の諸仮説に，私が正しいと考えるようにけりを付けることによって，彼はつぎに自由に新しい仮説を展開できるようになる．問題の基礎的重要性，そしてそれがもつ困難は，おそらく経済学者に馴染みのないものと思われるので（実際著者にさえそうであるということは明らかでない），私にその歴史と現在の状況をいくらか簡単に述べさせていただきたい．われわれが皆知っている単純な線形化された振子理論はもっともよく観察される振動，つまり，次第に静まりもしなければ爆発することもないような振動，を説明し損なっている．これらは，時計，蒸気機関，電動ベル・ブザー，管楽器・弦楽器，真空管発振器，人間の心臓，その他きわめて種々の相似的な現象に見られる．この問題の分析で最初の成功的に的を得た集中攻撃は19世紀の末になって音響理論（音叉発振器）でレイリー卿によってなされた．ほぼ同時期に，大数学者ヘンリ・ポアンカレは基礎的理論の大部分の輪郭を描くことに成功していたが，それを天体力学の一定の問題に応用した．努力の成果はいずれも循環の一般理論に多大の影響を与えることはなかった．真空管回路が到来してようやく非線形振動子の理論を避けることのできないものにした．およそ20年前にB.ファン・デル・ポルは彼が緩和振動と呼んだものに満足のゆく説明を与えた．そしてこれはフィリップ・ル・コルベーエその他の人々によって拡張された．研究は多くの場所で積極的に追求されており，とりわけ合衆国とソビエト・ロシアで盛んで，そこで注目に値するような結果が達成されている．全分野にわたる卓抜した説明はアンドロノフとカーイケンの共著『振動理論』のなかで見出すことができる[3]．このすべての結果として，われわれは合理的に完全に包括的で大いにいっそう深遠な振動理論をもつ．自己維持的循環が体系の構造が本質的に非線形であることから発生することは，おびただしく明らかなことになった．

　ヒックス教授は振動の維持を説明する理論を提起するので，われわれは，形式上の理由で，これが非線形性を意味するということに自信をもつことができる．事実，彼はふたつの限界を仮定している．つまり，粗投資ゼロの下

方限界と実質所得における完全雇用という上方限界である．体系的な振動理論の観点からすると，彼のモデルはおそらくエネルギー過多の時計とみなすのが一番良いであろう．正常的な時計は，振動を振れのたびに脱進機が刻々と与える連打を振子に伝達することにより，振動を維持する．経済は不安定性に向かう強い傾向をもつように思われる．それゆえに，完全雇用という不可避的な限界がなかったなら，今まで以上に大きな弧を描いて振動することになるであろう．こういうわけで完全雇用限界が本質的な非線形性を与える．類推として，われわれは時計が壁の横に置かれているのを思い浮かべよう．振子の振れはだんだんと大きくなりついに壁にぶつかり始めるように仕掛けられている．それ以降は，時計はこうして振幅が一意的に決定されれば永久的に振動するであろう．たとえ時計の速度が遅らせられようが，速められようが，ほとんど停止させられようが，時計はつねにその固有のリミット・サイクルに戻るように作用するであろう．

　実際，ヒックス教授はふたつのまったく異なる「制約」を考察している[4]．完全雇用が障壁の要素となるのは，そこに居るためには，いったんそれに到達してしまうなら維持することができない拡張率，それゆえに投資，実質所得の水準をもたねばならないという理由から，明白である．ここで，誘発的投資は，結果として生じる所得と雇用の下落とともに低落するはずである[5]．このひとつの障壁で恒常的振動を維持するのに足るが，実際には第1の障壁とはまったく異なる種類の第2の障壁が存在する．所得がゼロにならないようにするなにか有効な下方限界は存在しないが，投資についてならそれはある．純投資は減価償却に等しい負の価値以下に下落することはありえない．しかしながら，経済が恒久的にこの沈滞した水準に留まることはできない．その理由は，更新支出が結局は着手されねばならず，所得が増加し，正の投資が生じ，そしてブームが再び起こる．床と天井の間で，経済はもち直したかと思うとはね跳んでいく．確かに経済は，ふたつの閾を除くと，少しも振動する傾向をもつ必要はない．しかし，上方および下方の双方に爆発していくことだけは必要である．

図 5.1

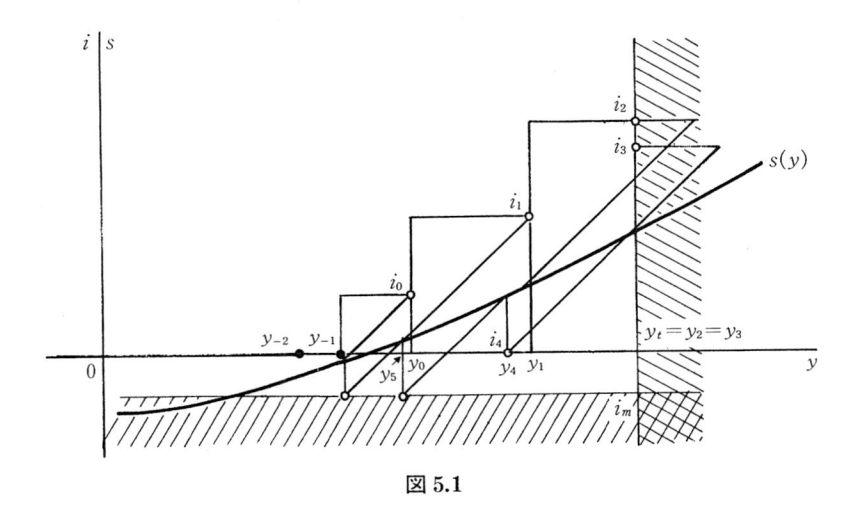

趨勢と自生的投資を取り去ると，われわれはつぎのように理論を述べることができるであろう．今日の所得は，昨日の所得より，今日の投資と昨日の所得からの貯蓄 $s(y)$ との差額分だけ大きい．これに加速度因子を投資の単独の決定要因として付け加えるならば，われわれは完備な理論をもつ．今日の投資は，たとえば，昨日の所得と一昨日の所得との差額の倍数，たとえば 2 倍〔v 倍〕に決まる．加速度係数を v として，記号でつぎのように書こう．

$$\Delta y_t = i_t - s(y_{t-1})$$
$$= v\Delta y_{t-1} - s(y_{t-1}).$$

これは，もしも $s(y)$ が線形ならば，ヒックスの方程式になる．体系が不安定であると仮定するのは理由のあることである．というのは，1 より大きい資本‐産出比率がそれを意味するからである．

理論全体は，ヒックス教授が表示を省略しているがまったく簡単なグラフとして展開しやすい[6]．図 5.1 に示されているように，何か y_{-2} と y_{-1} のようなふたつの任意の初期値が与えられると，われわれはその差額の 2 倍の i_0 を見出す．つぎに y_0 は y_{-1} よりも i_0 と $s(y_{-1})$ との差額だけ大きい．指示されているように，これは都合のよいことに 45 度線を $s(y_{-1})$ から水平線 i_0 線

を切るまで射影すれば確かめることができる．この点での水平方向の座標は y_0 である．つぎに y_{-1} と y_0 の差額が i_1 を決める．これと $s(y_0)$ から，われわれは y_1 を突き止める．このようにして続けることにより，最終的に完全雇用の閾 y_t に到達する．ほぼそうなることは確実であるが，直前のステップが閾値を超えるならば，これによりインフレ状態が生じたことを意味する．この条件は高い見識をもってこの本の最後のふたつの章で分析されているものである．そこでなされている複雑化を無視して，ただ単に，実質所得が不変になると言うことにしよう．われわれの例題では $y_2=y_3$ である．それゆえに，i_4 はゼロに下落する．したがって，所得は急激に y_4 に下落せねばならず，それは順次さらに巨大な投資の下落を伴うことになるであろう．しかし，ここで第 2 の閾値（今度は投資）が作動して，i はある最小値 i_m 以下に低落することはない．このようにして，所得は減少的率で低落し，その率は〔絶対値で〕i_m の半分以下になる．その点でいくらか更新が必要になる．図 5.1 におけるように，これが投資を貯蓄水準に引き上げ，所得はもはや低落しない．ゆえに投資はさらに増加してゼロになるが，これは所得の増加を意味し，投資は正値になり，経済の上昇が始まる[7]．このモデルは単純さと大きな分析力を同時に備えている．それはいろいろな貯蓄関数と加速度係数の広い範囲で振動するであろう．それはひとつの典型的なリミット・サイクルになる傾向をもち，それがどのように開始されるか，またどのように攪乱を受けるかに影響を受けない[訳注1]．（単純な加速度因子を用いるときのように）資本の供給がその需要にたいして完全に調整されるという仮定は存在しない．循環は死滅もしなければ，爆発もしないであろう．それどころか循環が維持されるための諸条件が組み込まれている．「天井」も「床」も循環を抑制し，それゆえに循環を永続させるのに十分であるであろう．こういうわけで，ブームは完全雇用に突き当たる前になくなることもあるが，それはつぎに下降期に投資撤退限界により抑制されるであろう．もう一度，循環は，企業や政府の自生的支出の結果として超過資本を消去しさる前に，急に現われることが可能であるが，実際正常的にそうなる．

第5章 循環の非線形理論

　ヒックス教授が趨勢を導入している方法は，ハロッドにしたがっているが，私にはかなり疑わしく思われる．彼は，循環とは無関係に，自生的投資と完全雇用天井の恒常的成長を仮定している．意味内容のうえから重要であるのにシュンペーターの名前が全然挙げられていない．いまもなお確かにある形での彼の技術革新の理論は資本主義的進化の輪郭を記述するうえで，とくに趨勢を循環に関係づけるにあたって，本質的である．これにより，別の問題，ケインズ理論に固有にある問題が出て来る．その問題についてはヒックス教授はあまり適当でない．たとえばわれわれが，恒常的であれ不規則的であれ，資本の蓄積と労働の形態で永年進歩を含めるとしても，依然として貯蓄関数について困った問題が残される．$s(y)$ は図5.1に描かれているようなものであれば，それは循環分析に適格である．しかしわれわれは長期については困難に陥る．というのは，われわれはつねに同じ谷底に還帰することになるであろう．たとえば1920年の不況は1820年の水準にまでわれわれを連れていくが，とてつもなく高い水準の貯蓄と投資があってはじめて再び逆転するのである．われわれは（$s(y)$ を原点を通る曲線にして勾配を平たくすることにより）この困難を免れるが，それによってまた（所得が各循環でゼロまたはそれ以下になるという）問題に落ち込むのである．

　このディレンマはデューゼンベリー教授の「ラチェット効果」を堅持する応用により解決することができるであろう．これによれば，貯蓄は所得だけではなく過去の最高所得に依存する[8]．永年進歩の結果として完全雇用限界は右に移動する．そしていったん過去の最高所得を通過するならば，循環的な貯蓄関数とは区別される永年貯蓄関数に沿って進むことになる．しかし閾は確かに存在しており，遭遇が起これば，ブームを逆転する．今度は新しい循環的な貯蓄関数に沿って下降していくが，それはただ新旧の頂点の差額だけ右側に移転した旧貯蓄関数にすぎない[訳注2]．このようにして，幾何学的直観に多大な骨折りをすることなく，より満足のゆくような仕方で趨勢と循環を融合することができる．それはシュンペーターの技術革新の理論を強力に思い出させるものであり，かつ類似なものである．例題を図5.2に与えた

図 5.2

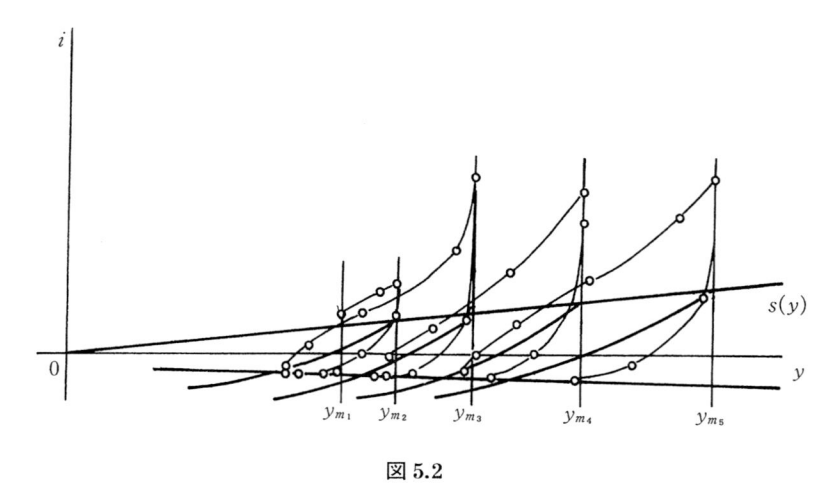

が，このような循環的‐永年的過程を精確にしたり現実的にしたりすることに詳しい注意を払っていない．実線で投資と所得の組合せを表示する点を継続的に結ぶことにより，経済がいかにすべり落ちるのかを活き活きと描くことができる．永年貯蓄関数（直線）に沿って前方によろめくたびに，新しい循環的曲線を生み出す消費習慣が発生する．自生的投資はなにも斟酌されていなかったが，それは誘発的投資に付け加えるだけで容易に挿入される．それがおそらく同じ大きさになることはけっしてないであろうから，それは循環ごとに歴史的個別性を分与する．

　このような短い範囲では私はただ読者にもっとも印象的な成果の主要な概略を示唆することだけを試みた．私の目的は，私が読者を原典に急行させたとするならば，果たされたであろう．読者は理論的細目からなる鮮やかな刺繍を真に知るためには原典に還る必要がある．そこで読者はつぎのような諸項目についての啓発的議論を見出すであろう．つまり，インフレーションと循環の貨幣的理論，ケインズの理論では従来看過された蜘蛛の巣（それは確かに廃れた結果としてそうなったのではない！），ラグの配分，差分方程式（その数学付録はおそらくそうした重要な主題についての利用できるものの

なかで最上の入門を与えている），投資とその固定的形態と流動的形態の区別のある純粋理論の動学，永年的恒常的状態の理論，そして最後に動学的乗数過程での貯蓄と投資の多くの諸問題の議論である．

注
* "A Non-linear Theory of the Cycle", *Review of Economics and Statistics*, vol. 32 (1950), pp. 316-20.
1) Hicks, J.R., *A Contribution to the Theory of the Trade Cycle*, Oxford: Clarendon Press, 1950.〔古谷弘訳『景気循環論』岩波書店，1951年．〕
2) ラジオ工学者たちは元来本質的に同一の仮定をしていたが，次第にそれを振動の維持の説明には不満足な方法として放棄せざるをえなくなったことに注意しておくことは，興味あることである．
3) 英訳版はつぎのとおり．Andronov, A.A., and C.E. Chaikin, *Theory of Oscillation*, Princeton: Princeton University Press, 1949.〔Chaikin, C.E. はふつう Khaiken, S.E. と表記される．〕
4) 彼が「制約」という単語を選んで非線形性を記述しようとしたことは不幸であるように思われる．それは力学 (dynamics) においては非線形性とは全然関係のない，はっきり定義された意味をもっている．閾がはるかに良い単語であったであろう．というのは，閾振動子は明確な定義をもつクラスであるからである．例えば，サーモスタット制御のある家庭暖房システムは閾振動子である．
5) この点はもちろんこれまでにどうしても気づかれなかったというわけではない．たとえば，ハンセン教授は Hansen. A., *Monetary Theory and Fiscal Policy*, 1947 の p. 199 でその点を書いている．「まず最初に，完全雇用に近づくとそうならねばならないのであるが，産出の増加率が減少し始めると，在庫と固定的な工場と設備への誘発的投資は低落するであろう．」(*Journal of Political Economy*, October 1931 およびそれに続く号での）ハンセン－フリッシュ－クラーク論争が提出されることになったのは，このような話からであった．このとき，クラーク教授は実質的には正しかったいうことが明らかになるであろう．とはいえ，形式上は，フリッシュ教授（および彼の後ではハロッド氏とドーマー教授）は滑らかな指数的成長がつねに1階差分方程式を満たすであろうという点で正しかったのであるが．論点はこうである．もしも誘発的投資により失業から完全雇用に上昇するならば，その時点で袋小路の発生がなくてはならず，滑らかな発展が崩壊する．たとえ，いったん失業が存在してからも，構造的パラメーターが，私にはまったく非現実的に思えるような，恒常的な3パーセントでの成長率を許すようなものであったとしても，失業はけっし

て縮小されることにはならないであろう．それゆえに，われわれはけっしてブームと完全雇用に到達することはないことになるであろう．

6) おそらく〔グラフを書かなかった〕理由は彼が趨勢を含めたいと望んだことによるが，それはグラフではそんなに簡単には含められない．しかし，趨勢と循環を分離することは分析上確かに好ましいことである．他方において，彼を擁護するならば，趨勢は線形体系よりも非線形体系の方がはるかに大きな相違を引き起こすと言うことができる．趨勢の周りで振動するが，〔趨勢なしに〕そのままに放っておけば均衡にとどまることになるであろう体系を引用することさえ可能である（ヒックス体系は趨勢が存在しなくても不定の振動をすることになるであろうが，それは奇妙な非現実的な仕方でそうなることになるであろう）．この本にある別の問題点は，非線形循環についての本なのに，数学付録のなかにさえ，線形理論にほかならないものが示されているということである．しかしながら，なにがなされる可能性があるかを示唆する以上にあら捜しする方がはるかに容易である．というのは，非線形差分方程式は数学的に処女領域の典型であるからである．ただし，レオンチェフ教授のつぎの論文を例外とする．これは惑わされるほど単純であるが非凡な成果である．Leontief, W., "Verzögerte Angebotsanpassung und Partielles Gleichgewicht", *Zeitschrift für Nationalökonomie*, 1934. 差分方程式の困難と非線形理論の困難を組み合わせることにより，獰猛な性質の動物が出来上がる．挙動にかんしてわれわれが得た結論に過度の信頼を置くことは賢明でない．

7) 現実がもつ複雑さはこの形式の図から抜け落ちているということが言われるべきであろう．というのは，不振の期間に超過能力が蓄積されるからである．よって，減少の停止だけでは更新投資を確定するには十分ではない．ある種の自生的投資，あるいはそれがなければ究極的には産出の続行とともに時間が経過していくことが必要である．

8) Duesenberry, James, *Income, Saving, and the Theroy of Consumer Behaviour*, Cambridge, Mass.: Harvard University Press, 1949 の第 7 章．不幸にもデューゼンベリー教授とモジリアーニ教授が得た重要な諸結果は出版が遅すぎて〔ヒックスの〕本に編入できなかった（序文の p. vi 参照）．〔相対所得仮説はデューゼンベリーのほかにモジリアーニの名前に帰せられる．なお，モジリアーニの論文はつぎのとおり．Modigliani, F., "Fluctuations in the Saving-Income Ratio: A Problem in Economic Forecasting", in *Studies in Income and Wealth*, No. 11, New York: National Bureau of Economic Research, 1949.〕

訳注

1〕 貯蓄関数を線形の関数 $s_t = \bar{s} + s y_{t-1}$ 表示すると，座標 (y_t, i_t) は

第5章 循環の非線形理論

$$y_t = i_t + (1-s)y_{t-1} - \bar{s},$$
$$i_t = 2(y_{t-1} - y_{t-2})$$

で与えられる．以下では数値例で図 5.1 の進行過程を例証する．貯蓄関数 $s_t = 0.15 y_{t-1} - 0.1125$ とする．このとき，所得，投資，貯蓄はつぎのような数値となる．

期間	y_t	i_t	s_t	Δy_t	$i_t - s_t$
-2	1.00000		-0.11250		
-1	1.05000		0.03750		
0	1.10500	0.10000	0.04500	0.05500	0.05500
1	1.16175	0.11000	0.05325	0.05675	0.05675
2	1.21349	0.11350	0.06176	0.05174	0.05174
3	1.21349	0.10348	0.06952	0.00000	0.03395
4	1.14396	0.00000	0.06952	-0.06952	-0.06952
5	0.94582	-0.13905	0.05909	-0.19814	-0.19814
6	0.77740	-0.13905	0.02937	-0.16842	-0.16842
7	0.63425	-0.13905	0.00411	-0.14316	-0.14316
8	0.51256	-0.13905	-0.01736	-0.12168	-0.12168
9	0.40913	-0.13905	-0.03562	-0.10343	-0.10343
10	0.32122	-0.13905	-0.05113	-0.08792	-0.08792
11	0.24649	-0.13905	-0.06432	-0.07473	-0.07473
12	0.25770	-0.06432	-0.07553	0.01121	0.01121
13	0.35396	0.02242	-0.07385	0.09626	0.09626
14	0.60590	0.19253	-0.05941	0.25193	0.25193
15	1.13138	0.50387	-0.02162	0.52548	0.52548
16	1.21349	1.05097	0.05721	0.08211	0.99376
18	1.21349	0.16422	0.06952	0.00000	0.09469
19	1.14396	0.00000	0.06952	-0.06952	-0.06952
20	0.94582	-0.13905	0.05909	-0.19814	-0.19814

ここに期間 2 で完全雇用の上方限界に突き当たり，期間 3 の所得は期間 2 と同一になると仮定している．つぎに期間 5 で投資の下方限界に突き当たる．期間 6 以降で $y_t - y_{t-1}$ の減少は逓減的になり $y_5 - y_4$ の値に近づき，期間 12 では $y_{12} - y_{11} > (1/2) i_m = y_5 - y_4$（絶対値では符号逆転）となる．つまり，下方限界に突き当たる前の所得の減少率に戻る．そこでいくらか更新投資をして投資を貯蓄水準に引き上げる．つまり，期間 12 の i_{12} に s_{11} を代入する．これによって $y_{12} - y_{11}$ は正の値に変わる．それから，所得は上昇するが期間 16 ですぐに完全雇用の上方限界に突き当たり期間 19 で再び下落し始める．以上の過程は訳者作成の図 5.1 相図のようなリミット・サイクルを描く．

図 5.1 参考例相図

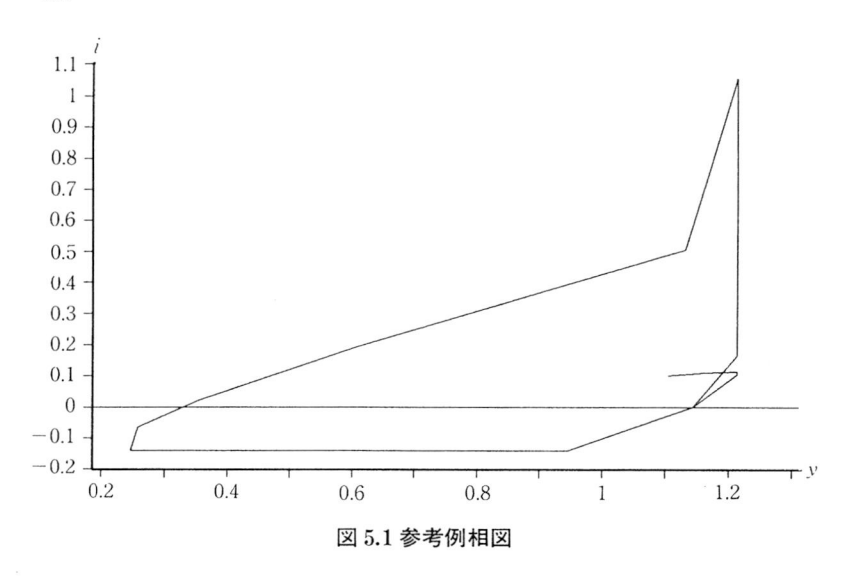

2〕 原著の図 5.2 では貯蓄関数は線形に描かれていない. 線形であるならば, $y_{m_{t+1}} - y_{m_t}$ だけ右に平行移動するものと思われる.

第6章　非線形加速度因子と景気循環の持続[*,1)]

　加速度因子の作用に明白で逃れることのできない制約があることを考慮に入れることにより，循環がもつ主要な特徴のいくつか，とくに循環が死滅しないでいること，それとともに資本ストックは通常超過供給か不足するかのどちらかであるという事実を説明する．次第に複雑になるモデルを継承することにより，非線形循環を分析する特質と方法を展開する．ラグの役割や永年進化の役割が説明される．各々のケースで体系は不安定である．しかしすべての運動がそこに向かう安定的なリミット・サイクルが存在する．

序　　文

　経済学者は，ほとんど例外なしに，線形の構造的関係を循環理論の基底にする仮説を受け入れている．それだけではそれは単純化しすぎた特殊的ケースであるが，こういう理由で，それはもっとも容易に扱いやすいものであり，もっとも難なく利用可能となるものである．しかし，それは，振動の基礎的諸要素に注意を向けるためには，うまく適合しない．これらのためには，われわれは非線形の諸類型に向かわねばならない．それらを用いて，われわれははるかに広範な諸現象を，すぐにいっそう上級かつ基本的な仕方で分析することができるようになる．

　線形性がもつかなり限定的な諸仮定を取り払うことによって，われわれは線形性のために起こるむしろ当惑させるような特殊な諸結論を手際よく免れ

る．こういうわけで，われわれが差分方程式または微分方程式のどちらを取り扱うにせよ，それらが線形であるかぎり，それらは爆発に終わるか減衰消滅に終わるかのいずれかであり，結果は循環が消滅するか社会が消滅するかである[2]．この不快なディレンマは（摩擦のない振子の場合と同様に）ちょうど両者の間にあるケースを選ぶことによって避けることができるであろう．そのような解決法はひとつの数学的抽象であるにすぎない．したがって，経済学者は，自然科学者がすでに先導されたように，非線形性のなかに振動の維持を説明する理由を求めるように先導されるであろう．この趣旨のアドバイスは，ル・コルベーエが本誌〔*Econometrica*〕のもっとも初期の号のひとつで与えていたのであるが，大部分顧みられることはなかった[3]．

このディレンマから脱出する代替的な途が存在するという事実についても言及されるべきでろう．つまり，インパルスによる励起機構という途である．そうした機構には峻別されるべきふたつの基礎的に異なるクラスが存在する．(a)同期化された系であり，そのもっともよく知られたものは通常の振子時計である．ここに，振子は減衰運動を行うが，振子がしていく運動は規則的なショックに合わせていくようになっており，その結果，各循環で摩擦により散逸するエネルギーが正確に更新される，恒常的なルーティンに収まる．ショックを伝えるフィードバック機構（時計の脱進機）を含む，いっそう広い系は，ある特定の型の非線形振動子である．というのは，それは自励的であり，初期条件から独立的に一様な循環を維持するからである．(b)意味内容において確率的ショックに服する系とは異なる．ここでは，機構そのものは減衰するが，しかし外側の，説明されていない源泉が機構を進行させつづける．この意味で，それは完備な理論ではない．というのは，維持の源泉は理論の外側にあるからである．また，ショックは循環と同期化されていないので，ショックは循環と同方向に作用することも反対方向に作用することもある．その結果，ショックのもつ影響は大部分相殺される．それらが完全に相殺されないということは，つぎの事実を見ればわかる．もしも系が休止するに至ったとするならば，つぎのショックが系を励起させることになり，運

動が循環的になることになるであろう．その結果，つねに小さいが循環的運動への傾向が存在するであろう．しかしながら，ショックは大きいものになるべきで，それで連続的な循環の大半を生み出せる．そのことが各々のショックの個別的原因と結果を分析することを望ましいものにするのであるが，それらを確率的要素として集合的に取り扱うには望ましいわけではない．それはまた循環が実際的にそうである以上に確率的運動漬けになることになるのかどうかという問題を提起する．これらふたつの類型の間のどこかにシュンペーター時計（ただし，それは時刻測定上では粗悪な時計となるであろう）と呼ぶことができるような理論が入る．アイディアの恒常的進化は支出の確率的ではなく間欠的，不規則的な爆発に至る．もしもこれらの大きくかつ可変的な支出が減衰した循環に突き当たるならば，それらは循環の性質を激しく変更して循環が死滅しないようにすることができるであろう．フリッシュ教授はこの射程の問題の基礎的分析を与えた．私は以下でそれと非線形理論との関連を指示することを試みるであろう[4]．困難な問題は，どの程度説明をすっかり技術革新と折り合わせて，強制振動を与えるのか，またどの程度相互的な条件づけがあって，移り気な時計仕掛（それゆえに非線形の）理論に至るのかどうか，というところにある．

　振動の維持を説明していくとともに，非線形理論は「初期条件」を必要としないで済む．機構がどのように始まろうとも，ある一定の型の循環になる傾向をもつ．そうでなければ，われわれは，たとえば循環についていえば，大きさと転換点は随分昔に生じた事象が完全に決定することになるという考え方に深く関わる．このような仮定の不条理さは明らかである．

　もうひとつの利点は，加速度原理をうまく扱うことができるという点である．統計的な研究（たとえば，ティンバーゲンによる「加速度原理の統計的は証拠」[5]）はそれが事実に対応していないということを示したがゆえに，多くの経済学者たちはそれを完全に捨てることを好む．しかし，これは確かに考え違いであるであろう．なぜなら，それは経済学においては議論の余地なく遍在する動学的な事実の簡潔な帰結の表明であるにすぎないからである．

かならずストックと財のフローを双方ともにもつ必要がある．いずれにせよ，この事実を斟酌する仮定を試してみる価値がある．しかし，とにかく硬直的な比例性は必要としない．こうすることにより，われわれは線形理論がもつもうひとつの欠陥を避けることができるであろう．その欠陥とは上昇局面と下降局面が本質的に同一の型のものになるという要件が成り立つことである．非線形理論を用いれば，われわれは望むだけ不況とブームを異なるものにできるであろう．事実，これが非線形性の度合いを評価するひとつの仕方である．

私は難易度の低い方から順に一連のモデルを取り上げていくであろう．これらのモデルはみな単純な乗数および加速度原理の変形である．第1のモデルは閾値振動子で，この振動子では，いったん上昇した経済はそれを開始させた資本不足を除去するまで存続し，つぎに，それを下方に向けさせた超過資本を除去するまで下降していく．第2のモデルは簡単な線形のトレンドを取り入れる（それは線形よりも非線形の体系の方で重要性をもつ）．それはその前にあったブームから受け継いだ資本すべてが，つぎに到来するブームが始まる前に，使い古されるのを待つ必要をなくす．第3のモデルは動学的加速度因子とあまりむき出しでない形での非線形加速度因子との組合せから成る．これはいっそう複雑な進化を与える．しかしそれは依然として所得減少から上昇へ，またその逆の突然のシフトを包含している．この非現実性は，投資決意と結果として生じる支出の間のラグを考慮に入れることによって，最終モデルでは消去される．

もっとも単純なモデル

加速度原理につきまとう困難の核心は，実際に実現されるストックが産出と望ましい関係に維持されると仮定しているところである．われわれは実際的にはめったにそのようなことはないということを知っている．資本ストックは過大にあるときあり，過小にあるときありというのが現実である．この

第6章 非線形加速度因子と景気循環の持続

事態にふたつの良好な事実がある．投資率は投資財産業の能力により限界づけられる．さらにまた，企業者の期待はつぎのようなものである．つまり，たとえブーム期に工場を拡張することが可能であるときでさえ，それに大きな抵抗感があることになるであろう．この対極に，それ以上に避けることさえできない効果のある限界が存在する．機械は，いったん製作されても，製作が終わりになるわけではなく，そのため，負の投資は装着，時間，革新を原因とした磨損に限界づけられる．したがって，資本ストックは上昇期にそれほど十分に増加することもなければ，下降期にそれほど十分に減少することもない．そのため，ある時点で注文が不足し割当制限をしたり，それ以外の別の時点で超過供給をもち工場と機械が遊休する．

k を資本ストック，ξ を望ましい資本ストック（これは所得または産出に比例する），c を消費，y を所得，α, β, κ を定数とする．このとき，消費関数を線形とすれば，

$$\xi = \kappa y, \tag{1}$$
$$c = \alpha y + \beta, \tag{2}$$
$$y = c + \dot{k} \tag{3}$$

である．ここに，$\dot{k}$ は dk/dt で資本ストックの変化率，ゆえに純投資である．私は，経済が資本を産出にたいして完全調整することを追求しており，投資財の能力産出を通じるか，粗投資ゼロを通じるかのどちらかふたつの極端な経路で調整される，と仮定するであろう．もしも実際の資本が望ましい資本に等しいならば，調整はなにも必要なく，資本は単にゼロの純投資に維持されるにすぎない．資本ストック k が不十分であれば，投資率 $\dot{k}$ は $\dot{k}^*$ の大きさの能力で進行する．超過になっているとき，$\dot{k}^{**}$ の率で廃棄することによって引退する．そういうわけで，

$$\dot{k} = \begin{cases} \dot{k}^*, & \xi > k, \\ 0, & \xi = k, \\ \dot{k}^{**}, & \xi < k \end{cases} \tag{4}$$

となる．(1), (2), (3), (4) を結合すれば，

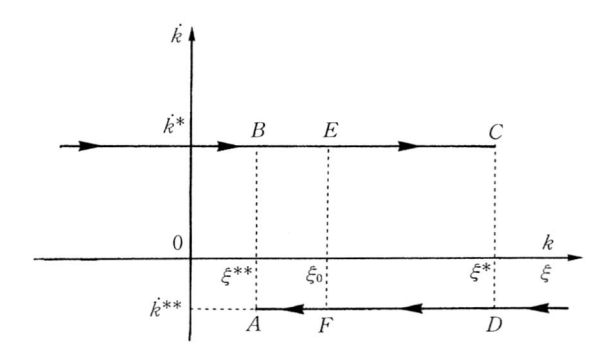

図 6.1 相空間のもっとも単純なリミット・サイクル

$$\xi = \frac{\kappa}{1-\alpha}\dot{k} + \frac{\kappa\beta}{1-\alpha}$$

を得る．これに $\dot{k}$ の対応する値を代入すれば，ξ^*, ξ_0, ξ^{**} が得られる．したがって，ξ にありうるのはただ3つの値だけである．それは ξ は仮説により値が3つだけしかない $\dot{k}$ に線形に比例しているからである．

もしもわれわれがこの体系を相空間にプロットするならば，図6.1に示される図を得る．線形体系は，対照的に，右上がりの1本の直線になるであろう[訳注1]．矢印は運動の方向を指示する．ξ_0 の点は均衡点（$k=\xi$ の点．ゆえに $\dot{k}=0$）であり，体系を定義する関係式を満たす．しかしながら，それは不安定均衡である．なぜなら，相平面の小さな変位がそこからけっして戻ることがない大きな変位に至るからである．たとえば，ξ_0 に $\Delta\xi$ を付け加えるならば，$\dot{k}$ はゼロから $\dot{k}^*$ に変化し，ξ は ξ^* になる．ゆえに，われわれは相図で E に近い点に移転させられる．そこから C に向かって連続的に移動する．その C 点で体系は $\dot{k}$ の不連続的変化を呈示する．C で $k=\xi$ であるが，それは $\dot{k}$ がゼロに低落するが，しかし $\xi=\xi_0<k$ が形成されていることを意味する．ゆえに $\dot{k}=0$ はとりうる値ではなく，$\dot{k}^{**}$ が必要になる．こういうわけで相平面の代表点は不連続的に C から D にジャンプし，つぎに A に向かってかなり遅い速度で連続的に移動する[訳注2]．A で，正反対の理由

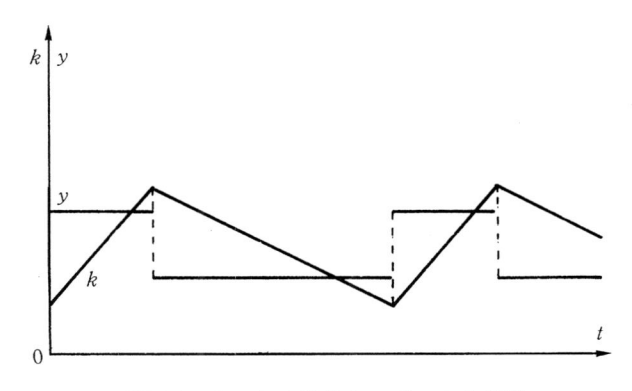

図 6.2 もっとも単純なモデルの時系列

で B にジャンプする．そしてそこから C に向かい，以上のことを無限に繰り返す．したがって，われわれはリミット・サイクル $ABCD$ に到達する．それはわれわれがどこから出発しようともつねに同一の循環である．このリミット・サイクルに対応する k と y の時系列は図 6.2 に示される[訳注3]．資本の任意の初期ストックにつき，われわれはその後の全時間の確定した経路を得る．B の左側では上段の線上を移動する．D の右側では下段の線上を移動する．これらふたつの境界の間で，われわれは資本ストックばかりでなく，それが増加するか減少するかどうかを特定化する必要がある．なぜなら，いかなる振動でもあることであるが，同じ数量の状態がかならず，一方では上昇，もう一方では下降の際に2度にわたって横断されることになるからである．非常に急速な変化は投資にありうることであるが，資本のストックにはまったくありえない，ということが銘記されるべきである．ゆえに，体系がなんらかの種類の袋小路に行き当たるときはいつも，必然的な不連続性（それは非常に急速な変化の理想化であるとみなすことができるであろう）は k ではなく $\dot{k}$ に起こらなければならない．

　景気循環について生硬なあまりにも単純化しすぎたモデルを想像することには困難があることになるであろうが，しかし，明らかにつぎのような非線形振動の一般的特徴を説明するのに役立つであろう．

(1) 最終的結果は初期条件から独立である．
(2) 振動はそれ自体で維持され，振動の説明の補助となる外部的「要素」を必要としない．この意味でそれは完備な自己充足的理論である．
(3) 均衡は不安定である．したがって機構は最小の攪乱が与えられさえすれば動き出す．しかしこの不安定性にもかかわらず，それは使える理論である．なぜなら，機構は爆発も分解もせず非線形性による境界の範囲で維持されるからである．
(4) いかがわしいラグはなにも導入されない．機構はそれ自身がもつ構造により作用する．

このように生硬なモデルは実際的な循環の代表するようなものであると主張することはできないものの，それは循環の構図について経済学者たちが同意している（洗練に対立するものとして）基礎的特徴の多くを備えている．とくに，それがもつ性質はつぎのようなものである．過重な投資があるときには，実業家たちは彼らがもっている以上の資本をもとうとし，また投資が存在しないときは，過度に資本をもちすぎている．しかし，これらの明白に循環的で，それゆえに自己充足的な諸条件は，動学的矛盾を生来含むために，どれも無限に持続することはありえない．ブーム期はその目的を履行することによりそれ自身の崩壊を生み出す．不況はその存在の源泉を除去することによってそれ自身の治癒を成し遂げる．この機構のひとつの顕著な欠陥はそれがブーム期よりも不況期の方にその時間のはるかに多くを使い果たすという傾向をもつということである．なぜなら，資本はそれが使い古されるよりもはるかに急速に組み立てられるからである．われわれの機構は不況期にブーム期に創出された資本のすべてを取り除く．明らかに，成長を説明しようとすればこの設定は変わり，欠陥は除去されるであろう．

技術進歩

技術進歩を大まかに斟酌するために，資本の望ましい額の恒常的成長を仮

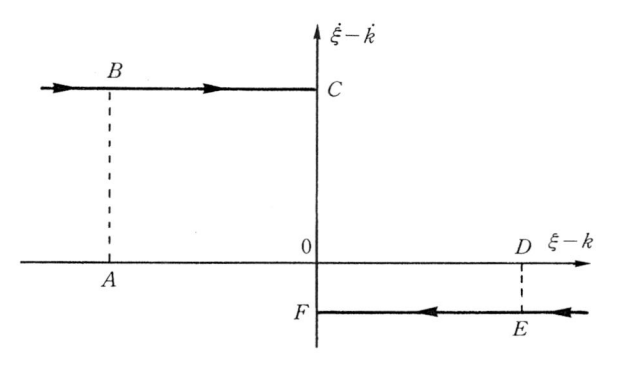

図 6.3　恒常的成長の相図

定できるであろう．したがって，(1)を変更することにより，

$$\xi = at + \kappa y; \quad \dot{\xi} = a. \tag{1a}$$

ここに t は時間，a は資本必要量の不変的成長率である．その他の関係(2)，(3)，(4)はそのままであるとすると，当然期待できることであるが，均衡は存在しないことがわかる．$\dot{k}=0$ は k が不変であり，それゆえに ξ は k より大きくなること[訳注4]，ゆえに，$\dot{k}$ はゼロであることを止めることになるであろうということを意味する．

望ましい資本 ξ は所得水準に依存する．それゆえに，

$$\xi = \begin{cases} at + \xi^*, & \xi - k > 0. \\ at + \xi^{**}, & \xi - k < 0. \end{cases}$$

$\xi - k$ にたいして $\dot{\xi} - \dot{k}$ をプロットすることはさらに便宜のよいことである．これは図 6.3 で行われている．$\dot{\xi}$ は不連続点を除きつねに a に等しい．これにたいして $\dot{k}$ は $\dot{k}^*$ と $\dot{k}^{**}$ というふたつの値をとる．もしも a が $\dot{k}^*$ より大きいならば，経済は経済の資本必要額に追いつくことができない[訳注5]．この非現実的なケースを除外すれば，ブーム期には経済は経路 EF 上を沿ってゆっくりと進行して，次第に経済の必要額（望ましい資本 ξ は実際の資本ストック k よりも大きい）に追いつくことがわかる．十分に資本が蓄積されたとき（$\xi = k$ のとき），投資は停止する．しかしこれは所得，それゆ

えに資本必要額の大きな低落を意味する．よって，負の蓄積が始まる．ゆえに負の純投資 $\ddot{k}^{**}$ を追加しよう．それゆえに（$k>\xi$ をもてば）BC 線上を急速に進行する．急速にという理由は超過能力が更新をしないことと資本使用的革新の恒常的発生をつうじて消去されているからである．距離 $A0$ は $0D$ に等しい．なぜなら，各々のケースで原点からの距離は，$\ddot{k}^{*}$ から $\ddot{k}^{**}$ へのシフト（逆も真である）につづいて起こる ξ の値のジャンプを表示するからである．しかし ξ が ξ^{*} と ξ^{**} の差だけシフトする間，k はシフトの時間を変更しない．$\xi-k$ の任意の初期値が与えられるならば，体系の経路は一意的に決まる．機構がまだ振動を始めていないならば，ひとつ運動が起きれば，$BCEFBC$ という閉じた循環で振動を開始するであろう．そして「外部」からの変化がないまま無限にこれを繰り返す．

最初の例題の特徴をもつほかに，この例題はつぎの別の確かに重要な局面をもつ．

(1) 技術進歩が存在するかぎり，均衡点はなにもない．一瞬たりとも落ち着くことはありえない．それはそれがもつ均衡点に到達するように努めるが，いったん均衡で緩和が起こると，その緩和は過度な資本がもはや必要とされないことを意味する．そこで超過資本から脱皮をするよう努める．それは，いったん消去されると，状態をふたたび変化させる．

(2) 不況はブーム期より短いというのはほぼ確実である．いずれにせよブーム期と対称的でない．ふたつの位相の相対的長さは永年進歩率に完全に左右される．

(3) 永年進歩が資本蓄積とともに存在する．

(4) この進歩の作用の方式はシュンペーターの革新理論とかなり類似している．投資が必要になる新しいアイディアは規則的に発生するが，それにもかかわらず投資は思いだしたように不規則に出てくる．こういうわけで非線形振動子のもっとも基本的な局面のひとつが論証される．つまり，非線形振動子は頻度変換器になっている．恒常的変化（頻度ゼロ）

は正の頻度をもつ揺動する運動，つまり周期に変換される．

(5) ありうるものでもっとも単純な仕方で，自生的投資と誘発的投資は結合される．

単純化したおかげで，このモデルは大きな伸縮性をもつ．われわれは不変的進歩率からなる短い周期を考えるが，率は時間の短い各間隔で異なるようにすることによって，いかなる可変的率の進歩であっても考慮できるであろう．このようにして，われわれは容易に歴史的要素を導入して，実際的に実現された進歩率に応じてブーム期や不況期を延長したり短縮したりすることができるであろう．

動学的乗数と非線形加速度因子

われわれはふたつの方向でこの理論の生硬さを柔らげることができるであろう．第1は乗数の動学的作用を考察することに依り，第2は投資決意と投資支出について同じことを考察すること（これは次節になってはじめて取り上げられる）に依る．瞬間的乗数の使用により，問題を明快にし単純にする一方で，まったく非現実で不要な扱いにくさが入ってくる．乗数倍の過程に時間がかかるのは確実であり，いかなる動学的状態でもこのことを考慮に入れることは重要である．私は(2)式と(3)式を

$$y = \alpha y + \beta + \dot{k} - \varepsilon \dot{y} \tag{5}$$

に置き換えることによって，こうすることを提起する．これは $\varepsilon \dot{y}$ というラグが入れられている乗数である．ここに ε は通常の期間分析のラグに類比されるものである[6]．もしも(5)を

$$y = \frac{1}{1-\alpha}(\beta + \dot{k} - \varepsilon \dot{y})$$

のように書き換えるならば，これは，所得が投資注入プラス消費注入マイナス所得水準の変化から生じる一種の貯蓄または負の投資（これはどちらとも解釈できる）の乗数倍である，と述べていることがわかる．

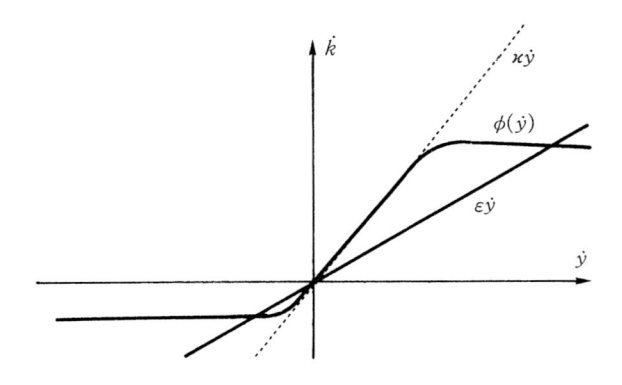

図 6.4 非線形加速度・乗数

投資 $\dot{k}$ は自生的部分 $l(t)$ と誘発的部分 ϕ から成る．誘発的投資については われわれは（以前に課したものより）あまり生硬でない仮定をすることが できるであろう．つまり，加速度原理 $(\xi = \kappa y)$ はある中間的な値域で保持 されるがその両端で完全に非伸縮的になる．これは図 6.4 に示されている． 上方の限界は前述のモデルの $\dot{k}^*$ であり，下方の限界は $\dot{k}^{**}$ である． $d\phi(\dot{y})/d\dot{y}$ は中間にある値域で加速度係数 κ に等しく，両端でゼロ（またはあるまったく小さな値）に等しい．もしも

$$\psi(\dot{y}) = \phi(\dot{y}) - \varepsilon \dot{y} \tag{6}$$

とするならば，それがただ $1/(1-\alpha)$ だけ「乗数倍」されるとき，図 6.5 に 示される形状をもつであろう．$d\phi(0)/d\dot{y}$ は ε より大きいと仮定している． さしあたり，われわれは y を（不）均衡値からの乖離で測定するならば，β と l を無視できるであろう[訳注6]．こういうわけで方程式

$$y = \frac{1}{1-\alpha} \psi(\dot{y}) \tag{5a}$$

を表示する図 6.5 に示される結果を得る．こうして y の各値について $\dot{y}$ が 増加的であるか減少的であるか，またそれがどれだけであるかを見出すこと ができる．したがって，いったんわれわれが初期所得を特定化するならば， それにつづいて起こる進化全体が決定される．

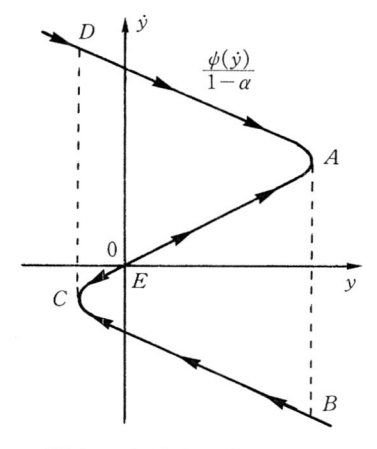

図 6.5 加速度・乗数の相図

　均衡点 E が原点にあることがわかるが，それは矢印が指示するように不安定であることがわかる．したがって，外部諸条件の小さな変化により，たとえば爆発的に成長して A に至ると，そこで展開は継続できなくなり，$\dot{y}$ は不連続に変化して点 B に至る．そしてそこから C, D, A 等々と移動することによって，われわれは自己充足的な循環を構成する閉じた経路をもつ[訳注7]．

　点 A, C は臨界点であって，そこで変数のひとつが不連続なジャンプという被害を蒙る．どの変数であるかは，そこに含まれている諸変数についての知識のタームで決めることができるだけである．われわれのケースでは，それは明らかに $\dot{y}$ であり y でない．それは $\dot{k}^*$ から $\dot{k}^{**}$ のジャンプに類比される．不連続性は急速な変化を近似しているものとみなされるべきであろう．かならずジャンプがなければならないということは，つぎのふたつの事実から演繹することができる．(i)経済を表示する点はかならず曲線上になければならない．(ii)それはかならず矢印の方向にしたがわねばならない．

　モデルは永年進歩を摘要し，そしてそれを考慮に入れることによって，われわれは，不況期の方がブーム期よりもその時間をもっと浪費するというモ

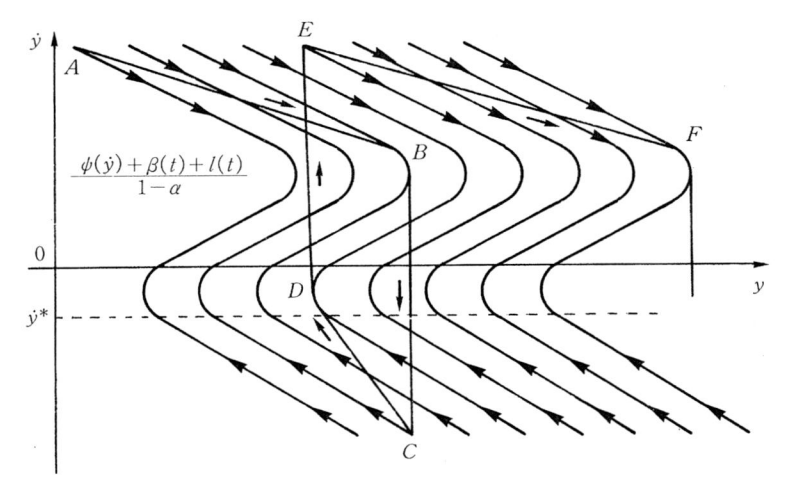

図 6.6　恒常的成長の相空間の経路

デルの癖から逃れる．われわれの体系が現状のままであれば，所得はつねに過去の低い水準に還帰する．しかしわれわれがもし曲線の右側へのシフトを導入するならば，上昇期は延長され下降期は短縮されるであろうことは直観的に明白である．自生的投資および誘発的投資を含めるためには，(5a) をつぎのように書き換えねばならない．

$$y = \frac{\phi(\dot{y})}{1-\alpha} + \frac{\beta(t)}{1-\alpha} + \frac{l(t)}{1-\alpha}. \tag{5b}$$

ここに $l(t)$ は歴史的に与えられた投資支出である．それは産出に依存しない．それは革新と購買力の政府による注入とに大まかに結びつけることができるであろう．本質的なものではないが，興味ある洗練化を行うことにして，$l(t)$ は，$\dot{y}$ が図 6.6 の $\dot{y}^*$ が指示するようなある負の閾値より小さいときはいつも恒等的にゼロである，と言うことにしよう．$\beta(t)$ は消費関数の項で歴史的に与えられる上方へのズレである．これは人口上昇（その理由は，産出の与えられた水準では，その全員が所得なしに消費する失業者の数をいっそう大きくすることを意味するからである）と事業の固定的短期支出の増大

第6章 非線形加速度因子と景気循環の持続

に至る資本蓄積とに結びつけられるであろう．（β をゼロとする）長期消費関数を基礎的，また短期消費関数を過去の高所得に左右されてそれから乖離するものとしてみなすことも可能である[7]．グラフ作成の技術はやや面倒になる（ϕ 曲線はブーム期の上方の位相で延長される）．しかし結果はそうでないときとまったく同一である．説明を単純にするためにだけ，私は $\beta(t)$ が恒常的に増加し，$l(t)$ が不規則的にブーム期には正，不況期にはゼロになる単純なケースを考えることにする．β と l のいかなる増加の影響もそれらが表示する経常的率の乗数値だけ $\phi(\dot{y})$ 曲線を右側に移すことになる．

その結果生じる軌道はもはや閉曲線ではない．それは，進化的経済であって定常的経済でないことの事実を表現しているにすぎない．A, B, C, D, E, F 等々と順に進行する．形式上もっとも重要な結果は，ブームは延長され不況は短縮されるということである．こういうわけで，さもなければ不況期がブーム期につくられた資本すべてを使い古すほど長く存続しなければならないという非現実的挙動を避けられる．いかなる任意の $l(t)$ をとっても，この位相空間の軌道に良好に近似するものをつくることが可能である．こうして各循環は形状と存続期間にかんして異なるものになりうるであろう（そして確かにそうなるであろう）．大きな革新的支出はブーム期を延長し，ブームをさらに押し進める．他方において，誘発的投資があるにすぎないならば，上昇期はそれほど長くは続かないであろう．もしも革新的支出が不況期の早期に開始されるならば，それらの支出は不況期を短縮するが（それらが非常に大きくなければ）それを停止させないであろう．しかし，不況期の末期に到来するならば，それらは所得の下方への運動を逆転することもできるであろう．図6.6に示されているのがこのケースである．万一革新的支出がなにも生じないならば，不況期は長い間だらだらと続くであろう．

図6.6を図式積分して，国民所得の時間をつうじた挙動を決めることができるであろう．所得の成長率はブーム期の初期には最大であり，つぎにやや減少するがゼロにはならない．頂点のところで減少に転ずるが，最初は大きく，つぎに前よりも緩やかに減少する．ここに述べられた類の挙動は大まか

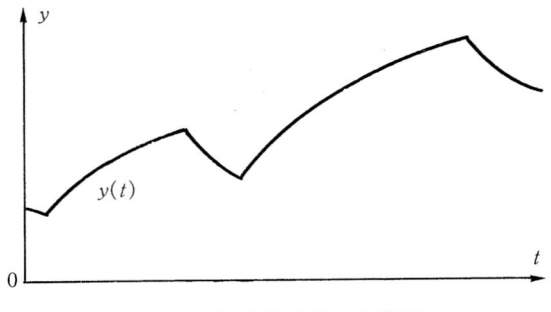

図 6.7 恒常的成長の時系列

に図 6.7 に示される．

投資ラグをもつ拡張モデル

現実により近づくために考慮するべき第 2 のラグは投資決意とそれに対応する支出の間のラグである．支出は，消費財に必要となる時間よりは長い，製作に必要となる時間のほぼ半分の長さだけ，決意より遅れる傾向をもつであろうと言うことができるであろう．したがって，

$$O_I(t+\theta) \approx O_D(t) = \phi[\dot{y}(t)]$$

と言うことができるであろう．ここに O_I は投資支出に等しく，O_D は投資決意に等しい．θ は新設備の建造期間の 2 分の 1 である[訳注8]．ゆえに方程式(5)はより正しくは

$$\varepsilon \dot{y}(t+\theta)+(1-\alpha)y(t+\theta) = O_A(t+\theta)+\phi[\dot{y}(t)] \tag{5c}$$

である．ここに O_A は自生的支出 β と l との和を示す．最初のふたつの項をテイラー級数に展開し，第 3 項以下を省略すれば，

$$\varepsilon \dot{y}+\varepsilon\theta\ddot{y}+(1-\alpha)y+(1-\alpha)\theta\dot{y}-\phi(\dot{y}) = O_A(t+\theta) \tag{5d}$$

を得る．ここに $\dot{y}=dy/dt,\ \ddot{y}=d^2y/dt^2$ である．あるいは，自生的注入を θ 時間単位だけシフトさせてそれを O^* と呼ぶと，

$$\varepsilon\theta\ddot{y}+[\varepsilon+(1-\alpha)\theta]\dot{y}-\phi(\dot{y})+(1-\alpha)y = O^*(t) \tag{5e}$$

第6章　非線形加速度因子と景気循環の持続

を得る．さしあたり $O^*(t)$ を定数 O^* と考えることができるであろう．つぎに，

$$z = y - \frac{O^*}{1-\alpha}$$

を代入すれば，均衡所得 $O^*/(1-\alpha)$ からの乖離を研究することができるであろう．これにより，

$$\varepsilon\theta\ddot{z} + [\varepsilon+(1-\alpha)\theta]\dot{z} - \phi(\dot{z}) + (1-\alpha)z = 0 \tag{5f}$$

が与えられる．

もしも $d\phi(0)/d\dot{z} < \varepsilon+(1-\alpha)\theta$ ならば，われわれは減衰振動を得る．そしてそれがかなり小さいならば，われわれは振動のない安定的運動を得る．これらのケースでは，$d\phi(0)/d\dot{z}$ を定数と見なすことによって，線形近似の形にすることができるであろう．われわれは均衡点の周りでの小さな運動についてはこれで妥当な表現を得ることができるであろう[訳注9]．しかし，もしも $d\phi(0)/d\dot{z} > \varepsilon+(1-\alpha)\theta$ ならば，体系は線形で有効な近似の領域を超えて爆発する．このようなケースがあると想定してよい理由は結構あるのである．このとき，われわれはポアンカレ－リエナールの図式積分に頼らなければならない[8]．しかしながら，まず，(5f)は次元のない形式に還元する必要がある．そのために

$$\psi(\dot{z}) = [\varepsilon+(1-\alpha)\theta]\dot{z} - \phi(\dot{z}),$$

$$x = \sqrt{\frac{1-\alpha}{\varepsilon\theta}}\frac{z}{\dot{z}_0},$$

$$\dot{x} = \frac{dx}{dt_1} = \frac{\dot{z}}{\dot{z}_0},$$

$$\ddot{x} = \frac{d^2x}{dt_1^2},$$

$$t_1 = \sqrt{\frac{1-\alpha}{\varepsilon\theta}}t$$

と置く．$\dot{z}_0$ はそれによって速度を測定する任意の便宜的単位である．

$$\ddot{z} = \dot{z}_0\frac{d^2x}{dt_1 dt} = \dot{z}_0\sqrt{\frac{1-\alpha}{\varepsilon\theta}}\frac{d^2x}{dt_1^2}$$

に注意すれば[訳注10]，これらの新しい変数を(5f)に代入することができるであろう．簡潔に整理すれば，

$$\ddot{x} + \frac{\psi(\dot{z}_0 \dot{x})}{\dot{z}_0 \sqrt{\varepsilon \theta (1-\alpha)}} + x = 0 \tag{7}$$

のようになる[訳注11]．また，

$$X(\dot{x}) = \frac{\psi(\dot{z}_0 \dot{x})}{\dot{z}_0 \sqrt{\varepsilon \theta (1-\alpha)}} \tag{7a}$$

とする．これにより，

$$\ddot{x} + X(\dot{x}) + x = 0 \tag{7b}$$

を得る．これを考察する啓発的な方法はそれをつぎのように書いてみることである．

$$\ddot{x} + \left[\frac{X(\dot{x})}{\dot{x}}\right]\dot{x} + x = 0. \tag{7c}$$

大括弧のなかの式は可変的な減衰係数と見なすことができるであろう．よく知られているように，正の係数は減衰的な循環を導くが，負の係数は爆発的な循環を導く．$X(\dot{x})$ は $\psi(\dot{y})$ とスケールの点でのみ異なるだけである．したがって，$X(\dot{x})/\dot{x}$ は図6.8に示されているような一般形をとる[訳注12]．その結果，体系の振動は中央の領域で次第に激しさを増大する．外側の領域にいくにつれて正の減衰領域に入っていき，減衰への傾向は増大する．このふたつの傾向をちょうど相殺することになるような運動に落ち着くであろうことは，直観的に明らかである．ただし，証明はポアンカレが展開した厳密な方法を必要とする．これが振動維持という問題についてレイリー卿が初めて行った考え方であるということ，またわれわれの方程式はレイリー型であってファン・デル・ポル型でないということ，に注意することは興味あることである．その帰結は，われわれは安定的な均衡ではなく安定的運動を得るということである．この概念は一般性が大きい．というのは，安定的均衡点は安定的運動が非常に小さくなって1点に退化したものと考えることができるであろうからである．運動が安定的であるための完全に一般的な条件は錯綜としていて定式化するのがむずかしい．しかし，われわれが言うことができ

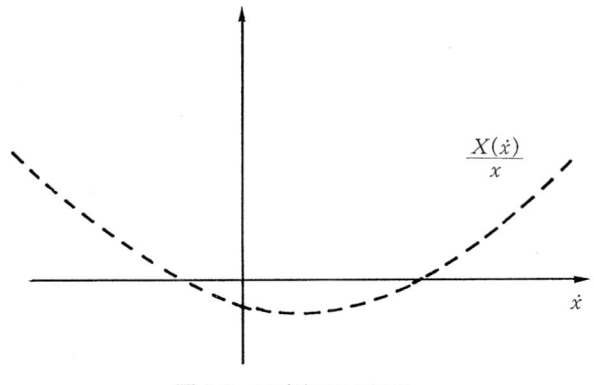

図 6.8 可変的減衰係数

ることは，一般に $X(\dot{x})$ [あるいは $\phi(\dot{y})$] のような形状をもつ任意の曲線は単一の，安定的なリミット・サイクルを生じさせるであろうというものである．別の方程式であるがわれわれの方程式と数学的に同値なものについて，アンドロノフとカーイケンはつぎのように言っている．「こういうわけでファン・デル・ポル方程式を解くのに便利な方法はまったくないが，(a) 一意的な周期解が存在し，それは安定的である．(b) どの解も漸近的に周期解になる傾向をもつ．これらふたつの性質は明らかに実際に役立つもっとも価値の高い情報を提供している．」[9] したがって，ほとんどの景気循環理論家に受け入れることができる仮定だけをして，ふたつの単純な近似を加えることにより，われわれは安定的，循環的な運動に到達することができたのである．この運動は自己繁殖的で無限に継続しうるものである．

図式積分を行うにあたって，$\nu = \dot{x}$ と置いて (7b) のように書き換えることが便利である．

$$\nu \frac{d\nu}{dx} + X(\nu) + x = 0 ^{\text{[訳注 13]}}. \tag{7d}$$

こうして，われわれは極度に単純な非線形 1 階微分方程式をもつことになる．これは，われわれが経験上所与の $X(\nu)$ 曲線をもっているならば，容易に図

式積分を可能にするであろう（リエナールの方法は本当にそれをやさしいものにしてくれる）．$X(\nu)$ はなんらかの単純な数学的形式で表示可能なものである必要がない．ただし，たとえば，3次方程式表示のような近似を行えばこの型の系の議論は定性的に容易になることは確かである．われわれのケースでは，X 関数についてはかなり粗雑なアイディアしかもっていない．それをわれわれは構造的パラメーター $\varepsilon, \theta, \alpha$，超過能力が存在しないときに作用する加速度係数から引き出すことができるであろう．これらのパラメーターにかんして，大きさのオーダーの粗いアイディアのほかにはなにももっていない．消費財の製造期間（タイムラグの2倍）を推定するにあたって，われわれは，任意のひとつの製品をつくるのに必要な時間ばかりでなく，それをつくるのに入れる原材料，その原材料をつくるのに入れる原材料等々をつくる時間を思い出す必要がある．このすべてを消費財を生産する仮説上の単一企業が代行するならば，かなり長い製造期間を仮定する必要がある．たとえば，半年から1年半である．この範囲の平均をとれば，その時間は1ということになる．ゆえに ε は1である．フリッシュ教授は資本財の製造期間を平均3年と推定したが，私はそれを2と見なすであろう．それにより θ は 1.0 に等しくなる．循環の過程をつうじて α はおよそ 0.6 であるというかなりの証拠がある[10]．加速度係数は1国の資本と所得との比であるが，これは 1930 年代のイギリスではおよそ 4.0 であったが，合衆国でも確実にこの大きさのオーダーであった．ただし，精確な統計数値は依然として欠如している．しかしながら，ブーム期に作用する限界的係数はそれよりはるかに小さいことは疑いない．私は $\phi(\dot{y})$ の勾配（加速度係数 κ）が中間地点では 2.0，両極では 0 であると仮定するであろう．あとは年間純投資の起こりうる限界値を決めることだけである．クズネッツが大好況と大不況から得たデータから，これらは年あたりでマイナス 30 億ドルと 90 億ドル〔−3.0 と ＋9.0〕にすることができると思われる．

図 6.9 では上述のパラメーターの値にたいしてポアンカレのリミット・サイクルが与えられている．また4つの起こりうる相軌道が表示されており，

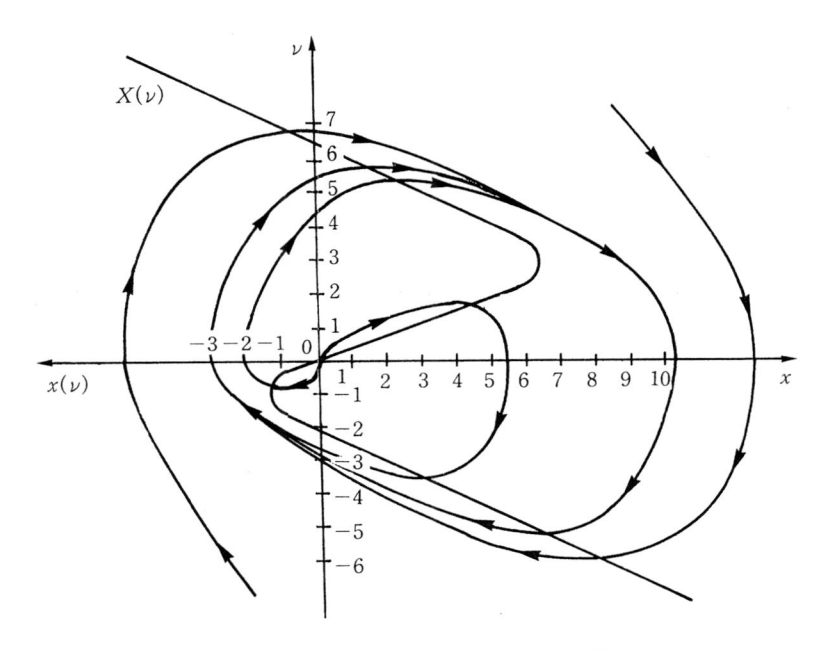

図 6.9 投資ラグをもつ加速度・乗数の相図

それらは任意の初期条件から出発して漸近的に一意的なリミット・サイクルに接近する．相平面のすべての点は初期条件の対を表示しており，垂直軸は初速度，水平軸は（ある恒常的水準から乖離している）所得の初期水準を与える．相平面の各点を通る単一の軌道は究極的にはひとつの極限的運動に至る．図 6.9 では，われわれは速度を所得の関数としている．ゆえに別の図式積分をして，攪乱のない，つまり極限的なリミット・サイクルにたいして所得を時間の関数にすることができる．変動の範囲は谷で年あたりマイナス 50 億ドル，頂点で年あたり 190 億ドルであり，周期は若干 9 年を越える程度である．このようなモデルで波動の長い循環を説明する容易さこそが著しい特徴である．それはラグに大きく依存することはなく，むしろ資本財の望ましい量を生産するのにかかる時間量に依存する[11]．図 6.9 はまた正弦曲線で表示されるような単純な調和振動から外れる程度についてのアイディアを

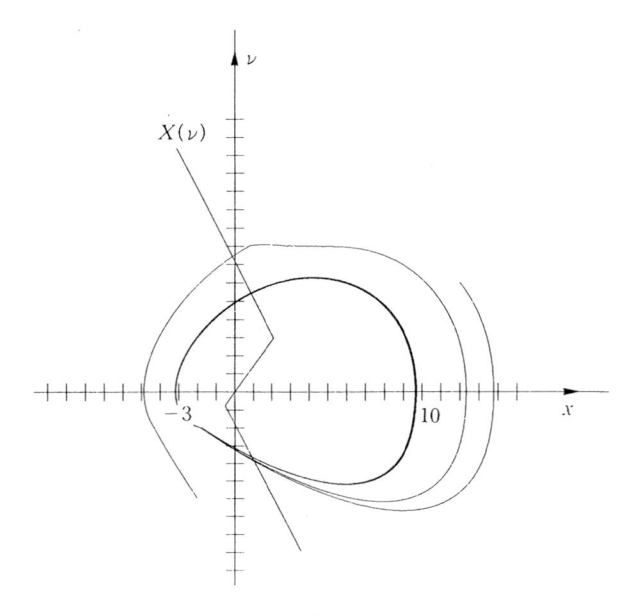

図 6.9 参考例

与える．正弦曲線の閉じた相図は円である．これにたいして，ここで得られた相図は円状からはほど遠い．上昇期はいっそう速く進行し，高水準の活動は正弦曲線のときよりも長めに保持される．上方の転換点のあとに急速な減少がつづくが，沈滞した水準にいっそう長くとどまる傾向がある．$X(\nu)$ は明白に非対称的であるにもかかわらず，ふたつの局面は近似的に同一の持続時間をもち，4年強が所得増大の領域で，また4年半強が所得減少の領域で費やされる．しかしながら，われわれのモデルは進歩のない経済で，所得と資本はつねにそれぞれ過去の低い水準に還帰する．進歩がある社会では，リミット・サイクルは不規則的に右側にシフトすることになり，代表点は追跡すれば右側への複雑な螺旋を描くことになるであろう[訳注14]．われわれはこれを O^* が $O^*+\Delta O^*$ に増加することにより引き起こされる1回かぎりのシフトを考察することにより見ることができるが，それは図6.10に示される．y の原点は0であり，z の原点は0'である．過去の恒常的状況は破線の等高

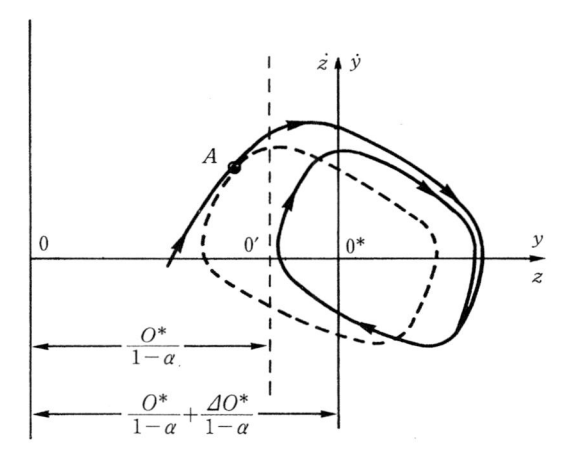

図 6.10 相経路上の単一のシフトの影響

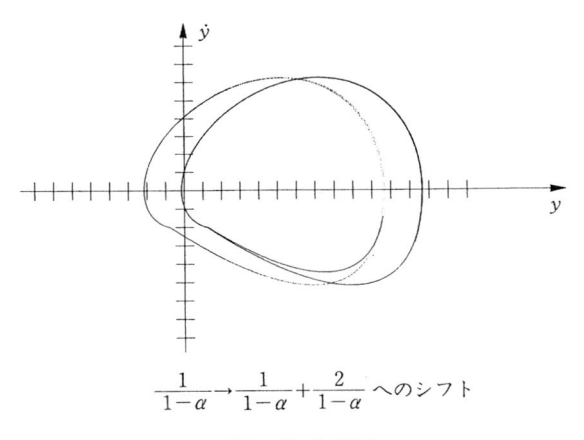

$$\frac{1}{1-\alpha} \to \frac{1}{1-\alpha} + \frac{2}{1-\alpha} \text{ へのシフト}$$

図 6.10 参考例

線で与え，新状況は実線の等高線で与えてある．代表点はシフトの瞬間には破線の等高線のある点，たとえば A 点にあるであろう．このときこの点が新状況へと向かう過渡的な運動の（水準と変化率にかんする）初期条件を特定する．われわれは，シフトが攪乱を受けない運動との比較であまりに急速でないかぎりにおいて（つまり，断熱変化であるかぎりにおいて），右側に

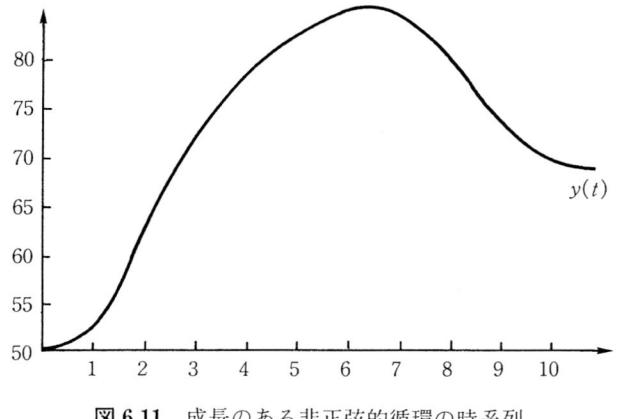

図 6.11　成長のある非正弦的循環の時系列

規則的であれ不規則的であれ連続的にシフトするのを見ることができるであろう．

　図 6.11 にはリミット・サイクルの右側に（およそ年率 3 パーセントで）恒常的にシフトしていくことから生じる所得の時系列を大ざっぱにプロットしている．上昇期が延期されて 6.5 年になり，下降期は短縮されて 4.2 年になるのがわかる．循環全体としては中位の延長で 10.7 年になる．所得は 500 億ドルから 850 億ドルに上昇して 690 億ドルに後退する．歴史的に与えられる技術革新の支出が各循環を別様のものにすることになるであろう．

　最後に，つぎのことが注意されるべきであろう．私は $\phi(\dot{y})$ に特定の形状を仮定していたが，リエナールの作図の効力は，与えられたいかなる曲線についてそれを囲む方程式は容易に積分することができるという事実が示している．したがって，どんな種類の投資関数が実際に保持されていることがわかっても，その型は循環的作用の点で完全に分析できるであろう．この問題を詳しく調べるならば，われわれは本当に必要なのは様々の多くの産業を個々に斟酌することであることがわかる．なぜなら，1 産業に超過供給があるときにも，他産業では固定資本不足であるかもしれないからである．したがって，全体的な作用は，各産業またはそれらすべてのなんらかの形に集計

図 6.11 参考例

図 6.11 参考例相図

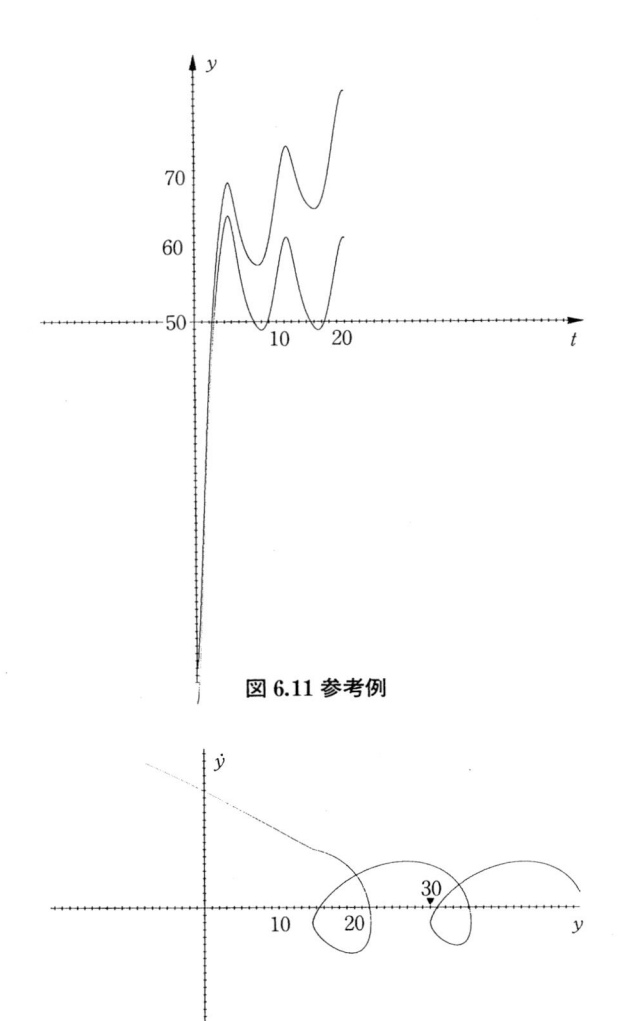

した X 関数の実際の形状に依存するのと同じだけ，様々の産業が投資活動に発火する時点に依存するであろう．こういうわけで，われわれは産業空間をとおる一種のインパルスの伝播をもつことになるであろうが，それには種々の産業が（ひょっとするとまったく遅々としている）跛行的な反応を伴

い，結果としてブームがぐずぐずと累積されることになるであろう．

注

* "The Non-linear Accelerator and the Persistence of Business Cycles", *Econometrica*, vol. 19 (1951), pp. 1-17.
1) この論文は，最後の節で若干の修正をしたことを除けば，クリーブランドでのエコノメトリック・ソサエティ1948年大会で報告された．そして要旨は *Econometrica*, 17 (April 1949), pp. 184-5 に述べられている．論文のなかで述べられた種々の変形は，故J.A.シュンペーターが大きな関心をもち多くの有益なコメントをしてくれたことから出て来た．論文全体にわたって彼の影響が浸透しており，また私はそうであることが明白であると想像するので，個々の箇所での謝辞は不適切になるであろう．
2) Andronow, A.A., and C.E. Chaikin, *Theory of Oscillations*, English trans. S. Lefschetz, Princeton: Princeton University Press, 1949, Chapter 1 を参照．
3) Le Corbeiller, Phillipe, "Les systêmes autoentretenus et les oscillations de relaxation", *Econometrica*, 1 (July 1933), pp. 328-32. 「もしも統計的データがわれわれに所与の量が周期的に変化するということを信じさせることに至り，かつわれわれがこれらの振動の原因を探そうとするならば，われわれはつぎのように仮定してよいであろう．つまり，この量は(a)強制振動，あるいは(b)持続的振動を行う．後者は($b\alpha$)正弦波状，あるいは($b\beta$)緩和振動型のどちらかになるであろう．」本質的な非線形性を追求する刺激を最初に与えてくれたという点にかぎらず，ひょっこりと現われてくる多くの困難にもかかわらず，この型の分析はどうにかして達成される必要があるということを忍耐強く強調してくれた点で，私はきわめて多くの恩義をル・コルベーエ教授から得ている．

　本文の表明が書き上げられてからのことであるが，私は非線形理論の仕事が次第に増大しているということを発見した．それは，ヒックス教授 Hicks, J. R. の感嘆に値するつぎの本を頂点としている．*A Contribution to the Theory of the Trade Cycle*, Oxford: Clarendon Press, 1950, 199pp. この本は私が本論文の最終校を仕上げていたとき公刊された．ティンバーゲン教授 Tinbergen, J. はまたつぎの論文でこの主題に果敢に取りかかった．"Ligevægtstyper Og Konjunkturbevægelse", *Nordisk Tidsskrift for Teknisk Økonomie*, 32 (*nos.* 2 -4, 1943), pp. 45-63. この展開はル・コルベーエ教授の立場を強化し，経済学にとってもかなりうまく行きそうである．ヒックスの本では，読者は他の諸研究への言及ならびに非線形循環理論が必要となる理由についてのより完全な表明を見出すであろう．私は，彼と私が同じ問題を思いつき，実質的に同じ答え

を思いついたということがあったという点で、もっとも印象深いものを感じる。ただし、彼が差分方程式を扱い、また正式な非線形理論のタームで主題に接近していないことから、彼のテクニックは、表面上は、まったく異なるように見える。類似性は純粋に偶然的なものではない。その理由のひとつは、われわれがともにハロッド氏がつぎの本で述べたような、深淵さでは刺激的であるがケインズ体系の不満足な動学的な終結を与えたことから開始したことである。
Harrod, R.F., *Trade Cycle*, Oxford: Clarendon Press, 1936, 234pp.

4) Frisch, R., "Propagation Problems and Impulse Problems in Dynamic Economics", in *Economic Essays in Honour of Gustav Cassel*, London: George Allen and Unwin Ltd., 1933, pp. 171-205. また、著者の論文 Goodwin, R.M., "Innovations and Irregularity of Economic Cycles", *Review of Economic Statistics*, 28(May 1946), pp. 95-104 を参照。

5) Tinbergen, J., "Statistical Evidence on the Acceleration principle", *Economica*, 5(New Seires: May 1938), pp. 164-76.

6) 私の論文 "Secular and Cyclical Aspects of the Multiplier and the Accelerator", in *Employment, Income, and Public Policy*, Essays in Honor of Alvin H. Hansen, New York: W.W. Norton and Co., 1948, pp. 108-32 を参照せよ。

7) James S. Dusenberry, *Income, Saving, and the Theory of Consumer Behavior*, Cambridge, Mass.: Harvard University Press, 1949, 128pp. および Franco Modigliani, "Fluctuations in the Savings-Income Ratio: A Problem in Economic Forecasting", in *Studies of Income and Wealth*, vol. XI, New York: National Bureau of Economic Research, 1949, pp. 371-438 を参照。

8) 主題全体およびリエナールの作図にかんするとくに明快で啓発的な説明は、フィリップ・ル・コルベーエのつぎの論文で見出すことができるであろう。Philippe Le Corbeiller, "The Non-Linear theory of the Maintenance of Oscillations", *Journal of the Institution of Electrical Engineers*, London, 79(September 1936), pp. 361-78. この論文で利用されている一般的な方法およびかなり広範囲にわたる話題の卓れた説明はすでに引用したロシアの2人の科学者アンドロノフとカーイケン（Andronov, A.A., and C.E. Chaikin）の重要な著作の英訳版で見出せるであろう。〔C.E. Chaikin の表記については第5章注3（113ページ）をみよ。〕

〔$d\phi(0)/d\dot{z} = \varepsilon + (1-d)\theta$ は分岐点で、状態空間の定性的な分析で重要になった概念である。パラメーターが正確にあるいは近似的にこの値を与える体系は構造的に不安定である。すなわち、パラメーターのわずかな振動が運動の型を変更してしまい、今日カタストロフィー理論と呼ばれるものであるようなものの一例になるであろう。本書第14章を見よ。〕〔以上括弧［ ］は原著編纂にあたっての原著者による追加部分。〕

9) Andronov, A.A., and C.E. Chaikin, *op. cit.*, pp. 4 および 302 以下参照.
10) 簡単化のために，私は限界消費性向が近い過去の所得水準に応じて種々の値をとるというデューゼンベリーとモジリアーニのテーゼを無視することを選んでいる．しかし，このような（水準に依存する径路の意味で）遺伝的な影響はここではまったく手に負えないものでないということを注意しておくことは興味あることである．なぜなら，分析的な解は不可能であり，いずれにせよ図解あるいは幾何学的方法が使用されるからである．
11) これは多分もっと明瞭にタイムラグのないモデルで見ることができる．それについて私は Alvin Hansen, *Business Cycles and National Income*, New York: W.W. Norton and Co., 1950 の第21章で表明している．そこで私はまたどのようにして投資財の完全雇用ではなく全般的な完全雇用を上方の限界的要因とみなすことができるかを示唆した．

訳注

1) $\xi = \dfrac{\kappa}{1-\alpha}\dot{k} + \dfrac{\kappa\beta}{1-\alpha}$ を変形すれば，

$$\dot{k} = \dfrac{1-\alpha}{\kappa}\xi - \beta$$

である．$\dot{k}$ に限界がなければ，横軸に ξ，縦軸に $\dot{k}$ をとれば，右上がりの直線を得る．(4)のような限界によって非線形性が生じる．

2) $|\dot{k}^*| \gg |\dot{k}^{**}|$ を仮定している．

3) 所得は，$\dot{k}$ の値に対応して，$y = c + \dot{k}^*$, $y = c$, $y = c + \dot{k}^{**}$（$\dot{k}^{**}$ は負値）の3つの値をとる．$\dot{k}^* = 0$ の点はジャンプがある点で不連続になる．

4) 詳しく書けば，

$$\xi = at + \dfrac{\kappa}{1-\alpha}\dot{k} + \dfrac{\kappa\beta}{1-\alpha}$$

である．ゆえに $\dot{k}=0$ であれば，

$$\xi = at + \dfrac{\kappa\beta}{1-\alpha}.$$

技術進歩を導入するまえの ξ は，$\dot{k}=0$ のとき，

$$\dfrac{\kappa\beta}{1-\alpha}.$$

である．「$\dot{k}=0 \Leftrightarrow \xi=k$」という定義を保持していると，たしかに新たな ξ は $\dot{k}=0$ のとき k より大きい．

5) $a > \dot{k}^*$ ならば，$\dot{\xi} > \dot{k}$ である．

6) (5)式に $\dot{k} = \phi + l(t)$ と(6)式を代入して整理すれば，

$$y = \dfrac{1}{1-\alpha}\psi(\dot{y}) + \dfrac{1}{1-\alpha}\{\beta + l(t)\} \tag{5b}$$

第6章　非線形加速度因子と景気循環の持続

である．第2項は定数項である．したがって，第2項を無視することは，均衡値，不均衡値を含む y のそれぞれの値から y を図6.5で横軸方向に第2項だけズラすことを意味する．

7〕　(5a) を $y=\dfrac{1}{1-\alpha}\{\phi(\dot{y})-\varepsilon\dot{y}\}$ と書き直し $\dot{y}$ で微分すれば，

$$\frac{dy}{d\dot{y}}=\frac{d\psi(\dot{y})}{d\dot{y}}=\frac{1}{1-\alpha}\left\{\frac{d\phi(\dot{y})}{d\dot{y}}-\varepsilon\right\}.$$

図6.4の仮定 $d\phi(0)/d\dot{y}>\varepsilon$（中括弧 { } は正）より，$\dot{y}$ が0のときは $\dot{y}$ の増加にかんして y を増加させ（$0A$ 線），また $\dot{y}$ の減少にかんして y を減少させる（$0C$ 線）．しかし，$\dot{y}$ の値を変化させると，関数 $\phi(\dot{y})$ は水平になり中括弧 { } の符号は逆転する．これはそれまでとは正反対の過程を意味する．つまり，$\dot{y}$ の増加にかんして y を減少させ（BC 線），また $\dot{y}$ の減少にかんして y を増加させる（DA 線）．

8〕　設備製作の時点0での限界費用を0，限界費用がコンスタントに増加するとして終了時点 2θ での限界費用を1とすれば，0から 2θ までの総費用は横軸を時間 θ，縦軸を限界費用とする三角形の面積 $2\theta/2=\theta$ である．よって，支出が製作開始より θ 時間遅れても，単位時間あたり平均支出1で残りの θ 時間で製作終了までに総費用 θ をすべて支払うことができる．

9〕　$\dot{z}=0$ で $\dot{z}$ の変化の効果を調べることによって，$\dot{z}$ の項は全体として正で，摩擦が負にならないことを示す．これは線形2階微分方程式で1階微分の係数が正で減衰振動が起きる条件に対応している．本書第4章訳注6を参照せよ．

10〕　$\ddot{z}=\dot{z}_0\dfrac{d}{dt}\dot{x}=\dot{z}_0\dfrac{d^2x}{dtdt_1}=\dot{z}_0\dfrac{dt_1}{dt}\dfrac{d^2x}{dt_1^2}$ と展開して，

$$dt_1=\sqrt{\frac{1-\alpha}{\varepsilon\theta}}dt$$

を代入すればしたがう．

11〕　直前で求めた $\ddot{z}$，$z=\dot{z}_0\sqrt{\varepsilon\theta/(1-\alpha)}x$ を (5f) に代入すれば，

$$\dot{z}_0\sqrt{\varepsilon\theta(1-\alpha)}\ddot{x}+\psi(\dot{z}_0\dot{x})+(1-\alpha)\dot{z}_0\sqrt{\frac{\varepsilon\theta}{1-\alpha}}x=0$$

がしたがう．ただし，$\dot{x}$ の定義より $\dot{z}=\dot{z}_0\dot{x}$ である．ここでは，z から x への座標変換

$$x=\sqrt{\frac{1-\alpha}{\varepsilon\theta}}\frac{z}{\dot{z}_0}$$

が行われている．これに伴い，t から t_1 への座標変換

$$t_1=\sqrt{\frac{1-\alpha}{\varepsilon\theta}}t$$

が必要になる．なお，$\dot{z}_0$ を便宜上 $\dot{z}_0=1$ と置いて，z から x への座標変換を

$$x = \sqrt{\frac{1-\alpha}{\varepsilon\theta}} z$$

と単純化しても結論は変わらない．

12〕 x と y の関係は，座標変換を考慮すると，

$$x = \sqrt{\frac{1-\alpha}{\varepsilon\theta}} \frac{z}{\dot{z}_0} = \sqrt{\frac{1-\alpha}{\varepsilon\theta}} \frac{y - \dfrac{O^*}{1-\alpha}}{\dot{z}_0}$$

である．$X(\dot{x})$ は図 6.9 の逆 S 字型になるが，$X(\dot{x})/\dot{x}$ を計算して，横軸に $\dot{x}$ をとり，縦軸に $X(\dot{x})/\dot{x}$ をとれば，図 6.8 は原著のような谷ではなくむしろ山型のカーブになる．

13〕 $\dot{x} = dx/dt_1$ であることに注意すれば，

$$\nu \frac{d\nu}{dx} = \frac{dx}{dt_1} \frac{d\dfrac{dx}{dt_1}}{dx} = \frac{d^2x}{dt_1{}^2} = \ddot{x}$$

となり，(7b) と (7d) は同値であることがわかる．

これはつぎのように同値な連立方程式に変換して考えるのと同値である．

$\dot{x} = \nu$
$\dot{\nu} = -X(\nu) - x$

この連立微分方程式は容易にルンゲ－クッタ法などの微分方程式数値計算プログラムの上に載せることができる．

原著者がパラメーターに与えた数値を代入すると，

$$X(\nu) = \frac{[\varepsilon + (1-\alpha)\theta]\dot{z}_0 \dot{x} - \phi(\dot{z}_0 \dot{x})}{\dot{z}_0 \sqrt{\varepsilon\theta(1-\alpha)}} = \frac{0.9\dot{x} - \phi(\dot{x})}{\sqrt{0.2}}$$

であるから，

$$X(\nu) = \frac{0.9\nu - \phi(\nu)}{\sqrt{0.2}}.$$

ここで $\dot{z} = 1$ としている．このようにプログラムを作成して数値計算をすることができる．原著者作成の図 6.9 は図式積分による手描きによるもので多少不精確である．原著者は上方の限界値を 9，下方の限界値を -3 を提案しているが，原著者が結果として描いた図は，上方の限界値 $\bar{\nu} = 8$，下方の限界値 $\underline{\nu} = -2$，区分線形の投資関数の勾配（加速度係数）$\kappa = 1.2$ としたときにかなり類似したものになる．訳者作成の図 6.9 参考例を参照せよ．

訳者は $\phi(\nu)$ の形についてはレイリー方程式のように 3 次方程式で近似しないで，区分線形とした．このとき，ϕ は 1 次方程式 $\phi = \kappa\nu$ であるが，ν が上方の限界値 $\bar{\nu}$ を超えるとき，$\nu = \bar{\nu}$，ν が下方の限界値 $\underline{\nu}$ 以下のとき，$\nu = \underline{\nu}$ である．

これは

第6章　非線形加速度因子と景気循環の持続

$\nu \leqq (\underline{\nu}/\kappa)$ のとき，$\phi = \underline{\nu} - \varepsilon \nu$,
$(\underline{\nu}/\kappa) < \nu < \bar{\nu}$ のとき，$\phi = (\kappa - \varepsilon)\nu$,
$\bar{\nu} \leqq \nu$ のとき，$\phi = \bar{\nu} - \varepsilon \nu$

を意味する．横軸に x，縦軸に ν をとれば，図 6.9 の逆 S 字型曲線は区分線形になる．

14] 訳者作成の図 6.11 参考例相図を参照せよ．

第7章　逐次代入，自動計算機，経済動学*

　有益な動学を確立しようと努力をつづける際，役に立つ可能性のある仮説はみな必要である．そのようなものとして伝統的な数学的装置として方程式を試行錯誤により解く方法があるが，それを精力的に行うのが現代の継子である自動計算機またはゼロ規正サーボ機構，つまり，解を誤差の発生がゼロになるまで解を試行しつづける機構である．

　近似的な方法で方程式を解くためにはかならず時間がかかるが，もしも逐次近似を決定していくわれわれの方法が経済的決定の構造と類推されるとするならば，ステップの系列が完全に経済動学の実際的な時間的過程と平行しているとみなすことができるであろう．正解に近似が収束するのと経済が動学的に安定するのと同一である．解答は，われわれの試行的投入が誤差ゼロで正しいものであるとき，見出されたことになる．こういうわけで，試行的な解答を入れておいて，それと同一の解答が返ってきたとき，解をもつわけである．ゆえに，解は均衡値に対応する．同様に，われわれは，経済動学を現実的な大きさをもつ規則的な時間区分で実際的につぎつぎと継続していくような試行的解の反復であるとみなすことができるであろう．現有の経済的諸関係は，経済が試行の反復をする方法を決定する．解は，同一の値が反復され，それ以上の適応が必要ないという意味で，これらの諸関係を満たす変数の定常値である．諸関係が安定的な系を与えるようなものであるならば，攪乱のない機構では定常解が見出されるであろう．そうでない場合には定常解から離れていくか，あるいは永遠にその周りで振動することになるであろう．

逐次代入過程では，以上と対応的に，解にどんどん近づいて近似していくか，それから離れていくか，あるいは解を無限に過大推定と過小推定しつづけていくことになるであろう．これらは(i)方程式の性質，(ii)われわれが使用する近似過程の種類に依存する．これらすべてのことは差分方程式のケースではかなり容易に把握しやすい．というのは，われわれは差分の形式で呈示できる有限回のステップで逐次代入をすればよいからである．自明というわけではないが，連続的過程（微分方程式をもちいる）もまた静学的方程式の解を試行錯誤法で求めることができるであろうと考えることである．なぜそれほど簡単でないのかは，人類は数において無限に連続的試行をすることができないということからわかる．問題をわれわれが把握する際のこうしたギャップは電子および電気機械的計算機の完成によって閉じられた．これは時にはゼロ規正サーボ機構と呼ばれる．これは誤差が消えてなくなるまで連続的に誤差を新試行の基底にフィードバックしつづける．このような機械は連続的な動学的過程の正確な対応物である．したがって，経済の運動をそれに配置される諸問題の解答を計算する過程であるとみなすことが完全に許容できるように思われる．計算が全然終わらないということはなぜか，正しい解答に定着しそれが保持されつづけることが可能でないのはなぜか，を合理的に調べることが可能である．こうして定常過程が与えられれば，われわれは正当な理由でそれに静学理論を適用することができるであろう．この問題に解答を与えることはまさしく動学の鍵となる問題のひとつである．

　ふたつの可能な説明があり，そのうちひとつが経済学で利用されてきた．それについてのワルラスの表明を改善することはむずかしいことであろう．

　　このようなものが常設市場である．それは常に均衡への傾向を示しているが，決して均衡には達し得ない．その理由は，常設市場は模索によってのみ均衡に向かうものであり，この模索が終わる以前に問題のすべての与件……が変化して，再び模索が始まるからである……湖水が風によって動かされてその水が常に静止しようとしながら決してこれに到達し

ないのと同様である[1].

これとはまったく別個のものとして，経済構造が意味するところの解を探求する方法は解に収束しないような方法である可能性がある．一般に，これは永続的・自足的振動に至るであろう．多分双方の型の現象が経済の現実のなかにある．

問題の理解を促進するために，もっとも単純で可能な例題としてカーン‐ケインズ乗数を考えることが望ましい．周知の方程式

$$y = c(y) + i$$

から開始する．ここに c は消費であり，y は所得であり，i は投資である．そして方程式の根（解）を見つけたい．このようなケースでの標準的手続きは根として y_0 という値を推測しておいてただ右辺にそれを代入するだけである．つぎに y を計算し正しい推測をしたかどうか調べる．正しい場合には，入れた値と同一の値が返ってくることになるであろう．めったにない幸運を除けば，このことは起こらないであろう．しかし，新しい値 y_1 が得られる．これを第2の試行の基底として使用する．したがって，こうして逐次代入することにより，つぎのようになる．

$$y_1 = c(y_0) + i,$$
$$y_2 = c(y_1) + i,$$
$$\cdots\cdots\cdots,$$
$$\cdots\cdots\cdots,$$
$$y_t = c(y_{t-1}) + i.$$

もし規則的な時間区分で生じる種々の値を継続的な試行とみなすならば，明らかにこれは動学的乗数である．もし $dc/dy < 1$ ならば，この過程は収束するであろう（あるいは経済は安定的であるであろう）ということが容易に示される[訳注1]．dc/dy は正と仮定する．

y_{t-1} を上式の両辺から控除し，

$$\Delta y_t = y_t - y_{t-1} = c(y_{t-1}) - y_{t-1} + i$$

第7章　逐次代入，自動計算機，経済動学

$$= i - [y_{t-1} - c(y_{t-1})]$$

と書くならば，起こっていることをもっとうまく見ることができる．大括弧内の項は貯蓄である．よって，投資が貯蓄より増加するならば所得は増加し，貯蓄が投資より増加するならば所得は減少する．

　現代の自動制御（サーボ機構）は試行錯誤により作用している．たとえば，誘導ミサイル，自動誘導ミサイル，自動操縦，対空射撃管制，サーモスタット熱制御などがそうである．望ましい値が与えられており，装置の実際的な値がそれから控除される．この誤差がつぎの誤差を縮小するように装置にフィードバックされる．動学的乗数では誤差制御は特殊な形態をとる．望ましい値は既知でない．むしろ継続的な試行の間の差を誤差と考え，これが継続的にゼロに縮小していく．これがゼロ規正サーボ機構と呼ばれる所以である．われわれが解答を見出すこの時点で，われわれの過程は攪乱を受けるまで反復する．このようにして経済というものはたえず変化していく問題の解答をゆっくりと計算していくものとみなすことができるであろう．

　上述の例題はまったく自明である．われわれはそれをけっして自明でない表明に変えることができるであろう．経済が n 部門に分割され，各部門はわれわれが経済全体の挙動と考えたものと同じ挙動をすると想定してみよ．すなわち，各部門はつねに前期の領収高の一定比（1より小さい）を支出する．さらに，すべてのものは線形の関係で近似できるであろうと仮定せよ．このとき，われわれはつぎの体系を得る．

$$
\begin{aligned}
0 \quad &+ a_{12}y_2(t-1) + \cdots \quad + a_{1n}y_n(t-1) + i_1(t-1) = y_1(t), \\
a_{21}y_1(t-1) &+ 0 \quad + a_{23}y_3(t-1) + \cdots \quad + a_{2n}(t-1) + i_2(t-1) = y_2(t), \\
&\cdots\cdots\cdots, \\
&\cdots\cdots\cdots, \\
a_{n1}y_1(t-1) &+ a_{n2}y_2(t-1) + \cdots + a_{n,n-1}y_{n-1}(t-1) + 0 \quad + i_n(t-1) = y_n(t).
\end{aligned}
$$

われわれはこれを示唆に富む形式でつぎのように書き換えることができるであろう．

$$[a]\{y_{t-1}\} + \{i(t-1)\} = \{y(t)\}.$$

ここに，$[a]$，$\{y\}$，$\{i\}$ はベクトルである．集計的方程式と同一のかたちの1本の行列方程式にまとめあげられている．われわれはほぼ正確に同じ論証を反復できるであろう．実際ここに〔上記の行列方程式に〕，逐次代入が非常に現実的になるところがある．というのは，方程式体系

$$[a]\{y\}+\{i\}=\{y\}$$

の解を見出したければ，これ〔上記の行列方程式〕がしばしば解を見出す最良の方法になっているからである．われわれはまた行列 $[I-a]$ を逆転して有効なかたちにする．というのは，われわれは

$$\{y\}=[I-a]^{-1}\{i\}$$

となるような y を見出せるからである．われわれが試行錯誤によって本当に逆行列を計算しているということは，つぎのように表明を変えることによってわかる．ただし，i を定数と考えている．

$$\begin{aligned}y_t &= i+ay_{t-1}\\&= i+a(i+ay_{t-2})\\&= i+ai+a^2(i+ay_{t-3})\\&= i+ai+a^2i+a^3(i+ay_{t-4})\\&\cdots\cdots\cdots\cdots,\\&\cdots\cdots\cdots\cdots\text{〔訳注2〕}.\\y_t &= [I+a+a^2+a^3+a^4+\cdots]i\\&= [I-a]^{-1}i^{\text{〔訳注3〕}}.\end{aligned}$$

したがって，われわれは逆行列を試行的解を与えることなしに，行列のベキを上げることによってむしろ簡単に，計算することができるであろう．もちろん行列のベキは収束する必要がある．しかしわれわれの行列は限界消費性向が1より小さいことからそうなる[訳注4]．このような線上での彫琢は最近つぎつぎと出てくる優れた論文で見出せるであろう．たとえば，フレイザー，ダンカン，カラー，ホテリング，モリス，ビンガームなどの論文がある．

サーボ機構は声明した目標を手がかりとしながら自分自身の挙動により挙動を調整する．そこに並外れた性能の向上の秘密が横たわっている．こうい

第7章　逐次代入，自動計算機，経済動学

うわけで誘導ミサイルは望ましいコースからの乖離に応じて方向舵を整える．同様に目標物を拾い上げる人間も，手を手と目標物のあいだの距離をつねに縮小するように動かすことによって，うまく複雑な操作に成功する[2]．ワルラスによる動学的調整の概念とそのための用語，つまり，*tâtonner*，探る grope，自分の方向を感知する feel one's way〔探り出す〕，という用語は，文字どおり現代的サーボ理論の概念と同一であるということはかなり興味ある問題である．不幸なことに，彼は，逐次代入解について語ったのか実際的な時間上の過程について語ったのかどうかがまるで明らかでなく問題を混同していた．本章では，私はこの混同を良い方に活用することを試みている．しかし，解法と経済的現実の区別は致命的なほど甚大であることを忘れるべきではない．

　第2の例題として孤立した単一市場が需要曲線（マーシャル的需要の逆関数）$q_d = q_d(p)$ と供給曲線 $q_s = q_s(p)$ をもつ場合を考察せよ．解は（すべての取引者が単一価格でこれ以上交渉を行う意志をもたないという意味で）供給が需要に等しくなることを要件とする．したがって，解は

$$q_d(p) - q_s(p) = 0$$

のなんらかの正の実根である．この根を逐次代入法によって見出すために，つぎのように始めることができるであろう．すなわち，

$$p = q_d(p) - q_s(p) + p$$

とせよ．なんらかの試行的解を右辺に代入せよ（価格をでたらめに叫べ）．そして左辺から第2の近似〔を行う試行的解〕を得る．こういうわけでつぎのようになる．

$$p_1 = q_d(p_0) - q_s(p_0) + p_0,$$
$$p_2 = q_d(p_1) - q_s(p_1) + p_1,$$
$$\cdots\cdots\cdots,$$
$$\cdots\cdots\cdots,$$
$$p_t = q_d(p_{t-1}) - q_s(p_{t-1}) + p_{t-1}.$$

この系列は，もし解の近傍で

$$q'_d(p) < q'_s(p)$$

であるならば，解に収束するであろう．これはワルラス的安定条件である[訳注5]．もしもこれを

$$\Delta p = p_t - p_{t-1} = q_d(p) - q_s(p)$$

のように書き換えるならば，これがワルラス的模索過程を真に表現していることがわかる．

2商品が与えられるとき，それらについて市場の均衡，すなわちそれぞれ一方の商品で表した他方の価格の定常状態があり得るためには，2商品のそれぞれの有効需要がその有効供給に等しいことが必要かつ十分な条件である．この均衡が存在しないとき，均衡価格に達するためには，有効需要が有効供給より大きい消費の商品の価格は騰貴しなければならないし，有効供給が有効需要より大きい商品の価格は下落しなければならない[3]．

ワルラスはこの種の市場調整をあらかじめランゲ教授[訳注6]が社会主義市場理論の開示をしたときのように実践的装置として使用することを拒否した．彼は明示的に，それは数学的解法にすぎないのであり，現実の市場の挙動で例証される実践的な方法ではないと声明している．しかしながら，他の箇所では，彼はその反対を主張している．たとえば，つぎのような1節がある．「この模索は用役の市場において自由競争の体制のもとで自然的に行なわれるものである．なぜなら，この体制のもとでは需要が供給より大であれば用役の価格を引上げ，供給が需要より大であれば価格を引下げるからである．」[4] 不幸なことに，理論では，完全競争のもとでは価格を引き上げられたり引き下げられたりすることはない．

われわれがワルラス理論の基礎となる経験上検証可能な仮説あるいは反証可能な仮説を探そうとするならば，最終財のストック s を価格に依存させるのがよいであろう．こういうわけで

$$s = f(p),$$
$$\frac{ds}{dt} = f'(p)\frac{dp}{dt} = q_s(p) - q_d(p).$$

あるいは，

$$\frac{dp}{dt} = \left(\frac{1}{-f'(p)}\right)[q_d(p) - q_s(p)].$$

これは，もし Δp を dp に変更し可変的になりうる比例定数をただ導入するだけで，前記の定式化と同値になる．

　対照的に，価格（需要価格）と費用（供給価格）の一致をわれわれの必要とする均衡条件とみなすこともできるであろう．このとき，われわれは

$$p_d(q) - p_s(q) = 0$$

となるような産出を求めるが，前とまったく同様の手続きをとる．

$$q_1 = p_d(q_0) - p_s(q_0) + q_0,$$
$$q_2 = p_d(q_1) - p_s(q_1) + q_1,$$
$$\cdots\cdots\cdots,$$
$$\cdots\cdots\cdots,$$
$$q_t = p_d(q_{t-1}) - p_s(q_{t-1}) + q_{t-1}.$$

この種の種々の局面の微妙で豊富な研究がマーシャル的時間分析を構成する．「したがって生産される額が……需要価格を供給価格［長期正常費用］より大きくするようになっているとき，売手は財をその額まで市場にもたらすため骨折りするのに十分なもの以上を受け取る．そこでは積極的に販売のために持ち出される額を増加する傾向を強める力が作用している．」[5] それをそれほど深くは研究しなかったけれども．ワルラスもまた同じ型の適合機構を考察した．「ところで，この模索は，生産物の市場において企業者が利益を受けるか損失を受けるかによってその生産を拡張または制限するときに，自由競争の諸条件のもとに自然に行なわれるものにほかならないものである．」[6]

　このケースと前記のケースの双方で，試行的で誤差のある解（それはかならずしも実際的に生じない）から実際に起こる動学的過程に移行するにあた

って，われわれは記号の読み換えをする必要があることを注意すべきであろう．解の探求にあたって，q_s は q_d に等しい必要はないし，また p_s は p_d に等しい必要はない．最初のケースでは実際に取引される数量は最終財のストックの変化をつうじて均等化する．この第2の例題では p_s は厳密に価格と解釈されるべきではない．というのは，価格は買手と売手で同一でなければならないからであり，むしろ p_s は平均的，あるいは長期的費用と解釈されるべきである．

さらに別の可能性が存在するが，それはワルラスとマーシャルの双方が明らかに見過ごしたものである．純粋な価格調整でも純粋な数量調整でもない代わりに，両者の混合である価格・数量過程があるであろう．こういうわけでつぎのような逐次的代入法を使用できるであろう．それは同時的に価格と数量がただひとつ存在することを仮定する．すなわち，

$$p_d(q_0) = p_0, \quad q_s(p_0) = q_1,$$
$$p_d(q_1) = p_1, \quad q_s(p_1) = q_2,$$
$$\cdots\cdots\cdots,$$
$$\cdots\cdots\cdots,$$
$$p_d(q_{t-1}) = p_{t-1}, \quad q_s(p_{t-1}) = q_t.$$

もしもこれを

$$q_t = q_s[p_d(q_{t-1})]$$

の形式に書き直せば，有名な豚の循環（蜘蛛の巣定理）を思い出す．それはおそらくすべての動学的仮説のなかで経験的にもっとも疑いなく見出されるものである．事実，それは製造期間が有意に認められる生産物市場すべての理論である．

ふたつの型の市場適合の図をそれらがサーボ機構であるかのように作図することは興味あることである．

この図では，ε は誤差を示し

$$\varepsilon = q_d - q_s = p_t - p_{t-1}$$

のようになっている．よって，

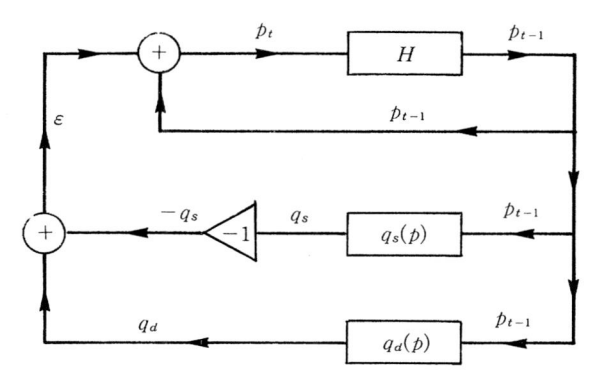

図 7.1 ワルラス的市場

$$p_t = \varepsilon + p_{t-1}$$

である．H はラグ演算子 $1-\varDelta$ を示し

$$Hp_t = p_{t-1}$$

のように計算される[訳注7]．

マーシャル的市場は p と q が相互に入れ替わることを除きワルラス的市場とまったく同一である．このようにしてわれわれはふたつの過程の間にとてつもない対称性があることがわかる．

注

* "Iteration, Automatic Computers, and Economic Dynamics", *Metroeconomica*, vol. 3 (1951), pp. 1-7.
1) Walras, L., *Éléments d'Économie Politique Pure*, édition définitive, 1926, pp. 369-70.〔久武雅夫訳『純粋経済学要論』岩波書店，1983年，第7編第35章「常設市場について」399ページ．なお，ここで常設市場の原語は marché permanent (continuous market) になっている．〕
2) Wiener, Norbert, *Cybernetics*, New York: John Wiley, 1947, p. 14 以下．
3) Walras, *op. cit.*, p. 64.〔原著者はここで独自の英訳を与えて引用している．しかし，本書では久武雅夫訳，前掲書，第2編第6章「有効需要曲線と有効供給曲線」66-7ページを引用した．なお，ここで商品の原語は merchandise (commodity) になっているが，原著者は英訳で good を使用している．〕

4) Walras, *op. cit.*, p. 226. 〔原著者はここで独自の英訳を与えて引用している。本書では久武雅夫訳，前掲書，第4編第21章「生産方程式の解法」245-6ページを引用したが，久武の訳では「体制」は「規制」となっている．原語は régime である．この箇所は，Jaffé, W. (trans.), *Elements of Pure Economics*, London: Geroge Allen and Unwin, 1954, p. 251 によれば，system という英訳が与えられている．しかし，グッドウィンは regime という英訳を与えている．〕

5) Marshall, A., *Principles of Economics*, 8th edn., London: Macmillan, 1920, *Book 5*, Chapter III, paragraph 6.

6) Walras, *op. cit.*, p. 221. 〔原著者はここで独自の英訳を与えて引用している．本書では久武雅夫訳，前掲書，第4編第21章「生産方程式の解法」240ページを引用した．ただし，久武の訳では「自由競争の諸条件のもとに」は「自由競争の規制のもとに」となっている．原語は sous le régime de la libre である．この箇所は，Jaffé, W. (trans.), *op. cit.*, p. 247 によれば，under conditions of free competition である．グッドウィンは with free competiton という英訳を与えている．〕

訳注

1〕 以下の本文より，
$$\varDelta y_t = y_t - y_{t-1} = i - [y_{t-1} - c(y_{t-1})]$$
である．これより，
$$\frac{\varDelta^2 y_t}{\varDelta y_{t-1}{}^2} = -\left[1 - \frac{\varDelta c(y_{t-1})}{\varDelta y_{t-1}}\right]$$
である．したがって，$\varDelta c/\varDelta y < 1$ ならば，2階の差分（差分の差分）が負になり，差分が次第に収束していくことがわかる．これは関数 c の勾配が1より小さいことを意味する．訳者作成図7.1は任意の座標から出発しても関数 c と45度線の交点（解）に収束することを示す．

2〕 a_{ij} は第 j 部門の主体が第 i 財を購入するときの消費性向を示す．よって第1行は，「前期における第 $2 \sim n$ 部門の主体による第1財の購入総額と第1部門への投資額の和」が「今期の第1部門の主体の所得」に等しいことを意味する．

3〕 $[I-a]^{-1} = I + a + a^2 + a^3 + a^4 + \cdots$
は行列 a のベキが収束すれば成り立つ．検算は両辺に $[I-a]$ を乗じればよい．

4〕 正確には，限界消費性向の「和」が1より小さいならばよい．
つぎのソローの列和の条件を利用する．「a_{ij} の列和 $\sum_{i \neq j}^{n} a_{ij}$ が行列 a の固有値より小さいならば，$[I-a]$ は非負逆転可能である．つまり，$[I-a]^{-1} > 0$．」
（たとえば，二階堂副包『現代経済学の数学的方法』岩波書店，1960年，18ページを参照．）

159

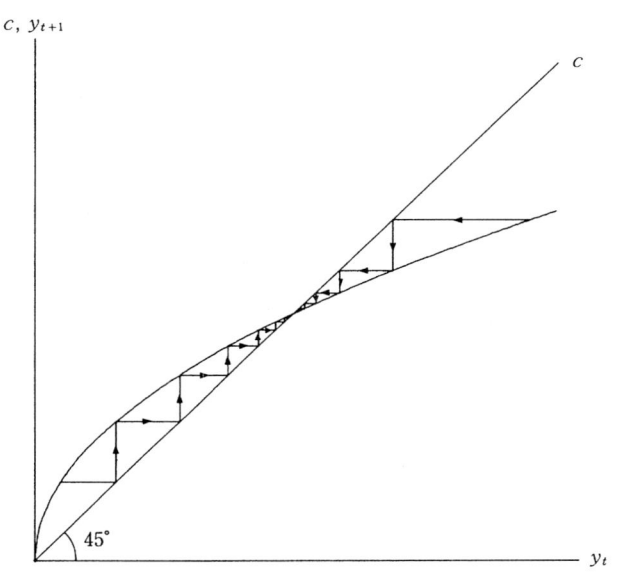

(図: 縦軸 c, y_{t+1}、横軸 y_t、45°線と曲線 c によるクモの巣図)

訳者作成図 7.1

　本例題では行列 a の固有値は 1 である．また，経済主体 j の各財 i への消費係数 a_{ij} は定義上「平均消費性向」であり，

$$\text{列和}\quad \sum_{i\neq j}^{n} a_{ij} < 1$$

を満たす．線形関係を仮定するとき，a_{ij} は平均消費性向であるばかりでなく，限界消費性向でもある．ゆえに，限界消費性向の「和」が 1 より小さいならば，行列 a のベキは収束し，$[I-a]^{-1} > 0$ がしたがう．

5) これは $\Delta q_d/\Delta p < \Delta q_s/\Delta p$ と書き換えることができる．縦軸 p，横軸 q の標準的平面を考えるとき，$\Delta p/\Delta q_d > \Delta p/\Delta q_s$ を意味する．「マーシャル的安定条件」は不等号が逆のケースである．原著の不等号は後者のケースになっているが訂正した．

6) Lange, Oskar Ryszard (1904-65)．ポーランドのウージ Lodz 生まれの経済学者でクラクフ大学 (1927-37)，シカゴ大学 (1938-45)，ワルシャワ大学 (1948-65) で教えた．駐米ポーランド大使 (1945-46)，国際連合安全保障会議ポーランド代表 (1946-47) を務めたあと，祖国ポーランドの社会主義経済計画に携わった．「ランゲの立場が経済理論で特別な意味をもつのは彼が進行する主要な事柄に絶大な知識をもっていたからであり，それはマルクス経済学と

西側講壇経済学(とりわけ新古典派経済学)の双方,また晩年には資本主義経済と東ヨーロッパの社会主義中央計画経済の双方にかんするものであった.このことが彼にいくつかの'大総合'を試みさせることになったが,また彼に西側世界と共産主義世界が平和共存し経済協力をするための親善という政治的行動を手がけさせることになった.」(Eatwell, J., M. Milgate, and P. Newman (eds.), *The New Palgrave. A Dictionary of Economics,* vol. 3, Tokyo: Maruzen, 1987, p. 123.) なお,つぎの論文は有名である.Lange, O., "On the Economic Theory of Socialism, Part I", *Review of Economic Studies*, 4(1936), pp. 53-71; "On the Economic Theory of Socialism, Part II", *Review of Economic Studies*, 4 (1937), pp. 123-42.

7〕　$Hp_t = p_t - \Delta p_{t-1} = p_{t-1}$.

第8章　循環政策の性質と問題*

　われわれは循環政策の性質と問題に計量経済学モデルを手がかりとしてなにか考察を与えるべきであろう[1]．いまの現状では，われわれは複雑な現実を表示するものとしてなにかのモデルに信頼を置いてそれに実証的・数量的政策の基礎を置くことはできない．しかし，われわれが，究極的にそうなるであろうと望むべきであるのだが，もし仮にわれわれのモデルが課題に十分耐えうるものであるとするならば，どのようにしてこのような諸問題に取り組むことになるであろうかを考えてみることは刺激的なことでありまた有益なことである．

　理論を構築するに際して，そのための究極的な目的は知的な活動の方針の基礎を築くことである．マルクス的理論は，ひどく不完全なものであるが，なにも行えることはないという結論に至るか，あるいはことによると，そうした結論に急ぐ．これは政策のひとつとして数えられるべきである．ケインズ的分析は積極的な意味で可能な活動の方針を処方し循環を終結させるか，少なくともそれを良い状態にする．

　ケインズ的計画は大きな説得力をもっているものである．それはなんらかの明細な循環理論に支えられていない．それどころか，それは完全雇用が達成されないときはいつでも支出の増加および／または課税削減を処方するにすぎない．誰もが経済を完全雇用にもっていきそこで完全雇用を保持するための単純な政策を提案しなかったということには重要な意味がある．この問題は一般に了解されている以上に取り扱いにくい．もっとも単純な水準で考えて，政府に経済諮問委員がいるとするならば，彼らは経済の状態を研究

して政府の赤字または余剰を適当に増加させるよう勧めることができるであろう．しかし，政府がこの委員会に課税と支出の権限を委任することを拒否するならば，そしてこの権限こそ国家当局の核心であり，本質的に政治的であって技術的なことではないとつねに考えられているのだが，完全雇用からの乖離の観察が行われるときと矯正手段が効力を発するときの間にかなりのラグが伴うであろう[2]．明細な数学的分析を仕上げることはせずに，サーボ機構にわれわれの直観を向けることは役に立つ．諮問委員会の大統領との関係，また大統領の議会にたいする関係はフィードバック機構のはっきりとした例題を構成するが，また容易にまずい作用が起こりうる関係である．諮問委員会は「誤差検出装置」であり望ましいコースと実際のコースの間の乖離を伝達する．会議はこの信号をなにか大きなスケールの投入にして増幅し購買力の創出や破壊を行う．このような「サーボ」体系は，われわれが見てきたように，望ましいコースをオーバーシュートするであろう．その構造次第では，コースを「乱調（ハンチング）」(訳注1)して辿りついにコースを見出せなくなるであろう．船舶の操舵のケースにもっとも古い「サーボ」体系のある種のものがある．それらの体系は時には人間の手を借り時には借りない．舵は望ましいが変動するコースから実際のコースが乖離するのに応じて整えられる．コースがあまりにも頻繁にまた激しく変わってしまうことがなく，そして機構が適切に設計されているならば，フィードバックは良好な結果を生み出すであろう．「他方において，遅れなどのある一定の諸条件のもとでは，あまりにもぶっきらぼうなフィードバックは舵をオーバーシュートさせるであろう．そしてそれに反対方向のフィードバックがつづき舵をさらにもっとオーバーシュートさせ，結局操舵機構が野生的振動つまり乱調に陥り完全に崩壊することになる．」[3] 乱調の発見はほぼ100年前になるがそれをどのようにして回避するかについて広範な研究を導いた．過去25年の間になされた大進歩は，経済学者と政治家にはヒントになることも僅少であるが，有用なヒントの源泉になりうるであろう．

第8章 循環政策の性質と問題

この不安定性が体系のタイムラグに密接に関係しているということを注意するのは重要である．不安定な状況に陥る確率は，舵が船首方向の小さな誤差に反応する時間が極度に小さくなるにつれて，著しく縮小する．また，舵の変位が船首方向の誤差に比例して与えられるならば（比例的制御），安定性は増加し誤差を縮小することができる．体系の挙動はさらにいっそう予想制御によってさえ改善することができる．ここで適用される予想が意味するところは，舵を設定するにあたって，回転羅針儀（ジャイロコンパス）の誤差が減少したり増加したりするという事実の利用がなされるということである．それは誤差が増加したり減少したりする実際的率を考慮に入れるところまでいくことができるであろう[4]．

　問題は民間投資に等しくタイミングが民間投資と反対であるような政府の反循環政策によって容易に解くことができるであろうと主張できる可能性がある．このとき，総支出は不変で経済は完全雇用で維持されることになるように思われる．一般に，これは答えるのがむずかしい問題であるが，仮にわれわれが直前に扱った〔舵の例の〕ような線形体系をもつならば，数学的循環理論はわれわれにそうはならないと即座に答えさせてくれる．単純に政府赤字を循環的に変化させることに硬直的に固執することにより，循環を消去するどころかかえって強化することになるであろう．このケースではわれわれは派生循環をもつ．これは黒点仮説に類推できる．循環は支出に対抗するどころか支出を追うことになるであろう．われわれは肥大した循環をもつことになるであろう．実際，いくつかの循環モデルのケースでは，永続的に激しさを増す循環になるであろう．無論，この政策の擁護には実際に事象が起こる過程に支出を伸縮的に調整することを考える．しかしこのときわれわれは制御理論の問題に立ち返ることになり，そのようなものとして分析する必要がある．

　まずい作用をする機械を観察する技術者はその挙動が良くなるように変更するようにその構造を設計し直すことを企てるであろう．不必要な振動があ

るケースでは，これが意味するところは体系の定数，あるいは性質さえ変化させて，それによって安定性が増加することである．われわれのモデルでは，安定性は消費者と生産者の挙動を叙述する定数に依存する．たとえば，資本の供給曲線・需要曲線の勾配，限界消費性向，加速度係数のような定数である．もしもわれわれがこれらの挙動を定める定数を正しく変更することができるとすれば，われわれは循環を良い状態にすることができるであろう．もしもわれわれがそれらを意のままに変更することができるとすれば，われわれは経済を変化に素早く滑らかに反応させることができるために，循環はなんらかの関心事になることがなくなることになるであろう．しかしながら，われわれが自由資本主義経済で人々の挙動に大きな影響を与えることができるという望みはほとんどない．自由資本主義経済の本質は人々が自分たちで最良と考えることはなんでもする自由があるということである．社会主義経済または混合型の経済においては状況はまったく違ったものになる．公務員の経営管理者はなにかほかの活動規則にしたがうように求められるであろう．この政策が循環を廃絶することに成功を収めるには，われわれは完成度のほどよい経済の数量的モデルをもつ必要がある．そうでない場合には，われわれは意思決定構造の所与の変化の影響を計算することができないであろう．

ここでもやはり制御理論は示唆に富むものである．科学者たちは，ほぼはじめてのことであるが，所与の望ましい成果を生み出すであろう複雑な機構を設計する問題に直面した．この総合という過程は所与の機構の解析という古典的過程と対照させられるべきものである．試行錯誤によりなにか受容可能な結果が遂行されるまで進めていく代わりに，目的が与えられるとき，機構がかならずそうでなければいけないことを言う問題から本当の始まりがある．

　計量経済学はほとんど解析に係わってきた．しかし，財政政策やその他の手段では，本当に総合する方法を必要とする接近がなされることになるのである．

第8章 循環政策の性質と問題

注

* "Econometrics in Business-Cycle Analysis", in Alvin H. Hansen, *Business Cycles and National Income*, New York: W.W. Norton and Co., 1950, pp. 417-68〔グッドウィンがハンセンの著書のなかで協力執筆した第22章〕の一部掲載.

1) この問題の基礎的な取扱いはティンバーゲンのつぎの著書で見出されるはずである. Tinbergen, J., *Les Fondements mathématiques de la stabilisation du mouvement des affaires*, Paris: Hermann & Cie., 1938.

2) この点で, アーサー・スミシーズの啓蒙的議論を調べてみよ. Smithies, A., "Federal Budgeting and Fiscal Policy", in H.S. Ellis (ed.), *A Survey of Contemporary Economics*, Philadelphia, 1949.

3) Wiener, Norbert, *Cybernetics*, The Technology Press of the Massachusetts Institute of Technology, John Wiley & Sons, Inc., and Hermann & Cie., 1948, p. 14 から転載引用. 問題の性質のいっそう定性的な議論は第4章で与えられている.

4) Getting, I.A., "Servo Systems", in H.M. James, N.B. Nichols and R.S. Phillips (eds.), *Theory of Servomechanisms*, M.I.T. Radiation Laboratory Series, New York: McGraw-Hill Book Co., 1947, p. 3. マグロウヒル社の好意により転載引用.

訳注

1〕 第3章訳注11参照.

第9章　趨勢と循環の問題[*,1]

　経済学の問題のなかで，ほぼ普遍的といってよい事実，つまり資本主義経済は成長するが恒常的に拡張していかないということが提出する問題ほどむずかしいものはない．反対に，資本主義経済は時には急速に前進し，また別の時には停滞したり減少したりする．われわれはふたつの型の挙動を相互に調整するというような最新の注意を要する未解決の問題をいかにして取り扱うべきであろうか．

　通常の答えは簡単すぎるものである．すなわち，技術や人口などには長期的変化があって，それが趨勢を引き起こし，また短期的な動学的構造があってそれが拡張と収縮を交互に導く．これらふたつの別々の挙動は単に加算して重ね合わせるだけで実際的に観察されるような挙動を与えることができるであろうというものである．しかし，われわれはつぎのように尋ねる権利がある．われわれはあるブーム期からつぎのブーム期にいたる平均水準が上昇または低落するかどうかという事実を無視して間違いのない循環の議論をすることができるであろうか．あるいはまた，成長率は循環の消滅した計画をもつ社会のものと，不況が規則的周期で到来し資源の未使用が生じる計画のない社会のものと同一になることになるであろうか．私はどちらの疑問にも否定的にしか答えられないであろうという印象をもつ．そうなる点でわれわれは現行の諸理論が暗に間違っていると考えることになるであろう．私はこの問題の議論を試みふたつの分析をもっと密接に融合していける方法を簡単に指示していくことにしよう．この問題に明白な解はなにもないが，私が知っているのはシュンペーターという経済学者ただ1人だけがこれまでに成長

第9章　趨勢と循環の問題

と循環の統一理論を真に構築したということである．

　われわれは経済の時系列を趨勢，循環，季節変動，残差に分解するときの性質と問題についてすっかり知悉している．これはわれわれが経済の現実を理解するための重要な貢献であった．季節変動の「除去」については疑わしい点があるかもしれないけれども，差引すれば，概念は明瞭でかなり受け入れやすいものである．しかし，趨勢の「除去」にかんしては，状況はけっして満足のゆくものではない．一方は趨勢を生み出し，他方は循環を生み出すというようなふたつの明瞭に分離・識別可能な原因は存在しない．反対に，われわれがシュンペーター理論を受け入れるならば，それらはただひとつの同一の現象である．趨勢を生み出す技術進歩はまずブーム期を発生させるが，つぎに不可避的な結果として状態の変更を発生させ不況期になる．事実，彼は，循環は成長がなくても存在することになるであろうかという問題にたいして，断然否定的な答えを与えた．しかも，趨勢を「除去」しても，われわれが意味するところはまさしくこうなるということである．

　この問題を考察するもうひとつの見方がある．われわれは任意の時系列をとりそれを循環の和にして分析できるであろうというのは周知の事実である．これらの循環にたいして，われわれは一般になんらかの特定の因果的意味を指定したり，それらの循環を機構のもつ構造の証拠とみなすことはできない．しかしながら，きわめて重要性の高い特殊ケース，つまり線形力学系という特殊ケースがある．もしわれわれがそれにたとえば2循環とひとつの趨勢を送り込んでやるならば，われわれはこれらふたつの反応を分離して分析できるであろう．このとき，全体の反応を得るためには，われわれは単にこれらの分離・独立した反応を加算するだけである．運動の各々は他者と完全に独立的に進展する．この事実は重ね合わせの原理として知られているものであり，体系が線形であることの直接的な結果である．逆に，われわれは適当な手段によりこのような体系の観察された挙動を各成分に「分解」できるであろう．これらの成分は投入の各パーツと投入がなにもない場合の体系の自由な作用とに同定できるであろう．対照的に，われわれが非線形体系をもつな

らば，重ね合わせの原理は保持されなくなり，以上の声明はいずれもできなくなる．近年になっていくつかの非線形循環モデルが提案されている．たとえばカレツキ，カルドア，ヒックスおよび私が提案した．もしわれわれがそのようなモデルの挙動を趨勢と循環に分解するならば，その結果は純粋に記述的なものになりこのモデルで同定できる対応部がないとみなさざるをえない．

　趨勢の問題はかなり明白な諸理由から経済史研究者の領域となっている．私は歴史的諸局面を取り扱う準備はない．むしろ，趨勢の理論あるいは可能な諸理論の問題を取り扱う．古典派経済学には趨勢の徹底的な動学理論が存在した．本質的にはそれはマルサス主義の含意を賃金，利潤，地代にかんして仕上げることで成り立っていた．今日のようないっそう巧妙で複雑な理論構成へと変化する際に，長期趨勢の理論を喪失したことは一般に見過ごされた．長期理論というものがかなり脆弱でぐらつきやすいものになりがちであることが承認されるならば，現代の経済学者たちがそれを構築することを本質的に放棄したことはなおさら残念なことである．

　この問題をふたたびわれわれに差し向かわせるようにした功績でハロッド氏の功績はきわめて大きい．1938年の『エコノミック・ジャーナル』誌上の有名な論文(訳注1)を端緒としそれにつづく動学的経済学にかんする本(訳注2)で，彼はきわめて単純であると同時に圧勝を収めた理論を組み立てた．ケインズ派の理論はなにがある所与の投資水準の諸結果であるかということについては多くを言うことができたが，なにが投資を決定するかということについてはほとんどなにも言えなかった．ハロッド氏は加速度原理，つまり資本ストックは産出率に比例するという仮定を復活させることによってこの空箱をきちんと優美に埋めたのである．ケインズのビジョンは主として短期の分析に向いていたのであり，彼は確かに長期の成長理論を与えることを目指さなかった．ハロッド氏はこの点で彼の師の作業を完成させたにすぎないと考えた．というのは彼の理論の最初の声明は1937年に『景気循環論』と呼ばれる本(訳注3)でなされたからであった．しかし，ティンバーゲン教授

第9章 趨勢と循環の問題

が書評で指摘したように〔訳注4〕，この理論は複利的成長率を生じさせてしまい不況，停滞，循環には至らない．ハロッド氏はこの見解を受け入れているように思われる．というのは，その後彼は理論を長期成長のタームで言い直したからである．こういうわけで，ほとんど思いもよらず，驚愕すべき新型の経済理論が目前に浮かび上がってきた．これは150年前の「陰鬱科学」〔訳注5〕が練り上げたものとはまったく異なるものであった．合衆国経済にかんするクズネッツの永年データが公刊されるなかで〔訳注6〕，新理論が引き受けた検算はとてもめざましい結果となった．データではほぼ100年で10パーセントの恒常的貯蓄比率が示された．これはおよそ3対1の資本－産出比率という証拠と組み合わせて，ドーマー教授によるハロッドの公式を適用すると，年ほぼ3パーセント強の成長率予測を与えた〔訳注7〕．これはクズネッツのデータおよび他の様々な経済学者が与えた経験的事実を踏まえた推定と大体適合する．

しかしながら，このことにはすでに致命的な欠陥がある．ハロッド氏自身がつねに強調してきたように，この理論は実際に起こっていることではなく起こり得ることを述べている．時にとてつもなく時間がかかることを含めて資本財を生産するのに時間がかかるので，正確に産出に見合う数量だけ資本を蓄積させるために，将来は完全に予見される必要があることになるであろう．しかし，これが一番悪い点なのではない．〔一番悪い点はつぎの点である．〕いったん誤りが出たとたん，元にもどそうとしてなんらかの調整をしてもつぎの変位は真の調整からさらに引き離されるにすぎないであろう．いわゆる均衡経路は不安定な経路である．こういうわけでそれは振子を吊るす点の上部に直接重みをつけた垂直状態の振子に対応する．この状態はほとんどまったく実現されないであろうし，またそれ以上に状態が維持されることはないであろう．こういうわけで，ハロッド氏の成長曲線が達成されることはもっともなさそうなものであり，また達成されるとしても，維持されることはないであろう．

実際の歴史上の趨勢と見かけの上で相似しているにもかかわらず，われわ

れはハロッド成長理論を事実説明としては棄却する必要がある．このとき，ヒックス教授は一歩踏み込んで（彼の景気循環についての本で）この異議に見合うようにほんのわずかだけ修正を加える[訳注8]．企業者はすでに実現された販売と一致するように資本財を注文する．よって，完全な予見はなにも仮定されないことになる．この取るに足らない事象の時機の変化により挙動の革命的変質が生み出される．理論は趨勢の理論ではなくなり，循環の理論になるが，強調されるべき点は不変の水準の周りの循環になることであろう．すべての成長要素は消失する．このむしろ驚愕すべき事実は，ヒックスの装置が上昇する天井と上昇する床のあいだで跳ね返って行き来する経済を想定していることにより曖昧になる．しかし，もしわれわれが詳しく見るならば，彼は本質的にはこれらふたつの限界がなぜ増加することになるのかという理論をなにも与えていないということがわかる．平均水準の上昇は長期にわたる自生的投資を発生させるが，それは実は解明されない趨勢である．なおさら悪いことに，この自生的投資から発する資本財はなんの機能ももたない．というのは，自生的ではない誘発的投資が産出水準上昇に必要になる資本すべてを供給するからである．自生的投資の趨勢から生じる有効需要水準の上昇もこのように明白に不況を超過能力の除去により治療するが，実際的にはこのことは起こるに及ばない．というのは自生的支出は需要のほかに能力を追加していく必要があるからである．能力の追加は需要ではなく能力を累積する．ヒックス教授の著作は，ハロッド氏の理論を変動の説明ができるように適応させると，趨勢の理論がなくなるという事実に納得のゆく論証を与えている．

　実際問題として趨勢と循環が相互作用し合うような趨勢と循環の双方を統一する理論を提供することはきわめてむずかしい．しかし，私はつねに，シュンペーターは歴史上の資本主義がもつこれらふたつの基本的な特徴が分離できないということで正しかったと感じている．特定化して言うと，趨勢を実際に発生させるのは活発なブーム期であり，つぎにくる不振を左右するのが産出の新水準へと前方に向かわせるブーム期の跳躍である．

第9章 趨勢と循環の問題

　私は簡潔にふたつの局面を合体させるような理論をスケッチしてみたい．その中心的な特徴は，産出を増加させるために，まずわれわれは増加した支出（それは不可避的に増加した需要に至る）を形成し，つぎに増加した産出または供給を得るという事実から成り立っている．M.アフタリオン[訳注9]が大分前に指摘したように，滑らかな進歩を困難にするもの，そして，なぜ騰貴傾向にある市場に転変が起こり停滞への遷移がつづくかを説明するものがこのような資本主義の本質的時間構造である．

　インパルスを経済に伝播させるために，私は旧いがきちんと確立されている理論（ルントベリーとメッツラー[訳注10]），つまり，原材料，仕掛品，および最終財を含む財の在庫理論にもどることを提案する．在庫の中心的な重要性はたとえばつぎの事実によって容易に論証される．固定価格で1919-38年のアメリカのデータをみると，国民総生産物の5回の拡張で平均23パーセントが財ストックの追加に向かい，5回の収縮で47パーセントがストック削減から出て来た（M. Abramovitz, *Inventories and Business Cycles*, New York: National Bureau of Economic Research, 1950）．私はつぎの諸仮定を置くであろう．まず，計画はたとえば6カ月の周期で行われその期間の間で変更されることはない．第2に，次期の生産のための生産は今期の販売とストック用生産の和に等しい．第3に，ストック用の生産はストックの望ましい水準と実際の水準との差に等しい．第4に，ストックの望ましい水準は販売に比例する．つまり，加速度原理にしたがう．第5に，所得の発生は動学的乗数機構にしたがって進行する．

　自明なことでは全然ないが，これらの仮定はほぼ確実に循環に至るであろう機構を定義する．このような設定では，過小なストックしかなければ，企業者はつぎの期間の生産をストックを一杯にするように組み立てる．しかし企業者が高い率の生産を行う必然的結果として，販売は次期にいっそう高くなり，よって企業者はストックの十分な追加を遂行し損じるであろう．しかし，極端なケースを除けば，企業者は部分的にそうしているだけであろう．ゆえにそのつぎに来る諸期間で，企業者はストックの不足を漸次縮小してい

くであろう．企業者が最終的に得るものを得たとき，彼らは販売に等しくするために生産をカットするであろう．しかし，このことが販売をカットするであろう．それが意味するであろうことは企業者が過大なストックをもつことである．このように進行していく．

　まず，最終財のストックは上昇するであろう．低落するのは後になってからで生産と販売がひどくカットされるときである．ストックの削減は生産が販売より低いことを意味する．よって，ストックが最終的に望ましい水準に削減されるとき，生産は引き上げられて販売に等しくなる必要がある．しかしながら，これはいっそう高い販売をもたらし必然的に産出をさらに増加させる．ゆえに拡張が再開する．もしもこの再生が経済を産出の過去の高水準近くに呼び戻すならば，このとき，われわれは固定資本財にたいして派生する需要を持ち込む必要がある．固定資本財に発せられる注文は望ましいストック（実際の販売に比例している）と実際のストックとの差に等しいと考えられるであろう．生産，ゆえに派生的販売の発生の率は前期に発せられた注文に等しいものになるであろうが，これは資本財産業の能力を制約条件としている．最終結果は体系が爆発的になることであり，よって，経済は過去の最高点をかなり超えて前進する．こうなる理由は，実際の資本量と望ましい資本量の不一致を除去しようとする試みがその不一致を強化するだけに至るためである．なぜなら，最初の影響は販売を拡張することであり，それゆえに定数倍だけ望ましい資本量を拡張することになるからである．経済は爆発的になるが，まず資本財の現有能力そして投資可能な資金フローの制限に起因する資本財生産の遂行可能な率に諸制約があるがゆえに，野生的に激化するほどには至らない．こうなる結果は資本財のまだ満たされていない注文の大量の受注であり，それはつぎにブーム期がかなり長くつづくであろうことを意味する．

　この点で固定的費用と可変的費用というマーシャルの基本的区別に訴えてみることは重要である．ブーム期の後期の段階では，われわれは産出の規模を拡張する．ゆえに「固定」費用は固定的でなくなり，可変費用とともに拡

張する．もっとも明らかな例題は固定利子の社債券であるが，同様にまたわれわれは安定的配当政策，経営管理，販売，研究，整備要員をもつ．これらの範疇はみな企業の能力が変われば変わる傾向をもつ．デューゼンベリー教授は相似的な現象が消費者にも起こることを指摘した．消費者はこれまでに多かれ少なかれ住宅，自動車，教育，クラブなどの固定的な契約支払を拡張しており，その支払は所得が低落する場合にも容易に収縮することができない．実質的には，「固定」資本の蓄積に対応して一団の「固定」支出が存在する．資本と支出は双方ともに下降方向にあるときの方が上昇方向にあるときよりもはるかに長い期間「固定的」である．これは，短期では拡張のときの方が収縮のときよりもはるかに短いというマーシャルの有名な原理を単に適用したものにほかならない．

したがって，経済が最終的に資本を十分蓄積したとき，投資は削減され，販売は低落し，投資はさらに削減され販売はさらに低落する．投資は直前の不況期と同一水準に削減されるであろうが，販売の方は，ブーム期の間の追加で「固定」支出（それゆえにまた販売）そのものを大きくするがゆえに，そうならないであろう．これではまだ絵は半分しか描けていない．高水準の販売はいったん達せられると完全になくならないであろう．絵のもう半分は誘発的投資が固定資本に与える爆発的影響である．それは相変わることなくブーム期の後期の段階で起こる．こうして，振動のたびに経済は過去にあった水準より高いところに行き，費用構造の性質のために，過去よりも低い水準に揺れもどることはない．

以上のようにしてこのモデルでわれわれは循環と趨勢を不可分に融合する．この理論はシュンペーターの理論と平行的であるが，趨勢を発生させるのがブーム期であるという点でシュンペーターとは同じでない．趨勢もブームも片方がなければ議論することはできない．産出が低落しているときは産出が低落しているのであって，言うべきことはそれだけである．不況期をつうじてまっすぐに上昇しつづける趨勢要因のようなものは存在しない．逆に言えば，循環は，趨勢を生じさせるこれらの特殊な諸関係がなかったならば，ま

ったく違ったものになることになるであろう．したがって，われわれは趨勢と循環を分離し，各々を独立的に議論することはできない．

　私の分析では，私は循環から出発して，このモデルが上昇方向に流れていく傾向をもつであろうことを示した．これによれば循環次第で趨勢にたいして論理的優先が出てくるようにみえる．これは部分的にはそうである．それは，循環は趨勢がなくても存在することができるであろうが，その逆は成り立たないという事実からしたがう．しかしながら，われわれはその反対を考えることから始めて，ふたつの型の挙動が密接に相互依存的になることを強調することができる．

　ハロッド型の成長過程を考えてみよ．物理的な諸制約（マンアワーあたりの産出およびマンアワー単位数）のために，産出はある所与の率より大きく成長することは不可能である．なにが可能かというといくらか遅い率で成長することである．これは，遅かれ早かれ産出がその極大値以下になることを意味する．このために成長率を長期に維持することができる以上に大きくすることが許される．たとえば，蓄積は10パーセントの率でしばらくの間進行してようやく完全雇用に到達し，そののち，たとえば3パーセントでしか成長できなくなる．しかし，ハロッド氏が大分前に指摘したように，この状況は存続することはない．よって，投資の削減が起こり，産出の上昇の代わりに低落が，またあらゆる固定的資本投資の急速な消滅が起きる．つぎに在庫過程がこれを引き継ぐ．われわれはまず超過ストックをもち，つぎにそれらは次第に消滅する．これが完了するとき，産出は上昇し，われわれはふたたび新しいブーム期の状態にもどる．

　固定資本に加速度因子が保持されると考えると，われわれはやはり維持できる以上に大きな成長率のハロッド成長過程に入る．われわれはマンアワーあたりの産出とマンアワー単位数の双方の増加のために過去の最高点を超えて浮上する．完全雇用に到達するとわれわれはふたたび折り返しすることになるが，今度は粗投資の同一の低水準がより高い有効需要水準に対応することになる．よって，頂点が前回よりも高くなるのとまったく同様に，底もま

第9章 趨勢と循環の問題　　　　　　　　　　　　　　　175

た高くなるであろう．こうしてわれわれは趨勢にしたがっていくと困難に突き当たるであろうということを示した．これらの困難は景気下降を必然的に伴い，全般的な上昇への流れの存続の更新を逆転させる．こういうわけでわれわれは，循環が趨勢を創出するであろうのとまったく同じほど容易に，趨勢は循環を発生させるであろう，と言うことができるであろう．

　このモデルからわれわれはクズネッツ教授の研究が顕示した集計的貯蓄関数の変則的な挙動をいくらか見抜くことができる．1919-38年の彼のデータから彼は限界貯蓄性向は2分の1の近傍にあり負の切片をもつことを見出した．対照的に，1869-1938年の彼の長期データからは限界貯蓄性向も平均貯蓄性向もまたおよそ10分の1であることを見出した．この見かけ上の矛盾を解く鍵は，永年データは10年単位を参考としておりそれゆえ各データにつきほぼ1循環全体を被覆するという事実のなかにある．循環するとき投資と投資撤退の双方が起こり，それらは合計されると釣り合う傾向をもつ．こういうわけで成長のない循環をもてば，われわれは，たとえ年々所得の変分が半分貯蓄されることになるのだとしても，10年全体でみれば限界貯蓄性向と平均貯蓄性向はゼロであることがわかるであろう．1循環をつうじて純蓄積（貯蓄）がなされるのは，まさに循環がつぎの循環に移るとき上方移動が起こる場合である．ここで，経済は10年間でどのくらいの高さに上昇し，このためにどのくらいの大きさの資本蓄積が必要になり，総産出のどのくらいの割合が資本形成に入るのかという問題については，ハロッドの考察は効力を有する．しかし，このすべてはわれわれに短期の貯蓄関数についての指示をなにも与えることはないし，それだけでは起こったことが実際なぜ起きるのかを説明しない．

　私は，技術進歩という重要な要因について多くを言おうとは考えない．ひとつには，経済学者がそれについて言えることは多分ほんのわずかしかないであろう．その発生は上述の分析を強化し豊富にするのに役立つ．革新的（シュンペーターの）投資をもつために望ましい額以下の資本量をもつ必要はない．したがって，販売上昇という好都合な条件のもとでは，われわれは

誘発的投資だけの場合にそうなることになるよりも早い段階で固定資本へ投資する傾向をもつであろう．このことにより拡張はもっと活発になり，それは量と速度の双方で大きくなる．革新に帰着する支出が小さいならば拡張は弱く，大きいならば拡張は強いものになるであろう．革新的支出の大きさは疑いなく循環ごとに変わる．われわれはこの経路で個々の循環の挙動に大きな差があることを説明できるであろう．われわれはこの事実により永年的拡張が実現される率に変動があることも説明する．

付　録

私がここで提案したややいろいろな要素を含むモデルに具体化されている本質的な示唆は，それ自体ではわずかに減衰することになるであろう単純な循環的構造を考え，それに各ブーム期の中途で好都合な強力なショックを与えるということである．これはモデルを爆発的にするであろうが，それだけではなにも趨勢を導入しないであろう．つぎにわれわれはマーシャルの影響を付加する．その意味するところは，振動の下降局面はどの振動でも頂点から測定するとほぼ同じサイズになるであろうということである．これは，各頂点を直前の頂点より高くするという意味で爆発していくことと組み合わされると，各循環が直前よりもいっそう高い平均水準で展開することを意味する．

特定化して言えば，われわれの循環モデルはまず販売方程式

$$w_t = au_t + z_t \qquad (1)$$

から成る．ここに w は販売，a は限界消費性向，u は産出（および所得），z は産出水準により決まらないすべての販売（以下で議論されるべき誘発的投資から生じる販売を含む）である．第2に，販売用の生産とストック用の生産から成る生産方程式がある．

$$u_{t+1} = w_t + (\mu w_t - s_t). \qquad (2)$$

ここに，s はストック，μ はストックの産出にたいする比率である．(2)か

ら，われわれは
$$\Delta u_{t+1} = (1+\mu)\Delta w_t - \Delta s_t \tag{2a}$$
を得る．定義により，
$$\Delta s_t = u_t - w_t.$$
よって，
$$\Delta u_{t+1} = (1+\mu)\Delta w_t - u_t + w_t. \tag{3}$$
(1)からの代入により w を消去すれば，
$$\Delta u_{t+1} = (1+\mu)\alpha\Delta u_t - (1-\alpha)u_t + z_t + (1+\mu)\Delta z_t \tag{4}$$
を得ることができるであろう．固定的な z を与えて，Δu を u にたいしてプロットして勾配 $1-\alpha$，切片 z に等しい直線を引く．なんらかの初期の u と前期からの u の増加 Δu_t を所与として，Δu_t に $(1+\mu)\alpha$ を乗じ，この高さを u_t に加えて〔u 軸上に〕プロットする．この点と〔勾配 $1-\alpha$，切片 z の〕直線との差が Δu_{t+1} になるであろう．よって，45度線法により簡単に u_{t+1} を得る[訳注11]．この過程を繰り返そう．こうすれば経済の進化が生み出せる．

この単純な挙動はふたつの経路で複雑になっていく．まず，振動の上昇局面が進行するとどこかで，われわれは超過能力をもたなくなり，こういうわけで固定資本へ誘発的投資の額を追加する必要がある．これは通常的には固定資本の極大産出率の制約に服し，この極大値は素早く達成されるであろう．したがって，われわれは，図の上方の破線で表示される定数をストックの誘発的投資に付け加えることにより，この挙動を適当に近似できるであろう．同様に，われわれは振動の下降局面では小さい方の定数を控除できるであろう．第2の複雑化は，われわれの〔勾配 $1-\alpha$，切片 z の〕直線がブーム期の後期に右にシフトする（固定支出が固定資本の蓄積と同じく累積する）であろうが，不況期には認知できるほどの逆のシフトは起こらないであろうというものである．振動の下降局面と初期の景気上昇は線形循環のときのようになっている．しかし，その後で投資支出は刻印を受け加圧され，単純な調和振動の原理とはまったく異なった原理でブーム期の活発さと存続期間が決

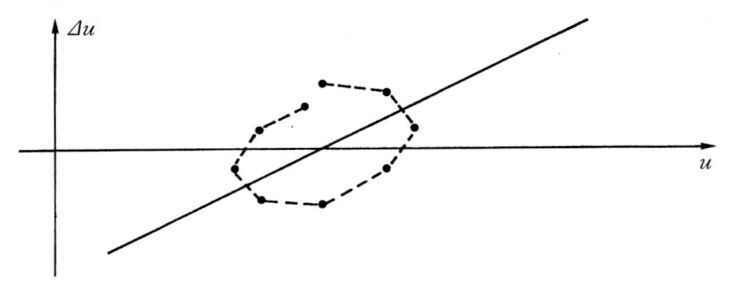

図 9.1

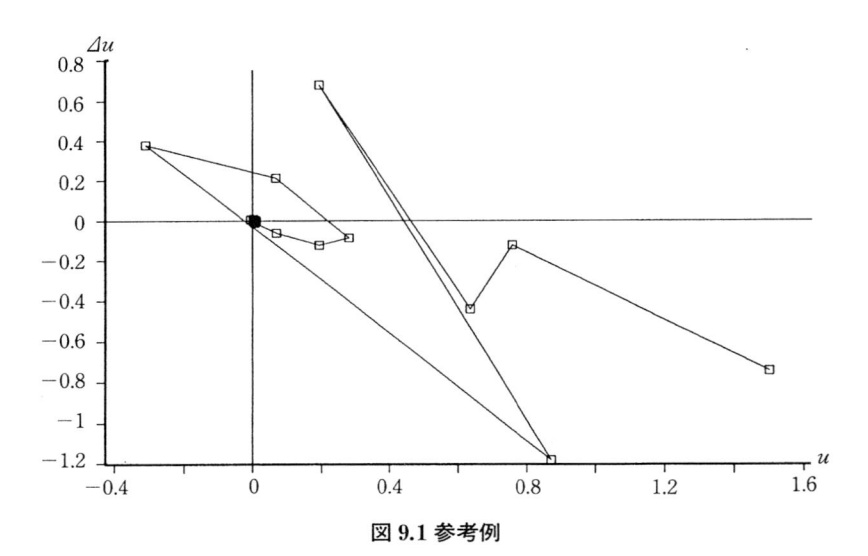

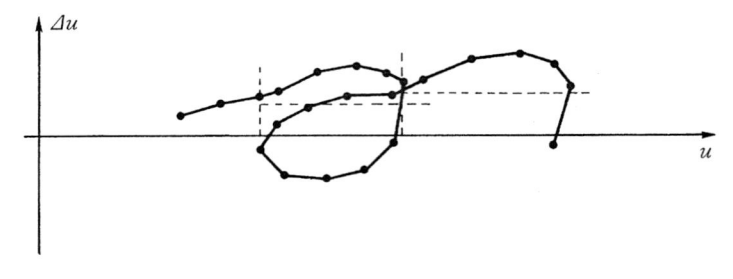

図 9.1 参考例

図 9.2

定される．仮定次第で，ブーム期は好きなだけ延長できるであろう．趨勢を発生させるのがこの延長である．循環的構造は識別可能なものとしてあるけれども，われわれは趨勢を付加した循環があるとは言うことはできない．逆はかならずしも真ではないけれども，循環がなければ成長はないことになるであろう．実際，循環が弱いと，攪乱がない場合にも，運動がゆっくりと死滅することになるような「デッドレージョン」が存在する．このケースでは，体系の自足的振動をふたたび励起させるために，戦争やシュンペーターの革新のようななにかを必要とすることになるであろう．

注

* "The Problem of Trend and Cycle", *Yorkshire Bulletin of Economic and Social Research*, 1953.

1) 本論文は 1953 年 3 月 15 日リード大学経済学セミナー（グラントリー・ホール）と同年 4 月 14 日フランスの応用経済学研究所で発表された．また，*Economie Appliquée* 誌に掲載されたものである．

訳注

1) Harrod, R.F., "An Essay in Dynamic Theory", *Economic Journal*, 49(1939), pp. 14-33.
2) Harrod, R.F., *Towards a Dynamic Economics*, London: Macmillan, 1948. なお，本書第 10 章原著者注 1-3 を参照せよ．
3) 1937 年は誤りと思われる．Harrod, R.F., *The Trade Cycle*, Oxford: Oxford University Press, 1936.
4) Tinbergen, J., „Einzelbesprechungen und Anzeigen: Harrod, R.F., *The Trade Cycle*", *Weltwirtschaftliches Archiv*, Bd. 45 (1939), pp. 89-91.
5) 原語は dismal science．19 世紀にトーマス・カーライル Thomas Carlyle が経済学をこのように皮肉ったことが始まりと言われる．
6) Kuznets, S., *National Income and Capital Formation*, 1919-1936, New York: National Bureau of Economic Research, 1937; *National Income and Its Composition*, 1919-1938, 2 vols, assisted L. Epstein and E. Jenks, New York: National Bureau of Economic Research, 1941; *National Product Since* 1869, assisted L. Epstein and E. Jenks, New York: National Bureau of Economic Research, 1946 をはじめとして NBER から公刊されたデータのこ

とを指していると思われる．
7〕 完全雇用貯蓄比率 $(=I/Y)$ を S_t，限界的資本‐産出比率を C_r とするとき，完全雇用均衡を連続的に達成する成長率は

$$g = \frac{S_t}{C_r}$$

で計算される．いま $S_t=0.1$, $C_r=3$ とすれば，

$$g \doteqdot 0.033$$

がしたがう．

　なお，ドーマーはつぎの著書をもつ．Domar, E., *Essays in the Theory of Economic Growth*, New York: Oxford University Press, 1957.

8〕 Hicks, J.R., *A Contribution to the Theory of the Trade Cycle*, Oxford: Clarendon Press, 1950. 本書第5章を参照せよ．

9〕 原著の M. Aftalion は誤記であり，Aftalion, Albert (1874-1956) のことを指しているものと思われる．ブルガリア生まれのフランス人経済学者で，つぎの英文の論文をもつ．Aftalion, A., "The Theory of Economic Cycles based on the Capitalistic Technique of Production", *Review of Economic Statistics*, 9(1927), pp. 165-70.

10〕 Lundberg, E., *Studies in the Theory of Economic Expansion,* London: King, 1937; Metzler, L.A., "The Nature and Stability of Inventory Cycles", *Review of Economic Statistics,* 23(1941), pp. 113-29. 本書第10章原著者注をみよ．

11〕 z を固定して議論しているので $\Delta z=0$ である．

第10章 循環的成長モデル*

第1節　成長と循環の相互関係

　本章における私の主たる関心は経済成長と経済循環が同時的に併存し相互的に条件づけを行っていることにかんするものである．両者を取り込んだ理論をもつことが明らかに望ましいが，少なくとも通常行われているよりももっと内密にふたつの分析を結びつけたい．これは目的としてあまりに野心的でありすぎると論じることができるであろう．私がこれまでに遭遇した困難に鑑みれば，私もこれに同意しそうである．問題を切り離してそれらをひとつずつ攻撃する方が良い．しかし，このようにしていくとき，私は，一方で恒常的発展を他方で定常的循環を分析するということが健全であるかどうか疑うべき強力な理由が存在する，と感じている．各々に付随する深刻な困難の多くは，別々に考察されるが，それらが協同の攻撃に服するであろうということもまたありうるであろう．しかし，この方向で進歩を遂行するためには，われわれはある代価を支払う必要がある．その代価とは経済理論の屋台骨をのぞきすべての理論を捨て去ることである．

　われわれはみな時系列の趨勢，循環，残差への分解がもつ性質と問題について知っている．この分野での偉大な草創的貢献はわれわれの理解を改善し，「循環」問題の存在を確定するにあたって決定的な役割を果たした．しかしながら，同時的に，趨勢の「除去」がわれわれに虚偽に描かれた現実を与えることになる危険が存在する．さらにひどいことに，カレツキ，カルドア，ティンバーゲン，ヒックスそして私が展開したモデルのいくつかで考えるな

らば，それは絶対に許容できるものでない．線形の体系では，重ね合わせの定理として知られているものに訴えて，われわれは，たとえば趨勢，循環，衝撃，恒常的な諸水準等々といったあらゆる種類の運動を同時に併存するものとして分析し，単にそれらの結果を加算して全体として正しい挙動を得ることができるであろう．あるいは逆に言えば，われわれはスペクトラム分析かなにかの方法で観察した挙動を独立的な部分に「分解」することができるであろう．非線形体系では，この定理は保持されない．分解は無効である．もちろん無効になる程度は体系の構造に依存している．経済に重要となる非線形性が存在するということを経験的に確定することは残された課題であるが，しかし，さしあたり，われわれは趨勢を除去することを重大な疑念と見なさざるをえない，と私は考えている．なぜなら，これにより現実的問題の多くのことが除去される可能性があるからである．

　この論点はハロッド氏が『エコノミック・ジャーナル』誌の論文[1]と著書『経済動学』[2]のふたつで明瞭に声明したものであった．彼は同一の理論が成長と循環の双方の理由を明らかにするという考えをもっているが，彼がそのような理論を提供したと信じた人はほとんど誰もいないと私は考えている．ティンバーゲン教授はハロッド著『景気循環論』[3]の書評で注意したことであるが，単なる乗数・加速度の組合せは指数的な趨勢を生じさせるが循環は生じさせない．要するに，ハロッド氏もこのことを感じとっていたように思われる．というのは，彼はそのとき以来明示的な循環理論を企図しなかったからである．ヒックス教授の『景気循環論』[4]を読むと，われわれは問題がいかにむずかしいかがわかる．というのは，ハロッド理論を循環モデルに推敲することによって彼は自明の意味以外は趨勢理論を喪失するからである．ヒックス教授は趨勢を指数的な自生的投資に入れておいて使用しているが，この趨勢は必要とされる資本とは無関係であり，実際趨勢をもつために必須のもの以外のどれとも無関係である．これはハロッド氏によるカレツキ，ハンセン－サムエルソン型のモデルにたいする酷評に見合っていることは事実であるが，これらは趨勢を時間の関数として挿入することにより，いつでも

趨勢の周りの振動に変換することができるのである．そしてこのような趨勢と循環の分離は，もしも現実が近似的に線形であるならば，正当化される．しかしながら，われわれがモデルに上昇的趨勢をもつ要因を適用するだけでは，趨勢は本当には説明されたことにはならない，ということを付け加えるべきであろう．双方の理由を明らかにするような単一理論を構築することは明白に，ハロッド氏がそれを正しいと考えるよりも，むずかしいことである．

第2節　成長と循環のシュンペーター理論

　成長と循環をどちらも変えずに融合するためには，われわれはつぎのふたつの仮定をすることができるであろう．(a)経済的進歩は恒常的ではなく思い出したように不規則に噴出するものであり，これらの噴出は主としてブーム期に生じる．(b)循環は定常的水準を跳び越えたり定常的水準の手前で止まったりするケースを言うのではない．むしろ循環は経済成長が支配する．ことによると循環は経済成長なくしては存在しないことになるであろう．これらのふたつの仮定の源泉はシュンペーターであり，私の意見では，われわれが趨勢と循環の問題の分析にもっとも実りあるアイディアを見出せるのは彼の著作のなかである．彼は，理論の本質的要素というものが唯一技術の革命的増進の発生でなければいけない，と言う点でたしかに正しい．シュンペーターはこのような見解を保持した唯一の人というわけではない．とりわけウィクセルやロバートソン教授のことを考えるだけでよい．しかし彼はもっとも完全に展開・統合した理論をもっており，私がもっとも馴染み深いものは彼の思考方法でやっていくことである．基本的というほどではないにせよ，労働力の成長もまた基礎的である．たとえばアイルランドや中国が広く例証していることであるが，人口増加はそれだけでは十分なものではないが，技術的改良と連結すれば（それが引き起こす非常に複雑な経路を通じて）強力な駆動力になる．

　シュンペーターの理論は，彼がしばしば不満を述べていたように，単純な

数学的表現で定式化するのがむずかしい．したがって，私が彼の理論に数学を使用するのはどちらかと言えば戯画に見えるかもしれない．明らかに，彼の理論についての彼自身による陳述と豊富な例証を参照することにより補充していく必要がある．ここまでは私は彼に従うことができるが，彼がケインズの有効需要の理論を棄却する点には従うことはできない．この重要な用具が彼の体系の強化に使用すべきでないという明らかな理由はなにもないように思われる．しかし，彼はつねにそれが強制力のある形で補助することを棄却した．有効需要を編入することにより，彼特有の革新的過程理論に入っている過度の力を軽減することが可能である．本質的な点で，彼は循環を説明する理由として唯一成功的な革新，それにつづく模倣，そして新結合の枯渇という結果にいたる内生的動学を考えている．時としてそうなることがあるであろう．しかしつねに150年以上もの間そうであったということは受け入れがたい．これとは反対に，われわれが革新の進行と取引の状態の相互的条件づけを強調するならば，革新が群起〔群生的に出現〕して達成されるであろうということは相対的にもっともらしい話になる．そうなることは実際ほぼ不可避なことである．

　シュンペーターのもともとの純粋理論はつぎのように簡単に述べることができる．「循環的運動による繁栄の再帰的周期が資本主義社会で進歩が行われる形態である．」[5)] 彼は多くの途方もない転変をしながらもこの図式を歴史的，統計的，理論的な方面で推敲していったが，彼はけっして彼が資本主義の現実についてもった「ビジョン」のこの中心的部分だけは放棄しなかった．彼はこのようにしてひとつの有機的な全体に成長の概念と循環の概念を融合した．彼は一方は他方なしには存在することができないであろうとほのめかした．この見解をもつことがどうしても必要であることは近年曖昧にされてきた．これはケインズ的体系による偏見が流布したためである．しかし，ハロッド氏の思弁と堅苦しい統計的資料の発見の双方により第2の思考が促進された．それは，われわれを，シュンペーターの諸概念が中心的役割をたしかに果たすことになるいっそう長期の現実と差し向かいにさせてくれた．

しかしながら，このことは，われわれが『一般理論』以前にいた場所に後戻りするということを言っているのではない．私にはつねに，有効需要の理論と流動性選好の理論をシュンペーター理論の有効性を大いに高めるように使用することができるであろうと思われていた．しかし，彼がそのいずれも取り上げないことになったであろうことははっきりしている．

第3節　モデルの本質的諸特徴

シュンペーター理論の要点を本当に鋭く描くために，われわれはある単純なモデルを構築できるであろう．それは彼の図式や経済的現実のどちらも正当化するためにデザインされるのではない，ということが強調されるべきである．われわれはすべての既知の資本プロジェクトの現在値の曲線 $p(k)$ を資本数量 k の関数と仮定する．これに対応して，曲線 $s(\dot{k})$ があり，これは新資本の純産出率 $\dot{k}$ の関数として新資本の供給価格を与える．競争的な企業者を所与とするならば，これらふたつが均等にされ，体系の動学的進化が決定されるであろう．シュンペーターの思想がもつ特別な特徴は，曲線 $s(\dot{k})$ を図10.1に示されているように鉤状にすることにより表明することができる．A と B の間に中立的な均衡の範囲があるが，体系は安定的である．というのは，もしも価格と数量がその範囲の上または下側にあるときには，それらはもとにもどる傾向をもつことになるであろうからである．振動はなにも存在しない[訳注1]．もしわれわれが恒常的増進をいま導入するのにもっとも簡単な形で $p(k)$ が右側に規則的率でシフトしていくと仮定するならば，われわれは非常に異なる結果を得る．収益を増加させる機会は増大するが[訳注2]，シュンペーターが生き生きと叙述した理由のすべてによって，それらの機会が潜在的に $B-A$ の高さになるまではなにも起こらない．この高さになって革新者は成功的に新結合を達成するのである．この経路が開かれると，革新者は多くの人々に追従され F の率での投資が爆発しゆっくりと投資は E に減少していく．つぎに純投資は停止する．われわれはふたた

図 10.1

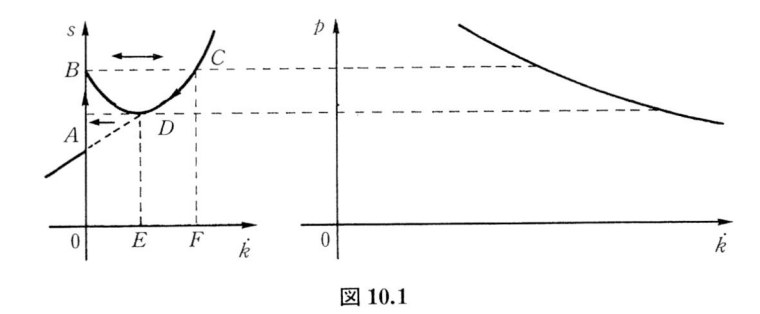

び投資可能性をゆっくりと蓄積していき，その間に現在値は B にゆっくりと上昇していく．この点で障壁はふたたび崩壊し，われわれは C にジャンプする．そして同じ過程を繰り返していく．もしもこの恒常的増進が O と E の間に蓄積率が入ることを必要とするようなものであるならば，この過程は無限に継続するであろう[訳注3]．このケースでは成長は循環の説明理由となり，後者は前者なしには存在することはないであろう．ここでわれわれには，結果として生じる時系列に趨勢線を引き，それを「除去する」ことが全体的にみて許容しがたいことになるであろうということが，まったくはっきりわかる．結果として生じる循環の出現は構造的実際とはなにも対応していないことになるであろう．もしもわれわれがそれを説明するモデルを組み立てようと企てるならば，無意味なことをすることになるであろう．

　自然科学では，装置に恒常的源泉があってそれが変動的な産出に帰着するときはいつでも，どこかに非線形性があることがつねに見出される．これはわれわれにシュンペーター理論のもつ技術的要件にかんして手がかりを与える．というのは，われわれはアイディアの恒常的成長をもっておりそれが投資の爆発と産出の増加を生じさせるからである．前述の例題で非線形性は鈎状の $s(\dot{k})$ である．また，いくらか異なる非線形性は以下で述べられるモデルで傑出するであろう．振動を生み出す成長があるということはかならずしも必要でない．こういうわけで，ひとかけらのチョークは黒板上を移動するときに金切音をたてるにすぎないであろう．しかし，電動ベルは定常的位置

の周囲で鳴る．しかし双方ともに非線形振動子でありふたつの差異は基本的なものではない．

　以下に表示されるべきモデルは統計的検定に不適合であることがすぐにわかるであろう．むしろモデルは実際の経済に類似しており，また実際に起きていることがもつ豊富な複雑さを斟酌していくことができずに，進行していってしまうような発展の種類を示唆することを意味するようになっている．われわれはさらに検定されるべき諸仮説を研究していく必要があり，これらをさらに検定する必要があるということに，一般的に合意している．また双方の活動はともに必須であるということも，一般的に合意している．私は可能なかぎり，潜在的に測定可能な数量を固守するように努めた．

第4節　モデルの歴史的有効性

　理論に基礎的部分で有利な進歩が認められるとしても，体系が歴史的に有効なものであるかをめぐって厄介な問題が生じる．経済理論が経済の歴史にたいして適切なものであり有益なものであるということはわずかである．なにかあるとすれば，景気循環理論が他の分野よりは良好なことをしている．われわれが理論を数本の方程式に書き留められるほど単純に制限する瞬間，状況はもっと深刻になる．このようなモデルと経済の歴史の間になにか関連があると想像するのは怪奇なことのように思われる．しかし，関係がなにもないとすれば，モデルを構築する効果はほとんどないように思われる．

　私の考えでは，各循環と各国の特殊な環境が変動の性質をひどく変えてしまうことは明白である．ひどくという言葉で，私は大きなゆがみを意味するものとする．よって，真の循環は本当に存在すると言うことはできないし，仮にあるとしても，統計量にふるいをかけることではほとんど発見することはできない．ある種の変質は存在する．しかし厳密な周期性は明らかに存在しない．そして規則的な再発の傾向はわれわれに循環を語ることを許すほど十分多いとは言えないであろう．

経済活動の諸水準が変質する傾向が多かれ少なかれあらゆる先進的資本主義国に一様に出現するという事実は，攪乱が欠如しているなら，規則的循環を生み出す傾向をもつことになるような諸関係のある代表的集合が存在することを立証する．前世紀にあったものすごく多くの変化のすべてのなかに，一様性がみられるということは，一様性が欠如しているということと同じように顕著な事実である．これらの変動がきわめて多くの国々でそれほど長い期間にわたって出現していたという理由を説明するような基礎的な特徴が資本主義にあるはずである．これらの特徴こそ，たとえそれらが資本主義の荒れ狂う歴史によって隠ぺいされるとしても，われわれが創意工夫によってどうしても分離していかねばならないものである．これらの要素は自ずから循環を生み出す能力がなければならない．そしてそれらがつぎつぎと起こる循環のなかにどんな一様性があるかを説明するであろう．しかし，このような理論はいかなるものでも，われわれが歴史的に所与の事象を挿入できるような多くの「開かれた終点」をもっているのでなければならない．それらが循環がもつ巨大な可変性と不規則性を説明するであろう．こういうことによって，われわれは経済の歴史がもつ波動に似た性質を説明するようななんらかの単純な数学的モデルを期待することができるというわけではない．そのような数学的モデルは，むしろそれがなければ独自の発展になる過程にある程度の一様性が存在するのだという事実を説明するにすぎない．

第5節　モデルの構造と作用

まず，われわれはモデルの構造と作用を下見しておこう．成長に不可欠の要素は技術の改良と労働力の増加である．それらはともに所与とみなされ，多かれ少なかれ連続的に増加する．革新的投資は特性上産出増加を必要とするものではないが，他方では，雇用増大と生産性増大がより大きな産出を意味することになり，それは所与の技術を用いてより多くの資本を要求するであろう．産出増大の可能性はその実現と同一ではない．これにたいする答え

をわれわれはカーン‐ケインズ乗数に訴えて求めよう．循環の存在が意味するところは，総需要がかならずしも資本主義の完全生産能力を実現するのに適切であるわけでないことである．一見したところ，われわれはそれらの能力はいつも実現されるということを不思議に思うような気にさせられるかもしれない．一般に，新技術は需要を膨らませる大量の投資支出を必要とする．よって，労働者1人あたりの産出増加と労働者数の増加の双方が吸収される．経済が産出と資本のより高位の新水準を遂行したとき，それらの増加を維持することができない．その理由は（革新的かつ加速度的双方の）投資の大爆発が有効需要を創出するには必要であるからであり，それが停止するとき，産出が低落し，資本の未利用と労働の失業が創出されることになる．したがって，われわれは静学的ではなく動学的な崩壊理論をもつ．産出が各時点で新しい高さに上昇していくのとちょうど同様に，それはまた過去の低水準に低落することはない．なぜなら，拡張が各振動でより高位の水準での低落を破壊するからである．革新的投資にたいする十分な圧力の蓄積には復興が用意されている．第1次近似としてラグはなにも導入されない．その結果としてわれわれは2相の循環をもつ．以下をつうじて，構造的諸係数は爆発的挙動を与えるようなものであることを仮定している．したがって，投資は，いったん始まると，経済を完全雇用にまで運んでいき，この上方限界は資本蓄積とともに急速に上昇する．それが技術的進歩の実現を可能にする．

　簡単に言ってしまえば，経済は産出と需要の双方で強力に拡張主義者になっている．つねに完全雇用限界に達しようと努めているが，単にしばらくそこに居つづけるという事実により，それは再び下方に投げ出される．力学的な類推で考えてみて，ガスを充満した気球が階段の下側にあることを思い浮かべよう．わずかな通風でそれは恒常的に前進し，天井にぶつかるまで上昇するが，つぎにばたんと落ちる．一時後に再び上昇を再開するが，前方に移動したことによって，今や旧水準を通過してつぎの踏み段の底にぶつかるまで上昇する．こういうわけでそれは本質的に非振動的であるが，踏み段をつぎつぎに登っていくことにより，上方向の間欠的な移動に変換されていく．

この類推の中心的な特徴は階段の踏み段と完全雇用天井とを平行させて比較していることである．つまり，成長特性を制御するのがこれらの限界である．私には，完全雇用があるかなり内密な仕方でこのモデルの長期的範囲の挙動を誘導する必要があるように思われる．そうでない場合には，モデルが一時後に，非現実的なことであるが完全雇用の 50 ないしは 150 パーセントの水準の周りで循環することを予測することになるということを，われわれが見出すことはないという理由を知ることはむずかしい．完全雇用概念を私は無批判的に利用する．また私は必要とされる多数の留保条件がなにか深刻な困難を作り出すとは考えていない．

　論証をつうじて，資本ストックが説明上中心的な変数であると考えられるであろう．資本の挙動は循環の主要な特徴であると考えられるので，このことは論理的なことであるように思われる．私がヒックス教授とハロッド氏に所得を従属変数としてみなすという点で追従しなかった理由は，われわれがいったん資本と所得の間の単純な比例性を破壊するなら，所得の挙動はもはや投資の挙動についてなにか決定的なことを伝えることはないということである．これを調べるために，われわれは現実の資本ストックを望ましい資本ストックにたいして並列に置く必要がある．そしてこの観点からは以下をつうじて資本ストックを用いて作業することを選ぶべきであるように思われる．こうすることで，下方転換点を減耗した資本ストックの更新が必要であるということから説明することがいかにまったく絶望的かを，われわれは素早く了解する．

　資本数量の使用の方が産出数量の使用にたいするよりももっと深刻な異議がある．資本はけっして数量的に満足のゆくようには定義されない．われわれがなんらかの有益な意味を資本ストックの変化の概念に付着できるかどうかは疑問である．しかしながら，ここで使用するような比較的粗い接近の水準では，ことによると，きわめて深刻な異議がでることはなにもないであろう．資本はもっとも広い意味で装備のストックを意味すると考えられる．それは生産に使用され，よって，産出増加はより多くの資本を要求し，産出減

少はより少ない資本を要求する．資本ストックが過去のすべての純投資の和であるかのようにみなすことは有益である．しかし，実際に問題となるのは産出であって資本ではないので，われわれは，結果として生じる資本数量が部分的に疑似のものであっても，懸念する必要はない．この問題は，われわれの体系では資本ストックに曖昧なく追加が生じることを意味するような革新的投資のケースでは，鋭利なかたちで生じる．しかし，われわれの粗い集計的モデルでは，革新的投資もまた資本を破壊するために，実際われわれは増加または減少がそこであったかどうか確かでありえない，という事実は無視される．

以下をつうじて私は投資の説明原理として「伸縮的加速度因子」を使用するであろう．私は『所得・雇用・公共政策——アルヴィン・ハンセン記念論文集』への寄稿[6]の際にそれを述べたが，より最近のことでは，それを経験的に支持するかたちで，チェネリーが論じた[7]．この原理によれば，望ましい資本が現有の資本より大きいかぎり，純投資は着手されるであろう．投資撤退では逆のケースになる．望ましい資本 ξ については，私は

$$\xi = vy + \beta(t) \tag{1}$$

で決まると仮定するであろう．ここに v は加速度係数，y は産出，そして $\beta(t)$ は主として技術の変化に同伴するパラメーターである．こういうわけで革新が意味するところは，所与の産出でより多くの資本が望ましいということであり，また加速度因子が意味するところは，産出増加がある場合にのみ，より多くの資本が望ましいということになる．

たとえわれわれが $\beta(t)$ を無視するとしても，これは，終始資本を産出に完全調整することを仮定している加速度原理ではないということに注意すべきである．これとは反対に，資本ストックが所与の場合，われわれは計画上の生産で明らかに少ない生産以上に（時間外労働などにより）多くの生産をすることができると仮定している．さらにまた，計画上の能力では，通常使用することができるなにか待機用または最大負荷のできる能力が存在している．要点は，このような高水準の操業により可変費用の上昇，要員と装備の

図 10.2

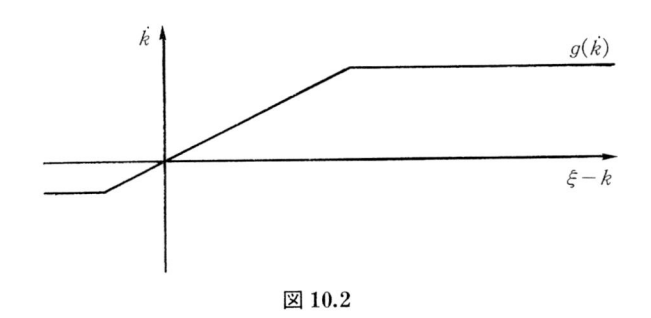

緊張，遅延などが伴うという点である．それらすべてが資本と能力を拡張する圧力を創出する．したがって，短期は加速度原理の例証ができないということが特徴となっている．しかし，それはまた加速度的数量の資本に到達しようとする努力が優越している．ここでの仮定は，企業者は自動制御機構が例証しているホメオスターシスの原理[訳注4]にもとづいて行動するということである．投資が所与の資本超過または不足に反応して進行する率は経常的産出率の継続にかんする確信のある種の測度であるとはいえ，われわれは期待の問題をはぐらかす．

単純化のために，われわれは拡張圧力は ξ と k の差に比例し，ふたつの決定的な非線形性の制約を受けていると仮定する．下方の非線形性は粗投資ゼロでの資本の減耗率で定まる．上方の非線形性は所与の資本と労働供給を用いて獲得可能な新資本財の極大産出で定まる．この想定は図 10.2 のように描かれる．われわれはそれを便宜のために

$$g(\dot{k}) = \xi - k \tag{2}$$

と書くであろう．

これ以外に，私は資本財取引の完全雇用と完全雇用一般は一致する傾向をもつと仮定する．ちょっと考えてみれば，そうならなくてはいけないということが示される．そうならなければ，われわれはけっして完全雇用に達するはずもなければ，すべてのブーム期に激しいインフレーションをもつことになるはずであろう．一般にこの結果はつぎのようにして起こるであろう．ブ

ーム期が始まると，われわれは一般的完全雇用が起きる前に器具の取引で能力限界に突き当たることになるであろう．とにかく受注に直面しているこれらの取引は，それらの産出の一部を自分自身の能力の拡張に差し向けるであろう．この過程は利用可能な失業労働があるかぎり継続するであろう．こういうわけで，われわれは，初期にそうではないとしても，最終的に生産者財産業と消費者財産業の双方で同時的な完全能力産出に到達する．この点を超えていくことは生産者財産業にとって危険である．というのは，それが意味するところは，消費財の産出低落とともに鋭利な費用上昇ということになるであろうからである．中位のインフレーションになる傾向はほとんどのブーム期に存在する．耐久財の極大産出は一般的限界よりもわずかであるが上位にあると仮定することができるであろう．よって，投資取引はしばしばせり上げて資源を他の取引から取り去るよう努める．

このような資本財産出と一般的産出の間の関係が維持されることになるならば，完全雇用とともに産出をいっそう増加させることは，このふたつをかならず永年乗数が与える割合で分割する必要があるということになる．こういうわけで，乗数が5であるならば，総産出の10の上昇は新資本の産出で2の上昇を含むであろう．この仮定は明らかにこのモデルが本来作用するのに必要であるが，それはもしわれわれがこの道具立ての背後になにか均衡機構を仮定しないのであれば，幾分任意に現われるはずである．

連続的に望ましい資本額を増加させる革新が加速度係数を引き上げるのかどうかという刺激的な問題が残っている．私自身の好みはつねに係数が増加するということを仮定することであった．この点にかんして私がもつ現在の強い疑念はハロッド氏[8]とロビンソン夫人[9]による説得力のある分析のお陰である．この要点は新生産方法はほとんどつねに資本ストックの追加を必要とすること，しかし，それらはまた，あるときには資本を陳腐化することによって，またあるときには資本を更新する費用を削減することによって，資本を破壊する．したがって，われわれは連続的にわれわれの資本を自生的に追加していくことができるであろうが，何年もあとに，産出の常習的追加が

資本ストックに前と同じだけの追加を必要とすることを見出すことができるであろう．

どちらの結果が優勢になると信じるべきなんらかの情報または根拠が欠如している場合，加速度係数 v が不変にとどまると仮定することがもっとも簡単である．私はこうするであろう．この問題を，革新が資本使用的であるか資本節約的であるかどうかというはるかに識別しやすい問題とを一様にまとめて考えない方がはるかに良いと思われる．ハロッド氏は v のタームで資本使用的であることを定義するのにたいして[10]，私はそれを $\beta(t)$ の増減のタームで定義することを選ぶ．重要な点は「主要な革新そしてまた多くの小革新は新工場（および装備）の建設を伴う……」[11]産出不変の場合に純投資が産業を「より資本主義的」にする必要がないという事実は通常とは異なっている事態にすぎない．なぜなら，われわれはあらゆる構造的相互依存を隠ぺいする集計量を取り扱っているからである．

有効需要の理論と所得の発生を合体するには，われわれは定着しているケインジアンの路線にしたがい，つぎのように書けばよいであろう．

$$y = f(\dot{k} + \gamma(t)). \tag{3}$$

ここに $\gamma(t)$ は適当に定義された「公共的支出」である．またどれも固定価格で測られている．私は政府の反循環政策を議論しないであろう．ゆえに私は $\gamma(t)$ を消去するであろう．しかし，読者はそれを導入することに困難を感じることはないであろう．

この関数の勾配は乗数である．またその逆数は総貯蓄関数である（あらゆるラグは無視される．また貯蓄と投資の均等が仮定される）．この関数が一意的であるかどうかはケインズの第1位の中心的教義のなかで揺らぎのくるひとつである．デューゼンベリー教授[12]にしたがえば，われわれはこの関数の形状を図10.3のように表示できるであろう．下降していくとき，われわれは険しい方の勾配にしたがう．われわれが再び新しいより高い所得の範囲に向かう危険を冒そうとするときのみ，貯蓄はやはりゆっくりとしか増加しない．短期と長期の現象の間になにかこのような対照がかならずあるという

図 10.3

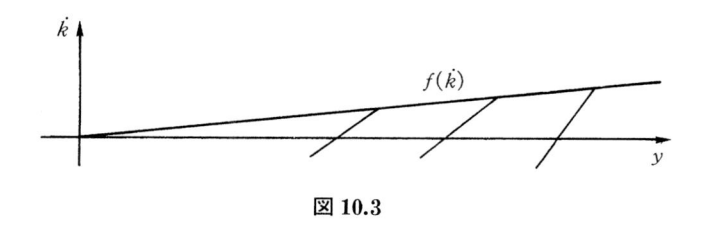

ことは明らかである．しかし，このような変則的な貯蓄関数の説明はほとんど十分に確定されてはいない．

　デューゼンベリー教授は独創的な説明を進展させたが，私にそれに役立つようなさらにいくつかの考察を示唆させていただきたい．基本的には，それはよく知られたマーシャルの長期と短期の区別にもとづく表現になっているであろう．長期では上方にたいしてよりも下方にたいしてはるかに長い．こういうわけで，産出の規模が拡大すると，あらゆる支出が容易に上昇する．しかし，それらの一部は「凍結」し，また「固定的」になり，産出が低落した場合に素早く縮小するのをやめる．われわれは「固定的」利子ばかりでなく安定的配当政策，削減不可能な経営管理，整備，販売，研究の要員のことを考えることができる．多数の労働者がすぐに解雇されることはない．しかし，多くは解雇され，企業の費用になることはなくなる．しかし，社会にとって，彼らは固定的負担としてとどまる．彼らは，より低い率であるとはいえ，貯蓄の取り崩し，慈善，クレジット，または公共的救済をつうじるかして消費を継続する．同様に，デューゼンベリー教授が示したように，消費者は支出について上方にたいしてはかなり容易に変化するが，厄介なことに下方に硬直的である．長期においてはこういうことはないであろう．最後に，政府支出は容易に拡張するが収縮についてはとてつもない抵抗を受けるということは，政治学と政治スローガンの法則と言ってよい．これとは別個のものであるが関連する現象としてロビンソン夫人が強調する[13]つぎのような事実がある．つまり，ブーム期の初期の段階では，能力が大量に増大する前に，産出の大きな増加があり，それが大きな利潤を導きほとんどが貯蓄される．

繁栄がつづくと，資本の蓄積により利潤の低落それゆえに貯蓄の低落に至るであろう．これにより図10.3に示されるようなかたちの貯蓄関数を生み出すことができるであろう[訳注5]．というのは，不況期に負の蓄積が顕著になることはなく，ゆえに貯蓄関数を逆方向にたどることはできないであろうからである．ここでやはり，集計量は真の問題を隠している．というのは，われわれは古典派的競争行動に訴えて企業者が利潤を低下させるような投資になぜ着手するのかという理由を説明しなくてはならないからである．

第6節　完備なモデル

いまや種々の部品をまとめて作業モデルを組み立てる準備が整った．(1)，(2)，(3)式を結合することにより，

$$\xi - k = vf(\dot{k}) + \beta(t) - k = g(\dot{k})$$

を得る．これを整理しなおせば，

$$k = vf(\dot{k}) - g(\dot{k}) + \beta(t) \tag{4}$$

となる．関数 $vf(\dot{k})$ は $f(\dot{k})$ と勾配が緩やかになっていることを除いて同一である[訳注6]．したがって，任意の時点の状態は図10.4に示されるようになっている．

$g(\dot{k})$ を $vf(\dot{k})$ から控除し，それを $\phi(\dot{k})$ と呼び，それに $\beta(t)$ を付け加えれば，われわれは図10.5に示されたような結果を得る[訳注7]．$\beta(t)$ の増加が $\phi(\dot{k})$ 曲線を右側にシフトさせるにすぎないことは明白である．われわれがもつ諸関係すべては，この曲線上にとどまるかぎり，満たされる．あらゆるラグは単純化の観点から取り去られている．こうするのは，これらは循環を考えるとき重要性としては副次的で主要なものではない，という信念からである．

まずはじめに，$\beta(t)$ が不変で，生産性の増加も労働力の成長もなにもないという完全に進歩のない経済のケースを考察しよう．好転の時期から始めるならば，われわれは資本 k_1 をもち，最高率で蓄積を開始する．これは最

図 10.4

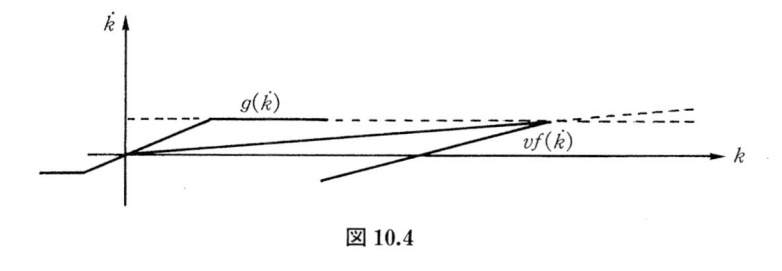

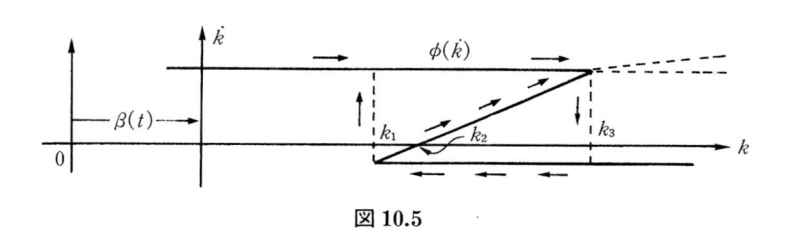

図 10.5

高産出を意味し，現有ストックよりもはるかに大きな額の資本が望ましくなる．資本財は達成可能な極大率でこの受注を埋めていくことにより額 k_3 に到達する．この点で企業者は新投資をしていく率を弛緩しはじめることになるであろう．しかし，これは不可能であることがわかる．なぜなら，企業者が投資を弛緩させればさせるほど，所得と産出は低下し，ゆえにその倍数である望ましい資本量も低下するからである．実行可能状態で粗投資ゼロに満たないものはない．その点以下に進むことはできない．その点に瞬時にジャンプする．完全なブーム期から深刻な不況期へのこの瞬時のジャンプはラグを取り去ったことの直接的帰結である．われわれはのちの時点でこの仮定を外すであろう．

ゼロ投資の帰結としていまや産出は低下しており，現有資本ストック k_3 は望ましい資本量をきわめて大きく超過している．資本はいまや可能な極大率で蓄積を取り崩し k_1 に到達する．そしてつぎに過程はすっかり同じくふたたび繰り返し始められる．戦争またはそれに類するなにか大きな撹乱の結果として，資本が均衡額 k_2 をわずかに超過して，低い純投資率と組み合わ

されるならば，k_3 への加速度的上昇が得られる．この挙動はむしろよく知られた「乗数・加速度過程」に密接に対応している．しかし，このモデルでは例外的な環境のもとでのみ実施されるだけである．

モデルは不況期の挙動で完全に非現実的である．好都合な環境のもとでさえ，ブーム期よりもはるかに長い間不況の時期がつづくことになるであろう．図10.5は多分実際に遂行される資本資産の物理的減耗率をかなり過大に見積りすぎている．われわれのモデルは実際には同一でないふたつのものを同一視している．粗投資ゼロは減価償却引当ての支出がなされないことを意味する．そのために表示では所得水準を低く決定してしまっている．しかし，不幸なことに，これは資本財の実際的消滅を表示しない．というのは，ブーム期のときには資本財の年齢構成は非正常的であり実際的に消滅する量はまったく小さいのでとくにそうである．なにかの削減はあるであろう．また一般的年齢分布からの投資の助長はあるであろう．しかしこれらの影響は弱いであろう．これがこのモデルとヒックス教授のモデルの双方にある欠陥であることが認められるべきであろう．

第7節　成長の源泉

成長にはふたつの源泉があり，これらを便宜上順次考察しよう．まず第1に完全雇用水準の上昇が存在する．これは労働力のサイズが増加することと労働生産性が革新をつうじて上昇することのふたつの理由から生じる．循環と趨勢の有機的な関連は，われわれが完全雇用天井での全成長がブーム期においてのみ生じると仮定するならば，もっとも鋭利に強調されるであろう．こういうわけで，不況期の終点で，なにか資本ストックの磨損が起きているであろうが，これは大体労働ストックの増加によって相殺することができるであろう．よって，われわれは完全雇用水準は不況期の終点で開始時期とほぼ同一であると仮定できるであろう．次いで起こるブーム期では，完全雇用産出は急速に上昇できるであろう．なぜなら，資本がすでに蓄積されて最新

図 10.6

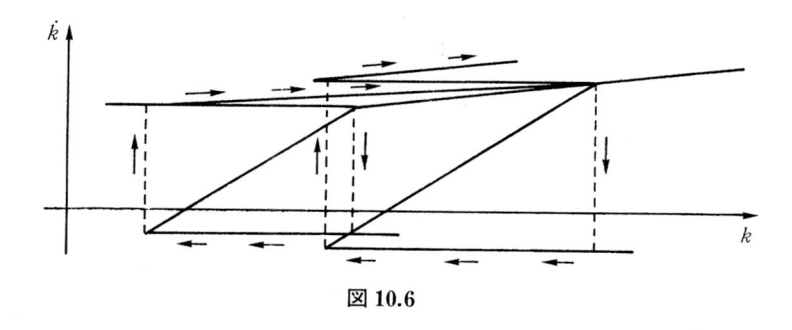

の技術で拡張した労働力を装備しているからである．しかし，この産出は過去の最高を超えて上昇し，われわれを大規模な永年乗数の範囲へと移行させる．今度は加速度係数が望ましい資本量を大規模に追加するが，これは産出上昇の結果である．完全雇用産出が遂行される上昇率は，たとえば年4パーセントか5パーセントで，望ましい資本量の成長率を固定する．これは緩やかに加速される資本ストックとの組合せでブーム期の長さを決定する．

われわれが最上部の水平の曲線に沿って続行するならば，究極的にブーム期の終了に到達する．永年進歩によって完全雇用限界は上昇し，資本財の最高産出はそれに固定比で比例して上昇する．これは $\phi(\dot{k})$ の平たい最上部が緩やかに上昇し，必要資本量を上昇させブーム期を延長することを意味する．したがって，恒常的に上昇していく水平な曲線に沿って移動すれば，実際図 10.6 に示されるような緩やかに上昇する曲線がしたがう．これは投資を弛緩しその結果ブーム期の終焉を誘発させるに十分な資本蓄積の終了を回避はしないが延期させる．ブーム期が延長されるのにたいして，スランプ期は短縮される．なぜなら，ブーム期に膨れ上がった「固定的」支出はいまや産出それゆえに望ましい資本量により高位の「床」を定めるからである．したがって，損耗により先行するブーム期中に蓄積した資本すべてを取り崩すという途方もなく非現実的すぎることをする必要がない．しかしながら，現実的な姿はブーム期よりもいっそう長く不況期がつづくようになっているというのが真実である．

経済は前方に波打ち下方に突っ込むが，同じ水準にもどるのではない．不況期には「進歩」はなにもない．すなわち，それはみなブーム期に起こる．あるいは少なくともみなブーム期に「実現」される．したがって，国民所得の時系列をとおるなにか滑らかな趨勢線を描くことはなにも意味をもたないことになるであろう．最後に，永年成長が一切自生的支出または革新的支出なしに生じることが銘記されるべきであろう．

われわれはすでに生産性増加という革新の結果を斟酌した．それによって，それらの結果が正常的には追加的投資支出を意味する事実を含めているにすぎない．したがって，$\beta(t)$を多かれ少なかれ滑らかに上昇させるようにする．それが意味するところは追加的資本支出を必要としている新生産方法のために資本主義では連続的な流列があるということである．これらはある時点でゆっくりとまた他の時点で急速に生じるであろう．しかし，$\beta(t)$は多数の小さな事象が累積合同されることによって，かなり連続的になることはありそうなことである．

これ以上仮定を明確にしなくても，われわれはシュンペーターの結論，つまり，潜在的な「新しい組合せ」の恒常的蓄積は発展の爆発に変換され，それらの爆発は究極的には枯渇し不況期に弛緩するという結論に達する．それらの爆発は時には隔離された創始的企業者の結果として出て来るが，しかしそれが必要だというわけではない．このようにしてわれわれは取引の状態と革新的活動の間のより密接な相互的調整を行う．

恒常的に上昇する$\beta(t)$の影響は$\phi(\dot{k})$曲線が恒常的に右にシフトしていくことである．こういうわけで資本がゆっくりと減耗するのを待ちわびる必要はない．というのは，望ましい資本量が増加して現有ストックに追いつくからである．したがって，新生産方法の成長の歴史的に与えられた速さに応じて，不況期は「危機」にだけ達する程度の短いものになったり，多年にわたって長引いて，重要な技術上の前進を待ちわびることになるであろう．反対に，$\beta(t)$の前進はブーム期の終焉を資本必要量を増加させることによって延期する．よって，好都合な条件があればブーム期は大いに長くされるで

あろう．このモデルは，資本主義と同じく，活発な成長が支配するので，われわれは $\beta(t)$ の変化を使用して循環ごと国ごとの巨大な変化を少なくとも一部は斟酌できるであろう．こういうわけで 1907 年の不況のような一過性の不況期や 1870 年代や 1930 年代の不況期のような長引いた停滞を斟酌することができる．また 1920 年代のブーム期のような長いブーム期もまた適合することができる．現在ある戦後ブーム期は大不況と戦争の間に可能性を恒常的に蓄積したことと，これらの可能性を利用しかなり増加した労働力に装備する資本を蓄積するのに必要な時間があったことにより説明することができる．

このモデルのいかがわしい点は新資本の加速度的需要と革新による需要を一括して扱っている事実にある．しかし，これはまた推奨すべき点も多くある．というのは，資本の新方法と新形態は，需要の上昇がとにかく追加的資本を必要とするとき，もっとも素早く据え付けられるであろうからである．おそらく資本のもっとも新しい型はブーム期に据え付けられる．よって革新的投資は加速度的投資と混ざり合ってしまうことはありそうにない．必要なことではないが，同様にまた高くて増加する需要は革新的支出に好都合である．

第 8 節　下方転換点

活発に拡張していく資本主義の性質を認めているとはいえ，下方転換点は資本必要量でだけ構築されたモデルで困難を呈示する．この問題を軽減するおびただしい要因があるが，私は 3 つに言及しておこう．これまでわれわれは運転資本と固定資本の区別をなにも斟酌しなかった．よく知られているように，前者には投資撤退の率に深刻な技術的限界はなにも存在しない．ゆえに運転資本の超過ストックは素早く散逸するであろう．ルントベリー[14]とメッツラー[15]の両教授が示したように，これは投資と産出の上昇を導く．望ましい資本量の結果的な増加は，われわれが「固定」資本モデルから期待する

ことになる以上にはるかに早い段階で一般的ブーム期を発火させるであろう．第2に，ハロッド氏[16]が指摘しているように，集計的モデルは完全に資本財が異質であるという重大な事実を完全に見過ごしている．こういうわけである資本は素早く減耗して粗投資が産出を維持するために必要になる．不況期が存続すると，たとえ莫大な額の資本が依然として過剰であるときでさえ，粗投資の上昇があるであろう．これは産出上昇と資本必要量の上昇を意味するが，その上昇はストック減少に見合ったものである．事実，このような様々な資本財に耐久性のばらつきがあることは粗投資が深刻な不況期にゼロに低落することはないということを大部分説明するはずである．最終的に，われわれは救済，戦争，公共事業のための政府支出が経済をブーム期を触発するほどに経済を引き上げる可能性を挙げておくべきであろう．この点はかなり完全に議論されているのでそれ以上先に進む必要がないように思われる．

第9節　ラグの影響

モデルの表明は，極端に粗い形でなされてきたが，その方が本質的特徴がいっそううまく明らかにできるからであった．単純化しすぎたもののうちでひとつを和らげる必要がある．これはラグがないという仮定である．困惑するほど種々のラグがあるが，そのうちでもっとも重要なものは生産する決意と新資本財を実際に据え付けることの間にかかる時間である．われわれのモデルが暗に仮定しているところでは，新資本財の注文はそのままですぐに据え付けに至り，これが所得に与える完全な影響もまたすぐに生じる．製造時間にもとづく平均的ラグ θ は長く，ことによると1年以上の長さである．ラグを斟酌することにより，われわれの非線形方程式に深刻な困難が創出される．ひとつの困難は大体，あるいはことによるとかなり満足のゆく仕方で，つぎのように処理できるであろう．すなわち，投資決意と投資に付随する支出の間に一種の平均的ラグが存在し，また貨幣支出とその完全な乗数効果との間にそのつぎのラグが存在する．もしもわれわれがこれらふたつのラグを

合計して θ になると考えるならば，1組の資本財とそれが与える所得効果が同時に現われるという有益な事実をもつ．残りの困難は，実際的な目的により，つぎのように回避できるであろう．投資決意を調整する関数 $g(\dot{k})$ は上方限界と下方限界を除いて線形である．しかし，これらの限界はそれらの値の範囲で挙動を完全に決定する．われわれに関心のあるのは下方の限界から上方の限界への上昇またはその逆でのことにすぎない．ここでわれわれは深刻な誤差をもたずに単純な線形の関係を仮定できるであろう．したがって，$g(\dot{k}_{t+\theta})$ の代わりに，$(1/a)\dot{k}_{t+\theta}$ と書き，また $f(\dot{k}_t)$ の代わりに，$m\dot{k}_t$ と書く．ここに m は乗数であり，a は任意の資本不足が埋め合わされていく率を伝える定数である．(4) を書き換えて

$$\dot{k}_{t+\theta} - avm\dot{k}_t + ak_t = a\beta(t)$$

を得る[訳注8]．もしも $\dot{k}_{t+\theta}$ をテイラー級数のかたちに展開し最初の2項のみをとれば，

$$\theta\ddot{k} + (1-avm)\dot{k} + ak_t = a\beta(t) \tag{5}$$

である．これは2階線形微分方程式であり，通常は振動を生じさせるが，もしも $avm>1$ ならば爆発するであろう[訳注9]．これが通常爆発すると期待できるということは，v と m がともに1より大きく，a が1より小さいことになるかもしれないとしても十分小さくなりすぎることはないであろうという事実を考察すればわかる．こういうわけで，もしも $v=2$ かつ $m=2$ ならば，a は1より小さくなるべきであるとすると，それが意味するであろうことは資本財の年純産出率は不足資本財の4分の1以下にならねばならず非現実的である．$\dot{k}$-k 平面での爆発的な線形振動は幾分歪みをもち，ほどけた対数的螺旋になるであろう．したがって，精巧な点の遷移から離れれば，われわれは頂点と底が平たいふたつの単純なルーティンからなる循環をもち，それぞれの終点で外側に螺旋が描かれる．ふたつの終点の初期条件は不況期の終点とブーム期の終点にある位相線の水平方向の勾配が特定化する．ブーム期から不況期にいってふたたび戻ってくる遷移のぎこちなさは全体的に和らげられている．粗投資は不振ののちに始まり，一定の時間が経過してから

図 10.7

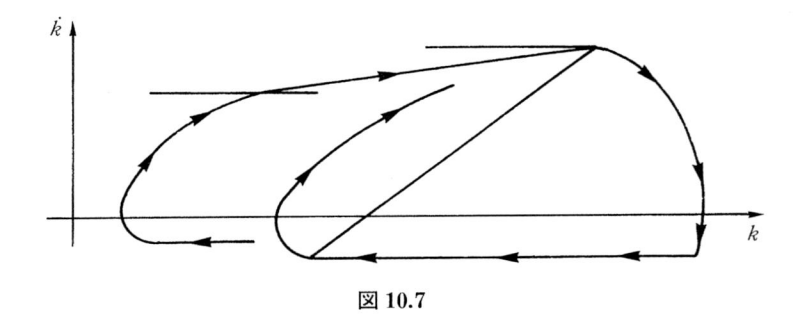

乗数・加速度によるより多くの資本需要が投資決意にフィードバックする．したがって，時間をつうじて過程が広がって進行するなかで，投資は上昇する．企業者は，投資を望めば望むほど，ますます投資を行う．しかし企業者は究極的には投資することができる額により抑制される．

　モデルは振動の上昇局面よりも振動の下降局面の方がはるかに短いものになっている．この点で景気循環についてのもっとも堅固に確定された一般的通則のひとつと合致している．（不況の低水準とは区別される）実際的な振動の下降局面は，粗投資にかんする限界によりじきに停止されることになるので，いっそう短い．それはまた，相対的に浅い貯蓄関数が振動の下降局面全体で保持されることになるのにたいして，振動の上昇局面では一部にたいしてのみ保持されるにすぎないがゆえに，いっそう短い．最後に，それは，図 10.7 には示していないが，$\phi(\dot{k})$ の右側にシフトしていくがゆえに，いっそう短い．

　図 10.7 の図形の曲がった部分は好きなだけ精確に等傾線法によって作図することができるであろう．まず $\beta(t)$ が決める均衡水準からの乖離を測定する．$\dot{k}$ の代わりに b と書けば，(5)から，

$$\dot{k} = \frac{dk}{dt} = b,$$

$$\frac{db}{dt} = \ddot{k} = \left(\frac{avm-1}{\theta}\right)b - \frac{a}{\theta}k$$

を得る．dt を消去することにより，

$$\frac{db}{dk} = \left(\frac{avm-1}{\theta}\right) - \left(\frac{a}{\theta}\right)\frac{k}{b} \tag{6}$$

を得る．これはわれわれに b と k の任意の値の対にたいして必要となる曲線の $b-k$ 平面での勾配を与える．ゆえに，「床」から出発して，われわれは (6)から計算される方向に，小さな歩幅で少しずつ進んでいき「天井」に至ることができる．その逆もまた可能である．

注

* "A Model of Cyclical Growth", in E. Lundberg (ed.), *The Business Cycle in the Post-War World*, Proceedings of the Conference held by the International Economic Association (Oxford, September, 1952), London: Macmillan, 1955, pp. 203-21.
1) Harrod, R.F., "An Essay in Dynamic Theory", *Economic Journal*, 49(1939), pp. 14-33, および "Notes on Trade Cycle Theory", *Economic Journal*, 61(1951), pp. 261-75.
2) Harrod, R.F., *Towards a Dynamic Economics*, London: Macmillan, 1951.
3) Tinbergen, J., „Einzelbesprechungen und Anzeigen: Harrod, R.F., *The Trade Cycle*", *Weltwirtschaftliches Archiv*, 45 (1937), pp. 89-91.
4) Hicks, J.R., *A Contribution to the Theory of the Trade Cycle*, Oxford: Clarendon Press, 1950.
5) Schumpeter J.A., "The Explanation of the Business Cycle", *Economica*, 7 (1927), p. 295.
6) Goodwin, R.M., "Secular and Cyclical Aspects of the Multiplier and the Accelerator", *Income, Employment and Public Policy: Essays in Honor of Alvin H. Hansen*, ed. L.H. Metzler, New York: W.W. Norton, 1948, pp. 108-32.
7) Chenery, H.B., "Overcapacity and the Acceleration Principle", *Econometrica*, 20 (January 1952), pp. 1-28.
8) Harrod, 前掲書の各所で散見できる．
9) Robinson, J., *The Rate of Interest and Other Essays*, London: Macmillan, 1952, p. 42.
10) Harrod, 前掲書の p. 23 およびそれ以下のページ．

11) Schumpeter, J.A., *Business Cycles*, New York: McGraw-Hill, 1939, vol. 1, p. 93.
12) Duesenberry, J.S., *Income, Saving, and the Theory of Consumer Behavior*, Cambridge, Mass., 1949.
13) Robinson, 前掲書の p. 101.
14) Lundberg, E., *Studies in the Theory of Economic Expansion*, London: King, 1939.
15) Metzler, L.A., "The Nature and Stability of Inventory Cycles", *Review of Economic Statistics*, 23 (1941), pp. 113-29.
16) Harrod, R.F., "Notes on Trade Cycle Theory", *Economic Journal*, 61 (1951), pp. 261-75.

訳注

1〕 図 10.1 の $p(k)$ の形状から，$p(k)=s(\dot{k})$ を満たす k と $\dot{k}$ の均衡値が多意的に存在する．つまり，図 10.1 の左図の縦軸上の区間 AB は，右図横軸に区間 $[k_B, k_A]$ の定義域をもつ．いまたとえば，新資本の供給価格 s が B よりも大きいならば，均衡を保持するならば資本数量 k は均衡 k_B より小さくなければならない．このとき，$\dot{k}>0$．よって，k は増加して B に対応する k_B にもどる．同様に，新資本の供給価格 s が A より小さいならば，k が k_A より大きい．このとき，$\dot{k} \leqq 0$．よって，k は増加せずに A に対応する k_A にもどる．

2〕 図 10.1 の右図でたとえば A 点が $k_B=k_A$ になっている曲線 $p(k)$ を考えてみよ．このとき，$p(k)$ の右側へのシフトは区間 AB の長さを拡大していき，収益を生み出す機会を増加させる．

3〕 図 10.1 の左図 E と D の間では蓄積率はつねに E に下落する．よって，恒常的な増進を与える蓄積率は E 以下である．

4〕 homeostasis はホメオスターシスまたは恒常性機能という訳語をもつ．原著者は形容詞として homeostatic を使用している．「生体において，温度や科学物質の濃度などを環境条件の変化にもかかわらず一定に保つ機能をいう．恒常性機能の基礎には巧妙な非線形のフィードバック機構があり，脳の神経系が関与している．脳は電気信号をもとに計算する情報処理装置であるだけでない．ニューロンは制御用の化学物質を分泌し，また化学物質を感知することができる．こうして脳を用いて複雑な制御系が構成されている．」（長尾・石田・稲垣・田中・辻井・所・中田・米澤編『情報科学辞典』岩波書店，1990 年，223 ページ．ここでは恒常性機能という訳語を優先している．）なお，ホメオスターシスはアメリカの生物学者キャノン Cannon, W.B. が生命の一般的原理として 1932 年に提唱したものである．（久保・長倉・井口・江沢編『岩波理化学辞典』第 4 版，岩波書店，1987 年，1230 ページ．ここではホメオスターシスと

5〕 投資と貯蓄の均等の仮定より，投資関数と貯蓄関数は同一視される．
6〕 v は資本 - 産出比率であるので，y 軸上の $f(\dot{k})$ は v を乗じることによって k 軸上に変換できる．なお，v は通常 1 以上の値をとる．
7〕 $vf(\dot{k})-g(\dot{k})$ は $\dot{k}$ 軸上の点に対応する k 軸上の差を示す．$g(\dot{k})$ は $\dot{k}$ がマイナスのある値以下になるときマイナス無限大になる．よって，その点で差はプラス無限大になる．同様に $\dot{k}$ がプラスのある値以上になるときプラス無限大になる．よって，その点で差はマイナス無限大になる．こうして図 10.5 が得られる．
8〕 (4)式にラグを導入すれば，
$$k_t = vf(\dot{k}_{t+\theta})-g(\dot{k}_{t+\theta})+\beta(t)$$
がしたがう．この式に $g(\dot{k}_{t+\theta})=(1/a)\dot{k}_{t+\theta}$, $f(\dot{k}_t)=m\dot{k}_t$ を代入すればよい．
9〕 特性方程式は
$$\theta\lambda^2+(1-avm)\lambda+a = 0$$
なので，根は
$$\lambda = -\frac{1-avm}{2} \pm \sqrt{\frac{(1-avm)^2}{4}-\theta a}$$
である．この 2 階線形微分方程式の同次方程式部分の解は
$$k = Ae^{\lambda_1 t}+Be^{\lambda_2 t}$$
である．よって，$avm>1$ ならば，重ね合わされた解の両項ともに実数解部分は爆発する．なお，第 4 章訳注 6，また，非同次方程式の解法については第 11 章訳注 22 を参照せよ．

第11章　最適成長経路と低開発経済[*,1]

　実際に低開発諸国で計画を行っているとある時点で貯蓄率がどうあるべきかという問題が生じる．この問題はそれを政治的に実行可能な高さに押し上げることで解決できるであろうし，多分通常はそうしている．答えとしてはこれは理論的に重大な欠陥を暗に含んだものであり，それは他にあるもっと具体的な欠点とは別様のものである．率は正常的にはあまりにも低すぎて漸次的に引き上げることしかできない．しかしどうしたらそれは急速に引き上げられるのか，またどのくらいの高さにすることができるのか．貯蓄率は上昇しつづけるべきなのか，平準にすべきか，あるいは究極的には切り下げるべきなのであろうか．時間が経過するにつれて政策は次第に容易に達成しやすくなるが，しかし処方箋はますます論議のあるものになる．関連する問題は「純資本形成はどんな割合で資本財産業と消費財産業に分けられるべきであろうか」というものであり，この問題はU.S.S.R.〔旧ソ連〕の経済計画の初期の時期にもこのような形で論じられた．資本財能力の増大は，機械をつくるための機械は，たとえば織物をつくる機械がしないような仕方で成長をもたらすことから，大きな魅力を有する．実際，資本財にいっそう多くの資本を投じることによって，消費が，まず最初に削減されることになろうとも，究極的には利益を得るであろうということを示すのはむずかしいことではない．つまり，一方から他方に資源をシフトすることにより，われわれの消費はまず減少となるが，そののちつぎに，そうしなかった場合よりも多くの消費を得ることになるであろう．しかし，この証明には言い過ぎがある．なぜなら，このときわれわれはいつでも今消費しない理由として将来の消費

第11章　最適成長経路と低開発経済

が約束されるということを挙げることができるからである．それは政策のために満足できる基礎を与えるものにはならない．

　非経済学的要素をすべて無視して，われわれは直ちにつぎの問題に進もう．可能性としてある経済成長経路のなかでどれが最良かという問題である．答えは問題のように簡単なものではないし，たとえそれを定義できるとしてさえ，それがおそらく実際に達成可能になることはないであろう．しかし，最適な時間の形状について明確に描くことは，政策が修正されるべき方向に誘導するものとしてたしかに役立つように思われる．

第1節

　この問題をすっかり一般的に議論するためには，われわれは思い切って非現実的な抽象水準にまで進む必要がある．私は経済が完全に計画的なものであり，計画立案者は今から将来の特定の日付までの全事象に同じウエイトを与えるという意味で長期的な〔短期的でない〕視野をもっている．消費は経済活動の唯一の目的であると思われている．消費はみな等しく望ましいものでありそれがいつ起こるかということとは無関係になっている（つまり，主観的時間選好率はいずれも明示的に棄却される）．計画立案者は1人あたりの消費だけを考慮し，そのようなわけで消費の不平等を無視し，また，暗に，数の成長はそれだけではなにか利益のあるものと考えない．最適成長は有限の期間上で厚生の極大として定義されるが，厚生はある方法で評価された1人あたりの消費とみなされる．

　労働力は所与の定率で成長している．現実的な観点からは労働はかなりの超過供給があるというところから出発するのが最良であるように思われる．ただし，これは，初期に失業が現実的な諸条件のもとで増加することから，本質的なものではない．資本財は結果としてみれば唯一の希少要素である．

　問題は旧い低生産性の技術が特徴づける経済を全面的に新しい高生産性の技術からなる経済に変換することである．したがって，われわれはふたつの

別個の経済をもっているが，しかしそれらは実質国民生産物という共通のプールに共同で寄与する．純粋に簡単化のために，まずはじめに，旧部門は産出，雇用，資本が不変にとどまると仮定される．ゆえに，早期の段階では，経済的剰余は旧部門の産出から生じ，新部門にだけ再投資される．結果として生じる産出増加が次第に蓄積増加を可能にして，蓄積増加は新部門から絶えず増大する割合で生じるであろう．失業全般がなくなるまで，旧部門はそのまま維持される．そしてつぎに労働および（労働と比べるとあまり定かではないが）資本が急速に新部門に移転される．実際には労働力と資本はともに更新をしないことによって過程全体をつうじて次第に衰退することになるであろう．

　全期間をつうじて各技術は平均資本‐産出比率，労働‐産出比率を不変に維持するという意味で変化しないままでいる．やはり簡単化のためにだけ資本‐産出比率は2部門で同一であるとみなす．総労働と比べて総資本が恐れを抱かせるほどの蓄積をするにもかかわらず，収益逓減という問題は存在しない．というのは，資本，産出，雇用はみな新部門で強い意味で割合が拡大するからである．こうしてわれわれは技術変化はないが低生産性部門と比べて相対的に高生産性部門の重要度がむしろ上昇するモデルをもつ．これは低開発経済では，完全に使用されるときには，すこぶるそれらの平均生産性を増加させるであろう一連の技術がすでに利用可能であるという事実に対応している．万一切替の間に予知できない新技術が利用可能になるならば，工程の残りは，これらの新しい技術を考慮に入れて，再計画することができる．われわれはこうして選ばれる技術の種類が発展の段階に合致しているかどうかという，いっそう高い次元の複雑化とむずかしさをもった問題を明示的に無視している．これがわれわれにこのモデルを使用してわれわれの極大化を行える期間に上方の限界を与える．新しい種類の十分な量の資本財が蓄積されて失業者全部，労働力の自然増全部，そして最終的に旧技術で今雇用されている人々全部に雇用を与えるとき，切替モデルは適用可能でなくなる．そのような膨大な課題はちょうどいかなる低開発経済もおそらく明示的に考慮

しようとするものに相当する以上に大きいものであるので，この期間を厚生が極大にされるべき時間の持続期間とみなすことが合理的であるように思われる．極大化する期間はこれより短いか長いかであろうが，後者のケースでは新技術のもとでの完全雇用成立後の期間について第2モデルを使用する必要がある．

簡単化するという観点から，外国貿易，貸付，および贈与はみな無視される．ただし，旧産業から抽出される剰余の多くはそれが生産できない資本設備を獲得するために輸出する必要がある．政府は完全に無視される．しかし，政府の活動は尋常でないほど高い資本－産出比率をとることがあるという理由でいくらか斟酌される．私は故意に失業者を旧技術で働くように配置する可能性を考慮しなかった．このことを行える程度は国ごとに非常に大きく変動するであろうからそれについて一般にほとんど言えることがないように思われる．同様にそれはつぎの意味で問題を持ち出さない．つまり，利用可能な剰余を減少させないような仕方でそうなればなるほど，成長を増加させ今および／または将来の生活水準を増加させるであろうから，ますます良いという意味である．

失業の吸収をつうじて産出を増加する可能性についてはさておくならば，問題は本質的に個人間・異時点間の厚生比較を伴う問題になり，このようなものとしては価値判断をさけがたくする．投資の各行為には今の消費と，将来の産出と可能な消費との非対称的な交換が伴う．日付の対の単純な比較ではそうならないであろう．なぜなら，今消費を減らすことはのちに今の消費と単純に比較することができない産出を増やすことを意味するからである．われわれは順次，将来追加的な産出をとり消費を他のもっと将来の日付の消費と比較していく必要がある．問題は1回かぎりで解く必要がある．それは徐々に取り扱えないものである．したがって，計画立案者は異なる時点での種々の消費水準を評価する曖昧なところのない定量的な集合を必要とする．われわれの諸仮定では数値表現のスケールは異なる時点で同一でなければならない．効用という用語は評価の一意的なスケールを述べるのに用いられ，

それ以外の意味をもたない．技術的な可能性が与えられると，計画立案者は，投資の時間的パターンを変えることにより，1人あたりの消費の時間的パターンを変えることができる．もしも計画立案者が消費を定量的で曖昧さのない集合をもっているならば，可能になる任意のふたつの状況について評価の和を比較することにより，つねに良い方に決定することができる．1人あたりの消費の時間的形状がそこから変形してももはや評価の純変化が正になることはないようなものが見出されるまで，あらゆる可能な変動が試みられねばならない．このような勇ましい諸仮定にたいする慰めが見出されるとすれば，工業化計画にはいずれも不可避的にそのような評価が伴うという事実であろう．基礎的な評価を明示的，それゆえに整合的にすることができれば，それを声明せずに任意のままにしておくよりは，たしかに良いことである．

第2節

以上にしたがって，われわれは労働力を

$$l = l_0 e^{at}$$

と書く．ここに，l_0 は初期労働力であり，a は労働力の所与の成長率である．労働力は各労働者の扶養家族の平均数を掛ければ全人口を表示しているものと考えられる．また，

$$z = \frac{c}{l}$$

とする．c は総消費，z は平均的あるいは典型的な個人の消費である．混乱が生じることがないところでは，z は単に消費として言及される．この消費にたいしてある種の評価を適用する必要がある．なぜなら，経済の変換により消費の増加が進行するにつれて消費は累進的に緊急性を失い，ゆえに価値が低くなるであろうからである．したがって，われわれは効用 u を国家または計画立案者の決定が消費に付する評価またはウエイトとして定義する．

$$u = \phi(z).$$

第11章　最適成長経路と低開発経済

計画立案者はあらゆる可能な $z(t)$ のなかでこれらの u の和を極大にするものを見出さねばならない．z は実現可能な産出の限界（資本が決定する能力）により，また労働の不可避的成長により，そして最後に，z を制限することによってのみのちに z を資本蓄積により増加できるという基礎的矛盾により，制約を受ける．

投資決意，投資への実際的な支出，そして結果として生じた能力から利用可能となる付加的産出の間には本質的なタイムラグが存在する．複雑な問題を単純化するために，私は平均すれば貨幣はプロジェクトの開始と結実の間の中間の時点ですべて支出されると仮定するであろう．他のすべてのラグは比較の問題として無視できると考える．したがって，単位期間として，私は初期決定と能力の実際的な稼働の間の平均時間の半分を考える．2年という期間は4年の建設期間の半分にあたるが，これが現実的にみた長さのラグであると思われることになるであろう．

われわれが与えた仮定によって，つまり，技術の新しい集合は変えないでスケールを拡大することによって，われわれは不変的な資本－産出比率 σ を仮定できるであろう．経済が計画されているので，われわれは産出 y はつねに完全能力になっており，したがって，k が資本の数量であれば，k/σ に等しいと仮定できるであろう．このとき，われわれの基本的制約はつぎのように与えられる．

$$y_t = \frac{k_t}{\sigma},$$

$$y_t = c_t + k_{t+1} - k_t,$$

$$u = \phi\left(\frac{c_t}{l_t}\right),$$

$$l = l_0 e^{\alpha t}.$$

第1方程式に第2方程式を代入し，そしてつぎにそれを（第4方程式と一緒に）第3方程式に代入することにより，効用を資本と時間の関数にすることができる．

$$u = \phi\left[\frac{\left(1+\frac{1}{\sigma}\right)k_t - k_{t+1}}{l_0 e^{at}}\right].$$

計画立案者の問題は，初期の期間から最終の期間にかけての有限和

$$\sum_{t=0}^{f} u_t(k, t)$$

を停留的にするような $k(t)$ を見出すことである．こうするために

$$\sum_{t=0}^{f} \phi'_t(z_t) dz_t = 0$$

が必要条件である．さて，

$$dz_t = \frac{\left(1+\frac{1}{\sigma}\right)dk_t}{l_t} - \frac{dk_{t+1}}{l_t} - \frac{c_t dl_t}{l_t^2} \quad \text{〔訳注1〕}.$$

しかし，c または y の変化が l を変化させないことから，$dl_t = 0$ である．ゆえにわれわれの必要条件は

$$\sum_{t=0}^{f} \phi'\left[\frac{\left(1+\frac{1}{\sigma}\right)dk_t}{l_t} - \frac{dk_{t+1}}{l_t}\right] = 0$$

になる．この級数の代表項は

$$\left[-\frac{\phi'_{t-1}}{l_{t-1}} + \frac{\phi'_t}{l_t}\left(1+\frac{1}{\sigma}\right)\right]dk_t$$

である．われわれは dk_t を選ぶのは自由であるので，係数すべてがゼロになることを要件としてはじめて dk のあらゆる可能な変分をゼロ和にすることができるにすぎない．われわれがこれらの係数すべてをゼロにするであろう k の時系列を見出すことができるならば，そのような時系列のいかなる小さな変更もその和を増加させも減少させもしないであろう．このとき，これがわれわれの求める停留的な解であるであろう．それが極大であるか，極小であるか，あるいは鞍点であるかどうかはさらに検査を行うことによって確かめねばならない．ゆえに，

$$\frac{\phi'_t}{l_t} - \frac{\phi'_{t-1}}{l_{t-1}} = -\frac{1}{\sigma}\frac{\phi'_t}{l_t}, \quad \text{すなわち，}$$

第 11 章　最適成長経路と低開発経済

$$\varDelta\left(\frac{\phi'_t}{l_t}\right) = -\frac{1}{\sigma}\frac{\phi'_t}{l_t}.$$

これが計画立案者が従わねばならない基本的な関係式である．私はそれを発見者の名にちなんでラムゼーの規則と呼ぶであろう（ただし，ここでは l_t とその影響が遅れて跛行する点で若干変形されている）．労働力が定率で成長するという事実が与えられると，われわれはその結果を

$$\phi'_t = \left(\frac{1+\alpha}{1+\frac{1}{\sigma}}\right)\phi'_{t-1}$$

と書くことができるであろう[訳注2]．こういうわけでわれわれは定係数の単純な1階同次差分方程式を得る．その解は

$$\phi'_t = \phi'_0\left(\frac{1+\alpha}{1+\frac{1}{\sigma}}\right)^t$$

である．よって，われわれが評価関数についてなにも知らない場合でさえ，われわれにはその限界価値がその全過程をつうじてどのように振舞わねばならないかがわかる．このことから，解を獲得するために，われわれは数学的に明示的な効用関数を必要としないということになる．われわれは，なんらかの経験的源泉から引き出されたか，価値判断の集合として措定されて得られた生活水準と評価を結合した表を含んでいさえすればなんであれ，限界効用関数を使用できるであろう．もちろん，任意に読み取ったものの間で補間を行うことは可能でなければならない．よって，任意の ϕ' にたいしてつねに対応する z を見出すことができる．任意の $\phi'(z)$ をプロットしてから，図11.1 のように勾配 $\frac{1+1/\sigma}{1+\alpha}$ で直線 A を，また 45° 線を引く．任意の初期値 z_0 を与えて，ふたつの直線〔A と 45° 線〕の間に降りていくことにより，継続的にあらゆる将来期間に対応する ϕ' の値を得る．これにより z_t は ϕ' から決められる．z_0 はもちろん所与でない．それは全問題にたいする解から見出される必要がある．われわれは

$$\frac{k_{t+1}}{l_t} = \left(1+\frac{1}{\sigma}\right)\frac{k_t}{l_t} - \frac{c_t}{l_t}$$

という関係をもっている。k_t/l_t を κ_t と書き，$l_{t+1}=(1+a)l_t$ を想起するならば，

$$\kappa_{t+1} = \frac{1+\dfrac{1}{\sigma}}{1+a}\kappa_t - \frac{1}{1+a}z_t$$

を得る。この問題を確定するためには，われわれは（l_0 と f のほかに）ふたつの所与の境界的条件を特定化する必要がある。明らかにこれらのうちひとつは k_0（ゆえに y_0）である。第2のものは，$\varDelta k_0$ ではありえない。なぜなら，それはわれわれが解こうとしている変数のひとつであるからである。同様にまた，それは y_f になることはない。なぜなら，われわれは終了時点で投資撤退により高い z の値を得ることができるが，これは経済的な意味をもたないからである。ゆえに，最良の選択は所与の最終的投資率であるように思われる。それがその経済の将来を擁護するであろう。したがって，計画立案者はある満足のゆく最終的成長率 $1+\nu$ を選ぶ必要がある。このとき，境界的条件は k_0 および

$$k_{f+1} = (1+\nu)k_f, \quad \text{すなわち}$$
$$\kappa_{f+1} = \frac{1+\nu}{1+a}\kappa_f$$

により与えられる。f は工業化が全労働力を新技術で装備することにより完了する時間を越えないように選ばれなければいけない。$\dfrac{1+1/\sigma}{1+a}$ を θ と書くことにより，解は

$$\kappa_{f+1} = -\frac{1}{1+a}\sum_{\tau=1}^{f}\theta^{\tau}z_{f-\tau} + \theta^{f+1}\kappa_0$$

である。つまり，解は θ と z の合成積あるいはたたみこみの和である。この式にわれわれの第2の境界的条件を挿入できるであろう。われわれは，試行錯誤の方法によって，つぎの方程式を満たす z_t の時系列をうまく見つけるときに，解を見出したことになるであろう。

$$\frac{(1+\nu)\sigma}{1-\nu\sigma}z_f + \sum_{\tau=1}^{f}\theta^{\tau}z_{f-\tau} = \left(1+\frac{1}{\sigma}\right)\theta^f\kappa_0 \quad \text{〔訳注3〕}.$$

図 11.1

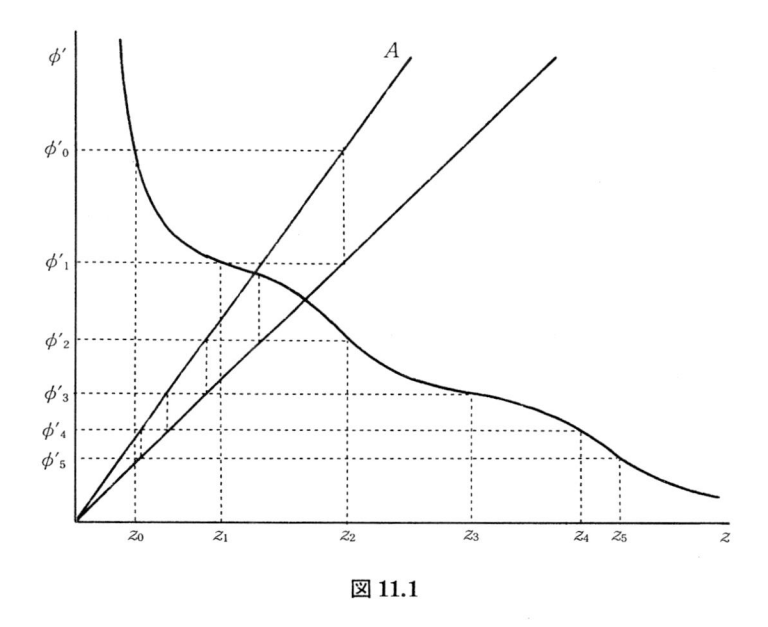

もしも $\phi'(z)$ は下方の端点で無限大への傾向を示し，z が際限なく増加するにつれて単調にゼロへと低落するという，「限界効用」について正常的になされる仮定をするならば，実際問題として解が存在するであろうということが保証されることになる．

計画期間を工業化の完了と一致させることをわれわれの要件とすれば，事実上，われわれはもうひとつの境界的条件を追加したことになる（ただし，それは問題に固有のものではない）．この f は，われわれの解とともに，関係

$$\varkappa_f = \varepsilon_N \sigma$$

から，同時的に決定できるであろう．ここに，ε_N は新技術の労働生産性である．z_0 と f をこれらの関係により決めることは骨の折れる仕事であるが，実際に行うことができる．われわれの条件の厳格で強情なところが完全に解の性質を決定する．貧困の世代はのちの豊かな世代を豊かにするために貧乏にするように求められる．生産性が十分に大きすぎて結局はいわゆる異時的

交換をあべこべに正当化してしまうということは，狭い限界内にあることにすぎない．のちに生まれた世代は先に生まれた世代を助成すべきであろう．しかし，時間が不可逆であるという現実のために，（もしも外国からの借入を除外するならば）これは起こり得ない．われわれは，初期の生活水準を，財の価値の低落が裕福さの増大するのを釣り合わせるように選ばねばならない．貧しい社会では，われわれは限界価値曲線上で高く上ったところから始める必要がある．よって，zは，財の価値を急速に下げていく間に，ほとんどまったく増加する必要がない．このことが資本の大量の蓄積を許すのであるが，それはzの必要とされる急速な成長を曲線の平坦な尾を進んでいくようにさせるであろう．これが正確にどのように作用するかは出発点で利用可能となる生存水準を越える剰余，資本－産出比率，人口成長，われわれの計画期間の長さfに依存する．事態を単純化するために，論理を逆転して，ありそうな種々のz_0を試すことができるであろう．産出の成長率がわれわれが必要とする最終的成長率に切り詰められるまで，各ケースでそこで含意される最適過程を算出すればよい．このようにして作業に取りかかれば，われわれはつねに，工業化を完了したその時点でわれわれが必要とする最終的成長率に終わるz_0を見出すことができる．

　計画立案者はなんとかして限界効用曲線を決定するか，あるいは，それについての指示のようなものを受容することができるであろう．純粋に説明上の目的のために，アービング・フィッシャーによる正当な所得税を決定するための有名な提案をまったく不当に逆転させてみることによって，私は「経験的」曲線の決定を企てる．彼が，同等な心理的犠牲を課すことになるであろう租税構造を決定するために，貨幣の限界効用の測定を使用することを企てたことを思い出せるであろう．これとは反対に，われわれはそのような正当な所得税をすでにもっていると仮定するならば，それから貨幣の限界効用がなんであるかを推理できるであろう．フィッシャーの公式[3)]は変更を要するが，それによって，それは限界〔税〕率が１で課税されるような無限大の所得にたいしてはゼロになる．これは，

$$\phi'(z) = \frac{1-T(z)}{T(z)}$$

と仮定するならば，そうなるであろう．ここに $T(z)$ は所得階級が z であるときの限界税率である．$T(z)$ については私は夫婦子供 2 人の世帯にたいする英国の 1953/54 年度の限界所得税率表を勝手に改作したものにするであろう．私は，行政的便宜のために行われる幾分突然に起こる変化は，最初の時点で突然に起こる変化と標準税率から所得税特別付加税へと遷移するときの突然の変化にかんして，平滑になるように仮定する．同様に，私は作図でも勝手に補間を行った．ゼロの率，ゆえに無限大の限界効用は 375 ポンドと仮定し，それは 725 ポンドになると 0.29 という現実の率に滑らかに遷移する．

　この問題とその解を調べる最良の方法は特殊な例題を考えることである．率はみな年率で与えられているが，各段階で 2 年の間その値をとりつづける（きわめて容易に隔年率で計算される）．仮説上の社会は 10 の労働力をもち，そのうち $6.5 (=v)$ だけが実際に欠くことのできない部分であり，$3.5 (=u)$ はある意味で失業している．初期産出は 100 [訳注4] であり，よって，粗〔労働〕生産性は 10 である．真の生産性 ε_A〔旧部門の労働生産性〕は 15.4 である．労働力は年 2 パーセントで上昇する．初期の生活水準 z_0 は粗生産性の近い値をとるであろう．しかし，それは 9.3 を超えてはならない．そうでなければ，1 人あたりの資本が低落することになるであろうから，工業化の可能性が存在しない [訳注5]．「自由にできる」剰余がほとんどないという仮定をすれば，生存水準の最低限を $\bar{z}=9.15$ であるとみなすことができるであろう．この最低限は物理的，道徳的，あるいは政治的な限度でありうるが，それは生活水準がいかなる環境のもとでも合理的な計画立案者によってそれ以下に圧迫されてはならない水準であるという点でまさに本物の限度である．われわれが英国について仮定した心理的所得評価をわれわれの貧困化社会に利用できるように変形するのに，ただ 375 ポンドを 9.15 に等しいと置くだけにしよう．資本 − 産出比率は年々 $\sigma=3.5$ であると考える．これは通常よりもずっと高い値であるが，われわれはいかなる政府勘定も省いているため

に，通常は投資として分類されない開発支出のあるものが含められるという事実を斟酌すれば支持されるであろう．新旧の資本 - 産出比率は同じであると考える．計画経済になっているので，産出は終始完全能力を使用していると考えられる．したがって，$k_0 = 350$ である [訳注6]．新部門の労働生産性は $\varepsilon_N = 125$ で，実際に広範に普及している旧部門の労働生産性のおよそ 8 倍である [訳注7]．切替が完了するとき，労働者あたりの資本は $\kappa_f = \varepsilon_N \sigma = 438$ になるであろう．必要となる最終的成長率は年 5 パーセントである [訳注8]．しかし，われわれは直前の 2 年間と同じ長さの期間に正確にこれを成就することができると期待してはならない．実際には 6.5 パーセントがもたらされるが，つぎの隔年の期間には負になってしまうことになるであろう．最終期に，私はただ単につぎの期間に 5 パーセント成長を与えることになるような消費額を挿入しただけである．これらのデータはどれも経験的なものでなければ，どこかの国に当てはまるものでもない．しかし，それらは適正なオーダーの大きさをもち，このような成分からなるという意味で，仮想的な問題とは反対の「実在的な」問題を得ている，と私は考える．

　これらの構造的条件と境界値を所与として，工業化を必要な最終成長で完了させることになるような初期消費水準 z_0 を求めよう．$z_0 = 9.17$ とするならば，進歩はほぼ 38 年で最適に達成されるであろう．完全な切替に至る詳細な挙動は表 11.1 [訳注9] で，またもっとも重要な制御要因は図 11.2 に与えられている．

　政策処方箋の一般的性質は明らかである．つまり，期間の大部分は消費を苛酷に制限し，終局に近くなって完全な緩和をするというものである．そのような政策は技術的な可能性を利用する利点からくる合理的な結果である．将来の世代の満足に正確に同一のウエイトを与えているにもかかわらず，現在の世代の方に苛酷になってしまう．利得はきわめて大きいので，われわれはなんと貧乏人から略奪して金持ちに与えることを正当化してしまうのである！　総消費のかなりの上昇（第 3 列）はまずはじめに人口上昇に大いに必要なものである．しかし，平均消費の幾分控え目な上昇（第 8 列）も実際ス

表 11.1

t	k (1)	y (2)	c (3)	s (4)	l (5)	v (6)	u (7)	c/l (8)	c/v (9)	s/y (10)	$\Delta s/\Delta y$ (11)	$\Delta y/y$ (12)
0	350	100	91.7	8	10.00	6.50	3.50	9.17	14.1	0.080		
2	368	105	95.5	9	10.40	6.54	3.86	9.18	14.6	0.086	0.20	0.025
4	388	111	99.5	11	10.82	6.59	4.23	9.19	15.1	0.099	0.33	0.029
6	412	118	103.5	14	11.24	6.64	4.60	9.21	15.6	0.119	0.43	0.032
8	441	126	108	18	11.70	6.71	4.99	9.24	16.1	0.143	0.50	0.034
10	476	136	113	23	12.16	6.79	5.27	9.28	16.7	0.169	0.50	0.040
12	527	151	119	32	12.71	6.91	5.80	9.33	17.2	0.212	0.60	0.054
14	590	169	124	45	13.15	7.05	6.10	9.41	17.6	0.266	0.72	0.060
16	680	194	131	63	13.65	7.25	6.40	9.58	18.1	0.325	0.72	0.074
18	812	232	140	92	14.22	7.56	6.66	9.82	18.5	0.397	0.76	0.098
20	998	285	151	134	14.79	7.98	6.81	10.18	18.9	0.470	0.79	0.114
22	1268	362	170	192	15.38	8.60	6.78	11.08	19.8	0.530	0.75	0.135
24	1653	473	199	274	16.00	9.48	6.52	12.4	21.0	0.579	0.74	0.154
26	2205	630	243	387	16.63	10.74	5.89	14.6	22.6	0.613	0.71	0.166
28	2980	850	327	523	17.30	12.50	4.80	18.9	26.1	0.615	0.62	0.175
30	4050	1158	549	609	17.99	14.95	3.04	30.5	36.7	0.527	0.28	0.181
32	5280	1510	852	658	18.71	17.80	0.91	45.5	47.9	0.436	0.14	0.153
34	6600	1885	1205	686	19.45	19.45	0	62.0	61.0	0.364	0.07	0.124
36	7960	2275	1770	505	20.20	20.20	0	87.5	87.8	0.222	0.05	0.104
38	9000	2570	2120	450	21.01	21.01	0	101.0	101.0	0.175	−0.37	0.065

タートの時点からすぐに起きている．実質賃金率の尺度とみなすことが可能である雇用労働者あたりの消費（第9列）は，これよりやや急速に上昇させられる．しかし，これらの利得は初期の時期には寄生的人口 u の連続的成長があることにより一部散逸する．資本蓄積努力の猛威があるにもかかわらず，高生産性の技術が導入されてもそれは労働必要量は少なくなるがゆえに，失業はかなり制御しがたいものであることが判明する．発展の水準に応じて技術を変化させていくという問題は仮説により除外されているということが，付言されるべきであろう．広い見方をすれば，モデルはソビエト連邦の経験と資本主義国の経験の双方と一致している．生活水準は工業化を開始したあと長い間低くとどまる．さらに，剰余労働を持続的に求める傾向が存在するが，それはつねに観察される．

— s/y　-- $\Delta s/\Delta y$　… $\Delta y/y$

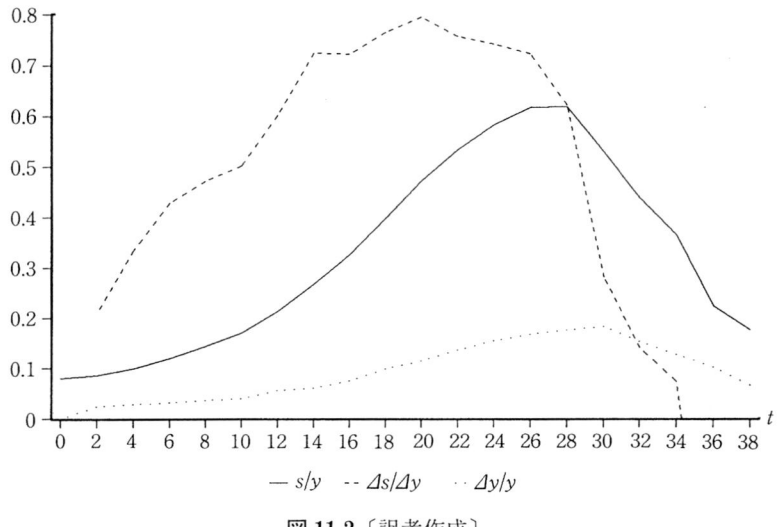

図 11.2〔訳者作成〕

　このモデルは，他の多くのモデルと同様に，複合倍加の試みのひとつである．しかし，それは経済発展の分析に広範に使用されてきた「斉一成長」モデルとは著しく異なっている．このようなモデルは不変の成長率を意味するが，これにたいして，われわれはここでは率 $\Delta y/y$ が 2.5 パーセントで始まり，恒常的に年 18 パーセントに上昇し，つぎに再び低落して必要とされる 5 パーセントの最終的成長率に近づく（表 11.1 および図 11.2）．同様にそれは，モデル・ビルディングと高率政策の運営の双方の点で，貯蓄比率をある「満足のゆく」あるいは「最良の」水準に押し上げるものとして問題を提起している常習と対比すべきものである．貯蓄比率は，8 パーセントで始まり，急速な加速の作用に服して，純国民所得の 61.5 パーセントという極大値に向かう．その後は，減速して急速に 17.5 パーセントに向かう．多分，もっとも決定的な指標は暗示的な限界貯蓄性向 $\Delta s/\Delta y$ である．「暗示的」というのは，貯蓄は計画上の決定により決まっており所得受領者のなんらかの自発的行動によるものではないからである．どこの貧困な社会でもそうであるように，平均貯蓄比率ははなはだしく低い．しかし，限界比率は人口成長とラ

ムゼーの規則が許す高さにすることができるであろう．それは20パーセントで始まり，急勾配で79パーセントまで上昇し，そののち負の値に低落する（つまり，所得は上昇するが，一方，貯蓄は正であるものの低落していく）．限界貯蓄比率は，同様に新資本設備のどんな割合が資本財産業に再投資されねばならないかについての重要な情報を含んでいる．もしも資本財産業で必要とされる追加的資本を Δk_k と書けば，このときそれと必要とされる総資本にたいする比率は $\Delta k_k/\Delta k$ であり，それは $\sigma\Delta(\Delta k)/\sigma\Delta y$ に等しくなるであろう[訳注10]．この比率は，$s = \Delta k$ であるので，$\Delta s/\Delta y$ に等しいことがわかる．この同じ比率は，われわれがどの程度不変的率で純粋な複合を行うかを告知するであろう．こういうわけで，総消費が不変に保たれるとするならば，われわれは貯蓄の初期額を取り出しそれを追加的所得に変えることができるであろうが，そのすべては順次貯蓄されていくことになるであろう．この結果は純所得で各2年ごとに50パーセント以上，あるいは各1年でおよそ25パーセント複合倍加される成長になるであろう．18世紀以来認識されてきたように，長期的複合倍加は壮観な結果を生み出す．このような超高率では短期間においてさえそうなる．しかしこの25パーセントの率というのは，どちらかといえば，控え目なものである．というのは（それが基礎にしている）3.5という資本-産出比率はやや高く[訳注11]，それゆえに成長を抑制するからである．しかしながら，われわれは資本財を資本財能力に再投資する，つまり，より多くの機械をつくるために機械をつくることをつづけていくようにする程度であれば，25パーセントの率で複合倍加していくだけである．比率 $\Delta s/\Delta y$ が語るものは，われわれの目的が消費の心理的な価値であり単に総産出のサイズだけではないと仮定していれば，純正の複合を行う最良の比率である．実際問題として初期の段階で生活水準を押さえつけることができる度合いが決定的に重要性をもつが，またかなり取り扱いにくいものである．必要とされることは，失業者が資本装備され，就業させられ，賃金を支払われるようになるとき，失業者が過去に寄生していた世帯や団体の所得が，彼らが非稼得者でなくなることにより彼らがそこから利得を得る

ことがないほどに，切り詰められていなければならないということである．これはどんな現実の国家も遂行することができないような度合いの制御を代表している．それはまた目指されるべき標準である．明らかに権威ある政府はその標準に近づくのにはるかに大きな資格がある．

主観的時間選好は，もしあるとしても，政策の手引きとしては明示的に棄却されているけれども，生活水準の上昇は既知で予見されるということからただちに将来の財は単位あたりでみると望ましさが減少するということに注意することは興味深い．したがって，利子が正でなければ，合理的な個人なら誰も将来の返済と消費と交換に貨幣を貸すことはないであろう．貸すことが自由であるならば，消費者は

$$\frac{1+\frac{1}{\sigma}}{1+\alpha}$$

よりも大きな利子率でなら喜んで貸すことになるであろう．そして利子率は過程をつうじて不変にとどまる．本例題ではそれはおよそ年あたり 23 パーセントである[訳注12]．この資金の供給価格は完全予見であってもまた将来について主観的な過小評価があったとしても存在するものである．シュンペーターの分析のとおり，供給価格は定常状態ではゼロになるであろう．これは資本主義では利子率が長期的に不変であるという理由を与えるのに役立つはずであろう．注目すべき事実は，主観的利子率の不変性は産出の成長率が大きく加速しているときでも減速しているときでも両立するということである．それによって，利子率と成長率は密接に関連する必要がないということが示される．

第 3 節

ラムゼーの規則のもつエレガントな一般性を越えて先に進むためには，ある種の評価関数を特定化する必要がある．前節で私はこれが任意のウエイト

を上乗せした関数にたいして数値分析により行うことができるであろうということを示したが，それは骨の折れる厄介な仕事である．他方，適当な数学的関数を用いると長所を残して明示的な解が得られるであろう．対数型効用関数はもっとも古くからあり，それはまたもっとも単純なものであるが，所得の全範囲で限界効用が無限大からゼロに逓減するという必要な特性を含んでいる．これを仮定すれば，われわれは

$$u = \phi(z) = \log(z - \bar{z})$$

をもつ．ここに $\bar{z}$ は生存水準の最低である．限界効用は

$$\phi'(z) = \frac{1}{z - \bar{z}}$$

で与えられる．$\phi'(z)$ の挙動についてのわれわれの解はいまや

$$\frac{1}{z_t - \bar{z}} = \phi'_0 \left(\frac{1+\alpha}{1+\frac{1}{\sigma}} \right)^t$$

になる．C を任意定数として，消費のタームで述べれば，

$$c_t = C\left(1 + \frac{1}{\sigma}\right)^t + \bar{z} l_0 (1+\alpha)^t$$

である[訳注13]．いまこれを再びわれわれの原方程式に代入するならば，

$$-\varDelta k_t + \frac{k_t}{\sigma} = C\left(1 + \frac{1}{\sigma}\right)^t + \bar{z} l_0 (1+\alpha)^t$$

を得る[訳注14]．これにたいする完全な解は

$$k_t = (A + Bt)\left(1 + \frac{1}{\sigma}\right)^t + \bar{z} l_0 (1+\alpha)^t$$

である[訳注15]．A と B は任意定数であるが，$C = -(1 + 1/\sigma)B$ の関係がある．A は初期資本ストックから決まり，B は望ましい最終的成長率から決まる．もしも隔年の最終期 f を，新資本財が全人口を雇用するのに十分でなければならないという要件によって，選定することに同意するならば，われわれは，実際上，それを決めるために第3の任意定数と第3の方程式をもつ．われわれは A と B を与えて同時的に f を決めなければならない．というのは，われわれはそれを知る前にそれらを決めることはできないし，それらを知る

前にそれを決めることはできないからである．これは反復的に行うことができる．

　生存水準の最低限 $\bar{z}$ は当然ながら最適な切替に必要とされる時間を決めるときに非常に重要である．最低限を明瞭に与える定義はないであろう．よって，$\bar{z}$ は所与とみなすことはできない．そのようなケースでは，われわれは切替は f 年で遂行される必要があるという政治的決定を行い，このことからどんな最低の z が特定化されるべきかを決めていく可能性がある．実際，「追いつこう」とする強力な願望は，現在の世代に，そうでなかったなら激しく棄却されたかもしれない犠牲を受け入れるように説得する論拠として，合法的に使用できるであろう．以下で議論されるべき例題では，生存水準が 8.95 であるならば，切替までに 70 年かかるであろう．しかし，生存水準が 7.50 であれば，40 年しかかからない．しかしながら，選択には苛酷な限度がついている．というのは，時間を 30 年にまで下げるためには 3.70 の生存水準が必要になることになるであろう．他方の端にある 9.00 という生存水準では切替はけっして完了することはないということが意味されることになるであろう．

　第 2 の例題では，私は資本－産出比率 σ を年々 5 という極度に高い値にとることになるであろう．このようにして，われわれは工業化の計画にもっとも苛酷な困難を課す．それによって，結果のいかなる楽観主義も好都合な仮定のせいであると言うことができないようになる．それ以外の構造的データはみな表 11.1 と同じようになる．しかしながら，生存水準の最低限との関係で言えば，経済は初期時点でより生産的である必要がある．したがって，$\bar{z}$ は第 2 の例題では 7.5 であるとみなされる．切替はほぼ 40 年で完了するであろうが，それはまた効用が極大化されるべき期間である．必要とされる挙動の詳細は表 11.2 と図 11.3 に与えられている[訳注16]．

　完全に異なった種類の効用関数と利用可能な剰余にかんして非常に異なった状況があるにもかかわらず，ふたつのケースにたいする定性的な処方箋は同一であることがわかるであろう．消費は苛酷に制限され，貯蓄比率はきわ

表 11.2

t	k (1)	y (2)	c (3)	s (4)	l (5)	v (6)	u (7)	c/l (8)	c/v (9)	s/y (10)	Δs/Δy (11)	Δy/y (12)
0	500	100	77.4	22.7	10.00	6.50	3.50	7.75	11.9	0.227	0.54	0.045
4	600	120	85.8	34.3	10.82	6.66	4.16	7.95	12.9	0.286	0.61	0.057
8	755	151	96.9	54.3	11.70	6.91	4.79	8.25	14.0	0.359	0.66	0.072
12	1004	201	113.1	88.1	12.71	7.31	5.40	8.90	15.5	0.438	0.68	0.088
16	1397	279	137.1	142	13.65	7.93	5.72	10.1	17.3	0.509	0.68	0.102
20	2043	409	179	230	14.79	8.97	5.82	12.1	19.9	0.563	0.66	0.113
24	3066	613	253	360	16.00	10.70	5.30	15.8	23.6	0.588	0.60	0.118
28	4700	940	390	550	17.30	13.22	4.08	22.5	29.4	0.585	0.50	0.117
32	7090	1420	655	765	18.71	17.07	1.64	35.0	38.4	0.539	0.33	0.108
36	10460	2090	1157	935	20.2	20.2	0	57.5	58.2	0.447	−0.09	0.089
40	14060	2810	2124	686	21.9	21.9	0	97.0	97.0	0.244	−1.88	0.049

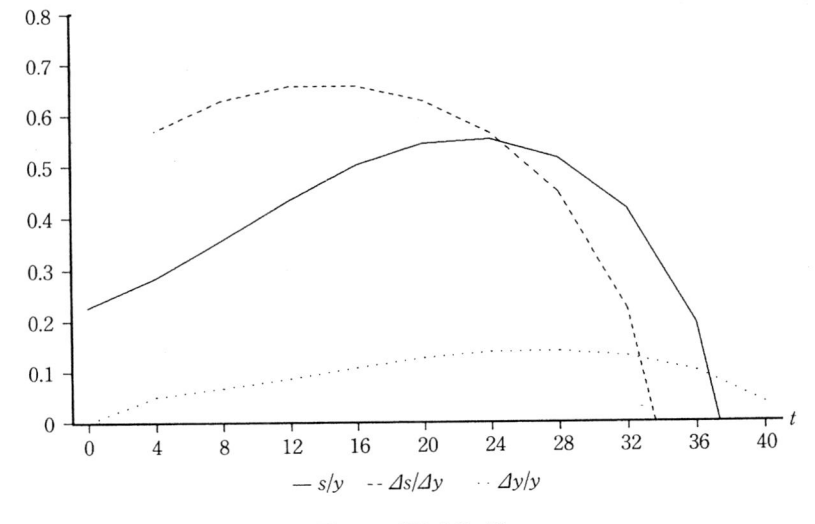

図 11.3〔訳者作成〕

めて高くに上昇し、所得はまず加速的に増加するが、つぎに減速する。もちろん、数量的な挙動は実質的な構造が大きく異なるために細部で異なる。第2の例題では、限界貯蓄比率がはるかに高い値で始まり、それほど高い値に押し上げられる必要がなくすぐに下がる。同様に、貯蓄比率は前の例題と比

較すると勾配はかなり緩くなり極端な挙動はやや弱められる．成長率は高い値で始まり，まもなく上昇するが，それゆえに，第 1 のケースほどきわめて高い値に押し上げられる必要がない．賃金率（第 9 列）はもっと急速に上方に進んでいくことが許されるが，それほど著しくそうなっていく可能性があるわけではない．要するにこのケースは第 1 のケースよりももっと楽にできるということがわかる．その理由とするところは，このケースの方が豊かであるということである．これは，産出ではなく，生存水準の最低限を均等にするならば，いっそう明瞭になることであろう．ことによると，これらのまったく類似点のない国々で理念的な政策がもっとも顕著に一致するところは一方のケースは 38 年，他方のケースは 40 年という切替の長さ全体である．

対数型効用評価（およびそれの定数倍すべて）を分析することが可能であるばかりでなく，われわれはもっと先に進んで，貨幣の限界効用のいかなる度合いの低落をも考察できるようにする対数曲線を歪めた族全体を考察することができる．こういうわけで，われわれはつぎのようなはるかに一般的なケースを考察できるであろう．

$$\phi'(z) = \frac{1}{(z-\bar{z})^{\varepsilon}}.$$

ここに ε は正であるが，ゼロから無限大の任意の値をとることができ，$\varepsilon=1$ でわれわれの前例題の結果に還元される．$\varepsilon<1$ では，将来の所得上昇の限界価値はわれわれの前のケースより高い位置にあるであろうが，ゼロに近い値のある定数に接近する．解はもちろんやや複雑になりつぎのようになる．

$$k_t = Ab^t + Bh^t + \frac{\bar{z}l_0}{\frac{1}{\sigma}-\alpha}d^t \quad \text{〔訳注 17〕}.$$

ここに，

$$b = 1 + \frac{1}{\sigma},$$

$$h = \frac{\left(1+\frac{1}{\sigma}\right)^{1/\varepsilon}}{(1+\alpha)^{1/\varepsilon-1}},$$

$$d = 1+\alpha.$$

また，

$$c_t = (b-h)Bh^t + \bar{z}l_0 d^t \quad \text{〔訳注18〕}.$$

このようにして，われわれは $\varepsilon = 1/5$ とした場合の非常に異なった評価曲線を研究することができるであろう．この例題では限界効用曲線は前の例題の曲線よりも問題となる範囲のほとんどでかなり上回る．最初の例題の曲線は他のふたつの曲線のどこか中間に位置する．その他の場合には，$\bar{z}$ が 8.75 で 9.00 という臨界的限度の非常に近くにあると考えられるという点を除くと，第 2 のケースとすべて同じである．ただし，臨界的限度とはそれを越えると切替が有効に働かない点である[訳注19]．このことは蓄積が痛ましいものであることを意味する．他方では，$\varepsilon < 1$ は消費を延期することによる利得ははるかに大きなものになるという理由で，どうしても望ましいものである．これらのふたつの影響は部分的ではあるが互いに相殺し合っているように思われる．というのは，われわれは工業化はほぼ第 2 のケースと同じくおよそ 41 年で最適な仕方で完了するであろう．詳細な結果は表 11.3 と図 11.4 に与えられているが他のふたつの例題の結果と概括的に相似的であるが，大きさの点で重要な相違がある．資本必要量が高く利用可能な剰余が低いという組合せで将来得られる高所得の心理的価値が高いときには，切替はきわめてむずかしい事柄であることを意味する．こういうわけで生活水準はほとんど上昇することが許されず上昇するのは過程が終了する間際である（その過程は 40 年目ではまったく終了とはならない）．必要となる努力が苛酷であるということは，28-30 年の間に産出増加の 95 パーセントが資本財に再投資されるという事実に示される（第 11 列）．失業（第 7 列）は最初のふたつの例題と比べてずっと取り扱いにくいものであることがわかる．およそ 20 年目にしてほぼ同じ大きさの雇用になる．逼迫のひとつの結果は，平均賃金率（第 9 列）が 20 年と 32 年の間で実際的に減少してしまうことである．ただし，生活水準は減少しない[訳注20]．これは寄生的な失業の負担を低めることから生じる．このような挙動は最初のふたつのケースからは生じない．しかしな

がら，図11.4と図11.2，図11.3の比較により，われわれはこのケースが他のケースと定性的に同じであることがわかる．最初のふたつのケースがもつ特有な特徴はここではみなもっと極端な形態で見出される．

　本質的な点で異なっているが，これら3つの異なる型のモデルはみな同一の定性的な政策上の含意を共有している．つまり，初期の段階では1人あたりの消費を極度に制限し，のちに種々の程度で緩和していくというものである．このような満場一致はつぎの提案を支持してくれるものである．つまり，このパターンはすべての開発政策がそこに変更されるべき方向を与える一般的に適用可能な理想を示しているという提案である．3つある切替過程のすべてに同一の絶対的時間量が必要であるという事実がもつ含意は幾分不明瞭なところがある．どんな程度でこれが偶然的に起こり，またどんな程度で工業化には粗いがある種の最適時間定数が存在するのか知ることはむずかしい．ある程度は，所得増加になんらかの単調減少的評価を与えることにより，かえって合理的政策に苛酷な制限が課される．蓄積のパターンにはある一様性が生じる傾向がある．それは，指数的成長の延長という猛威と組み合わせると，ことによると，たしかにかなり異なった環境のもとでさえ共通の存続時間になるある傾向を与えることになるであろう．

　このすべてのなかでもっとも暗部にある局面は様々の所得水準についての社会的評価の基礎である．このような比較はなんらかの科学的あるいは実証的な基底のうえですることができない．政治的判断という行為によってのみすることができるものである．しかしながら，それに伴う諸困難は，この論点を避ける理由にならない．政策が欠如していることはなおさら悪いことであるが，いかなる政策も，現在生きている人々とまだ生まれていない人々の厚生にかんするもっとも徹底的な比較を伴うものである．苛酷な蓄積率を追求し損なうことは，現行の決定に直接的に口を出す権利のない人々の厚生を弱体化することである．これらの価値判断を行う困難は，行為と不行為の結果を客観的になんであるかを知らないことにより非常に増大する．本章の論文の線に沿って種々の限界評価関数の結果を仕上げることは，現時点よりも

表 11.3

t	k (1)	y (2)	c (3)	s (4)	l (5)	v (6)	u (7)	c/l (8)	c/v (9)	s/y (10)	$\Delta s/\Delta y$ (11)	$\Delta y/y$ (12)
0	500	100	88	12	10.00	6.5	3.5	8.75	13.5	0.125	0.30	0.025
4	554	111	95	16	10.82	6.6	4.2	8.75	14.4	0.144	0.41	0.029
8	622	125	102	22	11.70	6.7	5.0	8.75	15.2	0.178	0.54	0.036
12	723	145	111	34	12.70	6.9	5.8	8.75	16.2	0.231	0.67	0.046
16	869	174	120	55	13.65	7.1	6.6	8.75	16.9	0.314	0.79	0.063
20	1120	224	130	96	14.79	7.5	7.3	8.75	17.3	0.426	0.86	0.085
24	1560	312	140	174	16.00	8.2	7.8	8.75	17.1	0.556	0.91	0.111
28	2368	474	152	325	17.30	9.5	7.8	8.75	16.0	0.686	0.95	0.137
32	3907	783	165	621	18.71	12.0	6.7	8.85	13.7	0.794	0.95	0.159
36	6870	1375	248	1136	20.20	16.7	3.5	12.3	14.8	0.825	0.43	0.165
40	11730	2345	1680	686	21.90	21.9	0	76.8	76.7	0.293	-18.5	0.059

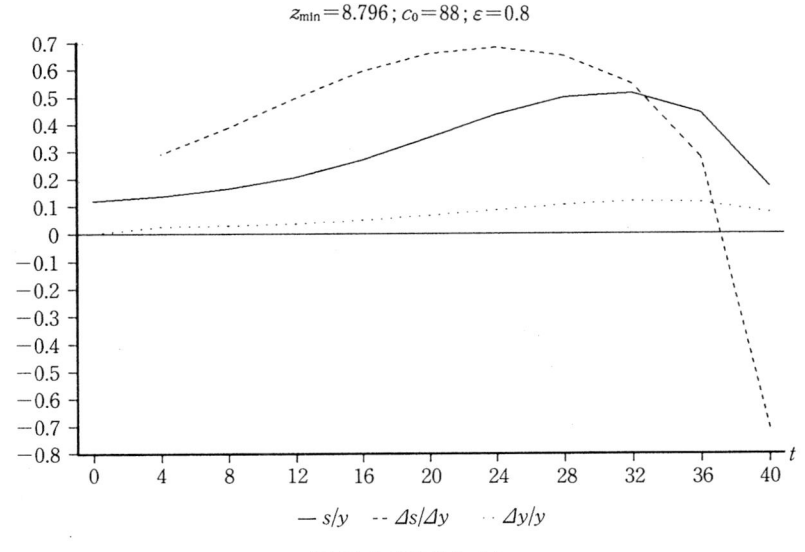

$z_{\min}=8.796;\ c_0=88;\ \varepsilon=0.8$

図 11.4 〔訳者作成〕

もっと合理的なある政策的基底に到達することに役立つはずである．

　この問題がまったく取り扱いにくいということを知ることが差し迫って必要である．貧しい人から今盗んで豊かな人にあとで支払うということを正当

化することは容易なことではない．しかし，それは近代技術がもつ巨大な生産性が暗示しているものである．低開発諸国をみなしきりに，根気強く初期には痛ましい過程になるだけのことになるようなものに着手したがるようにさせるのは，この事実についての本能的な認識である．最適な切替を条件づける基礎的な諸要素は現有の遂行可能な産出，消費生活水準が維持されうる最低水準，そして消費水準が高くなるにつれてそれが遂行されるときはいつでも付けられる多かれ少なかれ任意のウエイトである．不条理に低い値を除けば，ここで例証されている型のある種の激しい資本蓄積過程が理想である．モデルの単純化により理想的政策ははなはだしく鋭利な概観を与えられる．しかし，それがもつ一般的性質はたしかに政策の健全な手引きになる．

第 4 節

われわれの問題は正式には変分法の問題である．そのような取扱いにすることでエレガントになるという利点があるが，現実性は失われることになろう．われわれは計画立案に実践的にきわめて重要性の高い問題となる，投資と能力の間にあるラグを落とさなくてはならない．その他の仮定はみな保持するとして，計画立案者はあらゆる可能な $z(t)$ のなかで

$$\int_0^f \phi(z)dt$$

を最大にするようなものを探し求める必要がある．しかし，

$$z = \frac{y - \sigma \dot{y}}{l(t)} = \phi(y, \dot{y}, t)$$

である．したがって，計画立案者はほんのわずかな変更があったときも，

$$\int_0^f \phi[\psi(y, \dot{y}, t)]dt$$

の価値をそのまま変更せずに済むような時系列 $y(t)$ を探し求めることになる．この式が停留的であるための必要十分条件は，オイラー方程式

第11章 最適成長経路と低開発経済

$$\phi'(z)\frac{\partial \psi}{\partial y} = \frac{d}{dt}\phi'(z)\frac{\partial \psi}{\partial \dot{y}}$$

である[訳注21]．それは，今のケースでは，

$$\frac{\frac{d\phi'}{dt}}{\phi'} = -\left(\frac{1}{\sigma}-\alpha\right)$$

になる．それは，若干異なる形をしているが，私がラムゼーの規則と呼んだものである[訳注22]．

われわれが対数でウエイトを付けた関数を仮定するならば，このとき，

$$\phi(z) = \log(z-\bar{z})$$

であり，

$$\int_0^f \log\left(\frac{y-\sigma\dot{y}}{l(t)}-\bar{z}\right)dt$$

を停留的にするような $y(t)$ を探し求めるであろう．オイラー方程式を積分することにより，われわれはつぎの解

$$y(t) = (Y_1 + Y_2 t)e^{t/\sigma} + \frac{\bar{z}l_0}{1-\sigma\alpha}e^{\alpha t}$$

を得る[訳注23]．ここに Y_1, Y_2 はわれわれが選ぶような境界条件により決まる任意定数である．これは上記で与えられた有限差分の解の連続版である．

前の諸ケースとの相似点を示すために，なおいっそう異なった条件を与えて例題をつくることにしよう．つぎのことを仮定しよう．資本‐産出比率を年々 $\sigma=4$，労働力の成長率を $\alpha=1$ パーセント，$l_0=10$，$y_0=100$，$\bar{z}=9$，旧技術の生産性 $\varepsilon_A=15.4$，新技術の生産性 $\varepsilon_N=333$ とする．年5パーセントの最終的成長率を必要とすることにすると，完全雇用はおよそ23年で達成され，全労働力は34年と35年の間で新技術を装備する．$f=34$ 年と考えると，われわれはつぎのように任意定数を決めることができるであろう．つまり，

$$y(t) = (6.25-0.160t)e^{0.25t} + 93.75e^{0.01t}$$

である[訳注24]．詳細は表11.4に与えられている．人口圧力がその他の例題の

表 11.4

t	y (1)	c (2)	s (3)	l (4)	c/l (5)	s/y (6)	ds/dy (7)	$\dot{y}/y$ (8)
0	100.0	90.6	9.4	10.0	9.06	0.094	0.548	0.023
1	101.8	91.7	10.1	10.1	9.08	0.099	0.588	0.026
2	105.3	92.9	12.4	10.2	9.11	0.118	0.624	0.030
3	108.7	94.1	14.6	10.3	9.14	0.134	0.655	0.034
5	117.6	96.8	20.8	10.5	9.22	0.177	0.710	0.044
10	160.0	107.3	52.7	11.1	9.7	0.330	0.778	0.083
20	566	205	361	12.2	16.8	0.638	0.658	0.159
25	1286	448	838	12.8	35.0	0.653	0.596	0.163
30	2747	1280	1467	13.5	94.8	0.534	0.199	0.132
32	3499	2034	1465	13.8	147.5	0.420	−0.334	0.102
34	4092	3297	795	14.1	234.0	0.195	−0.30	0.048

たった半分にすぎないにもかかわらず，表 11.4 が完全な切替まで必要な年月は 4～6 年だけ少ないにすぎない．われわれはやはり限界的貯蓄と平均的貯蓄の同一パターンを見出すことになるが，限界的率は 50 パーセント以上の率で開始している（第 7 列）．結果はやはり，一般的政策処方箋は社会的評価，資本‐産出比率などといったものについての個々の仮定に大いに依存することはないという見解を支持したものである．

注

* "The Optimal Growth Path for an Underdeveloped Economy", *Economic Journal*, vol. 71 (1961), pp. 756-74.
1) 本章の内容の最初の発表は 1956 年 11 月 10 日のオックスフォード‐ロンドン‐ケンブリッジ・セミナーでなされた．
2) Ramsey, E.J., "A Mathematical Theory of Saving", *Economic Journal*, 38 (December 1928), pp. 543-9.
3) "A Statistical Method for Measuring 'Marginal Utility' and Testing the Justice of a Progressive Income Tax", in *Economic Essays in Honour of John Bates Clark*, New York, 1975, p. 186.

第11章　最適成長経路と低開発経済　　　　　　　　　　235

訳注

1) $dz_t = \dfrac{dc_t}{l_t} - \dfrac{dl}{l_t^2} c_t$

   に $c_t = (1+1/\sigma)k_t - k_{t-1}$ の全微分を代入すればよい．

2) $\dfrac{\phi'_t}{l_t} - \dfrac{\phi'_{t-1}}{l_{t-1}} = -\dfrac{1}{\sigma}\dfrac{\phi'_t}{l_t}$ と $l_t = (1+\alpha)l_{t-1}$ からしたがう．

3) $\kappa_{f+1} = -\dfrac{1}{1+\alpha}\sum_{\tau=1}\theta^\tau z_{f-\tau} + \theta^{f+1}\kappa_0$ に $\kappa_{f+1} = \dfrac{1+\nu}{1+\alpha}\kappa_f$ を代入すれば，

$$(1+\nu)\kappa_f + \sum_{\tau=1}^{f}\theta^\tau z_{f-\tau} = \left(1+\dfrac{1}{\sigma}\right)\theta^f \kappa_0 \qquad (*)$$

である．一方，$\kappa_{f+1} = \dfrac{1+\dfrac{1}{\sigma}}{1+\alpha}\kappa_f - \dfrac{1}{1+\alpha}z_f$ と $\kappa_{f+1} = \dfrac{1+\nu}{1+\alpha}\kappa_f$ から，

$$\kappa_f = \dfrac{\sigma}{1-\nu\sigma}z_f$$

である．これを(*)式に再び代入すれば本文の式がしたがう．原著では左辺第1項が $\dfrac{(1+\sigma)}{1-\nu\sigma}z_f$ となっている．

4) 訳注9の計算の観点から y_0 は 99.7 である．

5) 剰余がほとんど存在しないとき，産出 y と消費 c はほとんど同じ水準である．労働生産性は y_0/l_0，z_0 は c_0/l_0 であるから，両者の値は接近するであろう．$z_0=9.17$, $c_0=91.7$ のとき，$k_0/l_0=34.90$, $k_1/l_1=35.15$ であるが，$z_0=9.3$, $c_0=93$ のとき，$k_0/l_0=35.35$, $k_1/l_1=35.15$ である．訳注9の訳者作成表11.1を参照．

6) $y_0=99.7$ のとき，完全利用を仮定すれば，$k_0=99.7\times 3.5=348.95$ である．訳注4参照．

7) 旧部門の労働生産性は 15.34 である．ゆえに $125 \div 15.34 \fallingdotseq 8.15$ である．訳注9の(6)を参照．

8) 訳注3で導出した式に $\nu=0.05$ を代入する．$\sigma=3.5$, $\alpha=0.02$ なので，$\theta=(1+1/\sigma)/(1+\alpha)=1.26$ である．これらの値を代入して，$\tau=0\sim 20$ として，表11.1の時系列 z について計算すると，左辺は 4635.24 と右辺は 4614.22 となり，両辺はほぼ一致する．つまり，$\nu=0.05$ がラムゼーの規則を満足する最終的成長率である．

9) 原著の表11.1をパソコンを使用して計算誤差を小さくして再計算するとつぎのような結果を得る．

　まず，ラグは2年と仮定されるため第12列を除き隔年での結果が表示されている．

　原著者が見出した時系列 z が基礎とする経済変数は消費 c_t, 剰余 s_t, 労働者数 l_t であり，これらはこの表を作成するにあたって所与である．

訳者作成表 11.1

t	k	y	c	s	l	v	u	z	c/v	s/y	$\Delta s/\Delta y$	$\Delta y/y$
0	349.0	99.7	91.7	8.0	10.000	6.500	3.500	9.170	14.108	0.080		per year
2	365.8	104.5	95.5	9.0	10.404	6.538	3.866	9.179	14.606	0.086	0.208	0.024
4	386.8	110.5	99.5	11.0	10.824	6.586	4.238	9.192	15.107	0.100	0.333	0.029
6	411.3	117.5	103.5	14.0	11.262	6.642	4.619	9.191	15.582	0.119	0.429	0.032
8	441.0	126.0	108.0	18.0	11.717	6.710	5.006	9.218	16.094	0.143	0.471	0.036
10	476.0	136.0	113.0	23.0	12.190	6.790	5.400	9.270	16.641	0.169	0.500	0.040
12	528.5	151.0	119.0	32.0	12.682	6.910	5.772	9.383	17.220	0.212	0.600	0.055
14	591.5	169.0	124.0	45.0	13.195	7.054	6.140	9.398	17.578	0.266	0.722	0.060
16	679.0	194.0	131.0	63.0	13.728	7.254	6.473	9.543	18.058	0.325	0.720	0.074
18	812.0	232.0	140.0	92.0	14.282	7.558	6.724	9.802	18.522	0.397	0.763	0.098
20	997.5	285.0	151.0	134.0	14.859	7.982	6.877	10.162	18.917	0.470	0.792	0.114
22	1267.0	362.0	170.0	192.0	15.460	8.598	6.861	10.996	19.771	0.530	0.753	0.135
24	1655.5	473.0	199.0	274.0	16.084	9.486	6.598	12.372	20.977	0.579	0.739	0.153
26	2205.0	630.0	243.0	387.0	16.734	10.742	5.992	14.521	22.621	0.614	0.720	0.166
28	2975.0	850.0	327.0	523.0	17.410	12.502	4.908	18.782	26.155	0.615	0.618	0.175
30	4053.0	1158.0	549.0	609.0	18.114	14.966	3.147	30.309	36.682	0.526	0.279	0.181
32	5285.0	1510.0	852.0	658.0	18.845	17.782	1.063	45.210	47.913	0.436	0.139	0.152
34	6618.5	1891.0	1205.0	686.0	19.607	20.830	0.000	61.458	57.848	0.363	0.073	0.126
36	7962.5	2275.0	1770.0	505.0	20.399	23.902	0.000	86.769	74.051	0.222	−0.471	0.102
38	8995.0	2570.0	2120.0	450.0	21.223	26.262	0.000	99.892	80.724	0.175	−0.186	0.065

(1) 資本‐産出比率 σ は, 仮定より, 3.5 である. よって, $y_t \times 3.5 = k_t$ がしたがう.

(2) $c_t + s_t = y_t$.

(3), (4)は所与である.

(5) 労働力は2パーセントずつ自然増加する. 隔年表示のためには
$$l_{t+2} = (1+0.02)^2 l_t$$
で計算する.

(6) 旧技術を使用する部門は初期時点で 6.5 の労働者を雇用し計画期間の最後までこれを維持する. よって, 旧部門の労働生産性は $\varepsilon_A = 99.7/6.5 = 15.34$. 仮定により, 新部門の労働生産性は $\varepsilon_N = 125$. 同じく仮定により, 新旧両部門で労働‐産出比率(労働生産性)は不変である. ゆえに, 雇用労働者数は,
$$6.5 + \frac{y_t - y_0}{125}$$
である.

(7) いわゆる失業者は
$$u_t = l_t - v_t$$

第11章 最適成長経路と低開発経済　　237

(8) $z_t = \dfrac{c_t}{l_t}$.

(9), (10), (11)は表項目どおりの計算式である.

(12)は2年ごとの成長率を2で除した年平均成長率である.

10〕 σは両部門で同一であると仮定されている. さらに, 平均的σと限界的σも同一であると仮定する. このとき, 経済全体では

$$\Delta y = \sigma \Delta k.$$

資本財産業では

$$\Delta(\Delta k) = \sigma \Delta k_k.$$

11〕 原著者のデータによると, 1930年代のイギリスの資本-産出比率は4.0であった. 原著者は本書第6章136ページで,「ブーム期に作用する限界的係数はそれよりはるかに小さい」と述べている.

12〕 計算ミスと思われる. θは1.26であるので, 26パーセント以上でなければならない.

13〕 $z_t = c_t/l_t$を上式に代入して, $l_t = l_0(1+\alpha)^t$に注意すれば, 得られる. 詳しく書けば,

$$c_t = \frac{l_0}{\phi'_0}\left(1+\frac{1}{\sigma}\right)^t + \bar{z}l_0(1+\alpha)^t$$

である. 原著の定数Cは

$$C = \frac{l_0}{\phi'_0}.$$

14〕 原方程式とは, $y_t = k_t/\sigma$と$y_t = c_t + k_{t+1} - k_t$から導かれる

$$k_t = \left(1+\frac{1}{\sigma}\right)k_{t-1} - c_{t-1}$$

である.

15〕 $k_t = (1+1/\sigma)k_{t-1} - c_{t-1}$で$k_0(=A)$, c_0から始めて逐次代入を行えば,

$$\begin{aligned}k_t &= \left(1+\frac{1}{\sigma}\right)^t A - \left\{\sum_{s=0}^{t-1}\left(1+\frac{1}{\sigma}\right)^{t-s-1} c_s\right\}\\ &= \left(1+\frac{1}{\sigma}\right)^t A - \left(1+\frac{1}{\sigma}\right)^{t-1} Ct - \left\{\sum_{s=0}^{t-1}\left(1+\frac{1}{\sigma}\right)^{t-s-1}(1+\alpha)^s\right\}\bar{z}l_0\end{aligned}$$

である. ここで$B = -C/(1+1/\sigma)$と置けば,

$$k_t = \left(1+\frac{1}{\sigma}\right)^t (A+Bt) - \left\{\sum_{s=0}^{t-1}\left(1+\frac{1}{\sigma}\right)^{t-s-1}(1+\alpha)^s\right\}\bar{z}l_0$$

がしたがう. 原著の式は第2項が誤りである. 第2項は, もしも

$$\alpha < \frac{1}{\sigma}$$

ならば, 収束して

$$\left(1+\frac{1}{\sigma}\right)^{t-1}\sum_{s=0}^{t}\left(\frac{1+\alpha}{1+\frac{1}{\sigma}}\right)^s = \left(1+\frac{1}{\sigma}\right)^{t-1}\left\{\frac{1-\left(\frac{1+\alpha}{1+\frac{1}{\sigma}}\right)^t}{1-\left(\frac{1+\alpha}{1+\frac{1}{\sigma}}\right)}\right\}$$

となる．

16〕 原著の表 11.2 をパソコンを使用して計算誤差を小さくして再計算するとつぎのような結果を得る．

訳者作成表 11.2

t	k	y	c	s	l	v	u	z	c/v	s/y	$\Delta s/\Delta y$	$\Delta y/y$
0	500.0	100.0	77.4	22.6	10.000	6.500	3.500	7.740	11.908	0.226		per year
4	601.7	120.3	86.2	34.2	10.824	6.663	4.162	7.960	12.931	0.284	0.569	0.051
8	763.1	152.6	98.2	54.4	11.717	6.921	4.796	8.381	14.188	0.357	0.627	0.067
12	1029.4	205.9	116.5	89.4	12.682	7.347	5.335	9.187	15.859	0.434	0.656	0.087
16	1477.0	295.4	147.3	148.1	13.728	8.063	5.665	10.732	18.272	0.501	0.656	0.109
20	2228.9	445.8	203.5	242.3	14.859	9.266	5.593	13.692	21.957	0.544	0.627	0.127
24	3466.0	693.2	311.4	381.8	16.084	11.246	4.839	19.362	27.693	0.551	0.564	0.139
28	5410.5	1082.1	526.2	555.9	17.410	14.357	3.053	30.224	36.652	0.514	0.448	0.140
32	8207.1	1641.4	961.7	679.7	18.845	18.831	0.014	51.032	51.070	0.414	0.221	0.129
36	11499.0	2299.8	1854.1	445.7	20.399	24.098	0.000	90.893	76.939	0.194	−0.355	0.100
40	13186.5	2637.3	3693.1	−1055.8	22.080	26.798	0.000	167.255	137.809	−0.400	−4.449	0.037

$\phi'_0 = 1/(z_0 - \bar{z})$ と $C = l_0/\phi'_0$ より，
$$C = l_0(z_0 - \bar{z})$$
である．$\bar{z}$ を与えて，A, B（あるいは C）を決めれば，z_0, z_T が同時的に決まる．

(1) k_t は訳注 15 の式
$$k_t = \left(1+\frac{1}{\sigma}\right)^t (k_0 + Bt) - \left\{\sum_{s=0}^{t-1}\left(1+\frac{1}{\sigma}\right)^{t-s-1}(1+\alpha)^s\right\}\bar{z}l_0$$
にしたがって計算される．

(2) $y_t = k_t/\sigma$.

(3) $c_t = C\left(1+\frac{1}{\sigma}\right)^t + \bar{z}l_0(1+\alpha)^t$.

(12)は 4 年ごとの成長率を 4 で除した年平均成長率である．

17〕 訳注 18 を考慮すれば，
$$k_t = b^t A - \left\{\sum_{s=0}^{t-1} b^{t-s-1} c_s\right\}$$
$$= b^t A - \left[\sum_{s=0}^{t-1} b^{t-s-1}\{(d^s - h^s)\bar{z}l_0 + h^s c_0\}\right]$$

第 11 章 最適成長経路と低開発経済

$$= b^t A - b^{t-1} \left[\bar{z} l_0 \sum_{s=0}^{t-1} \left\{ \left(\frac{d}{b}\right)^s - \left(\frac{h}{b}\right)^s \right\} + c_0 \sum_{s=0}^{t-1} \left(\frac{h}{b}\right)^s \right].$$

d/b は設例から 1 より小であるが,h/b は 1 より大である.よって,計算は 1 年ごとの加算が必要である.

18〕 原著者がすでに得ている方程式 $\phi'(z) = \phi'(0)\{(1+\alpha)/(1+1/\sigma)\}^t$ は,このケースでは

$$(z - \bar{z})^{-\varepsilon} = \phi_0' \left(\frac{d}{b}\right)^t$$

である.$z_t = c_t/l_t$ であるので,

$$c_t = \bar{z} l_t + l_t \phi_0'^{-(1/\varepsilon)} \left(\frac{d}{b}\right)^{-(t/\varepsilon)}$$

がしたがう.$\phi_0'^{-(1/\varepsilon)} = \{(z_0 - \bar{z})^{-\varepsilon}\}^{-(1/\varepsilon)} = c_0/l_0 - \bar{z}$ を代入すれば,

$$c_t = \bar{z} l_0 d^t + l_0 d^t \left(\frac{c_0}{l_0} - \bar{z}\right) \left(\frac{d}{b}\right)^{-(t/\varepsilon)}$$

$$= \bar{z} l_0 d^t + c_0 d^t \left(\frac{d}{b}\right)^{-(t/\varepsilon)} - \bar{z} l_0 d^t \left(\frac{d}{b}\right)^{-(t/\varepsilon)}$$

である.ここに c_0 は消費の初期値である.

$$d^t \left(\frac{d}{b}\right)^{-(t/\varepsilon)} = d^t d^{-(t/\varepsilon)} b^{t/\varepsilon} = \left\{\frac{b^{1/\varepsilon}}{d^{(1/\varepsilon)-1}}\right\}^t = h^t$$

であることに注意すれば,

$$c_t = \bar{z} l_0 (d^t - h^t) + c_0 h^t$$

がしたがう.

19〕 その他の構造的パラメーターが同じであっても,消費の最低限度 $\bar{z}$ と消費の初期値 c_0 の双方をわずかに変更するだけで「結果の構造的安定性」は保証されない.しかし,$\bar{z} = 8.79$ で $\varepsilon = 0.8$,$c_0 = 88$ とするとき,図 11.1,図 11.2 と同様の形状が得られた.

訳者作成表 11.3

t	k	y	c	s	l	v	u	z	c/v	s/y	$\Delta s/\Delta y$	$\Delta y/y$
0	500.0	100.0	88.0	12.0	10.000	6.500	3.500	8.800	13.538	0.120	per year	
4	552.0	110.4	95.4	15.0	10.824	6.583	4.241	8.813	14.490	0.136	0.290	0.026
8	618.9	123.8	103.6	20.2	11.717	6.690	5.026	8.841	15.483	0.163	0.387	0.030
12	711.6	142.3	112.9	29.4	12.682	6.839	5.844	8.904	16.514	0.207	0.496	0.037
16	850.6	170.1	124.2	45.9	13.728	7.061	6.667	9.048	17.591	0.270	0.594	0.049
20	1072.3	214.5	139.3	75.2	14.859	7.416	7.444	9.371	18.778	0.351	0.661	0.065
24	1438.1	287.6	162.5	125.2	16.084	8.001	8.083	10.100	20.305	0.435	0.683	0.085
28	2042.2	408.4	204.5	204.0	17.410	8.967	8.443	11.744	22.800	0.499	0.652	0.105
32	2998.1	599.6	291.1	308.5	18.845	10.497	8.348	15.446	27.731	0.515	0.547	0.117
36	4344.0	868.8	485.3	383.5	20.399	12.650	0.000	23.792	38.365	0.441	0.278	0.112
40	5676.5	1135.3	940.6	194.7	22.080	14.782	0.000	42.601	63.632	0.171	−0.708	0.077

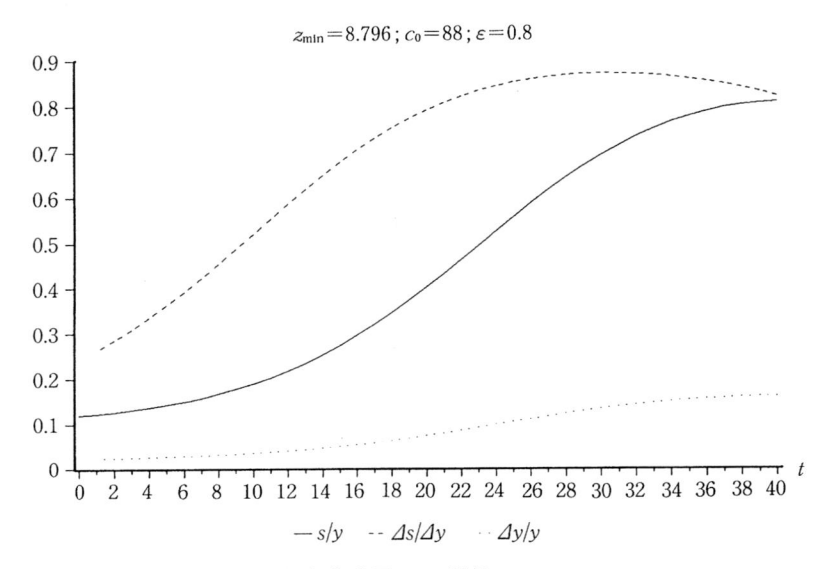

$z_{\min}=8.796; c_0=88; \varepsilon=0.8$

― s/y　-- $\Delta s/\Delta y$　… $\Delta y/y$

訳者作成図 11.4 付録の 1

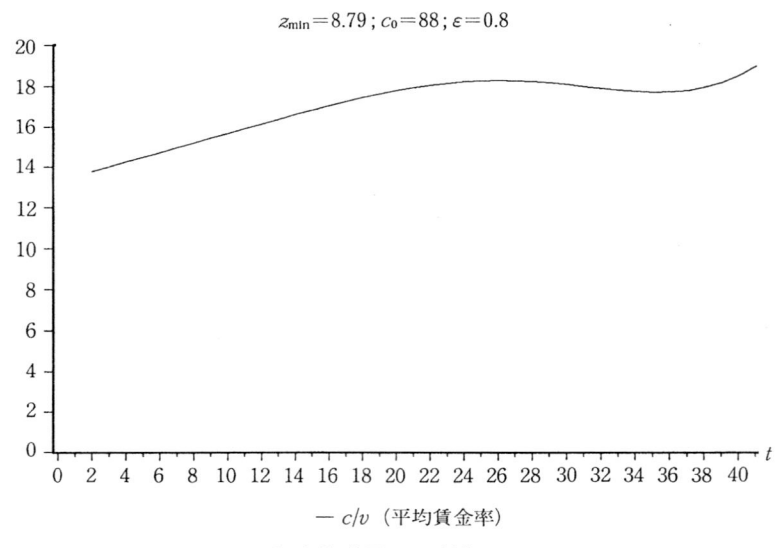

$z_{\min}=8.79; c_0=88; \varepsilon=0.8$

― c/v （平均賃金率）

訳者作成図 11.4 付録の 2

第11章 最適成長経路と低開発経済　　　241

20〕 訳者作成表11.3からはこのことは確認できない．しかし，訳者作成表11.3と同じ条件のもとで，$\bar{z}$だけを若干0.006だけ増加して$\bar{z}=8.796$とすると類似の結果がしたがう．しかし，原著者の主張する限界的貯蓄，平均的貯蓄，成長率の典型的パターンは消失している．訳者作成図11.4付録の1および2を参照せよ．なお，訳者のシミュレーションでは，平均賃金の一時的低落は消費の初期値と消費の最低限が極端に接近している場合に発生した．

21〕 変分法の関数
$$P(y) = \int_0^f \phi(t, y, y')dt, \quad \dot{y} = \frac{dy}{dt}$$
は関数yの関数であり，汎関数と呼ばれる．関数$y(t)$の値は両端で固定されており，
$$y(0) = a, \quad y(f) = b$$
となっている．最良のyはいかなる他の候補$y+x$に勝るので，境界条件
$$x(0) = x(f) = 0$$
がしたがう．xと$\dot{x}$が小さいならば，
$$\phi(y+x, \dot{y}+\dot{x}) = \phi(y, \dot{y}) + x\frac{\partial \phi}{\partial y} + \dot{x}\frac{\partial \phi}{\partial \dot{y}} + \cdots.$$
$$P(y+x) = P(y) + \int_0^f \left(x\frac{\partial \phi}{\partial y} + \dot{x}\frac{\partial \phi}{\partial \dot{y}}\right)dx + \cdots.$$
このとき，第1変分は
$$\frac{\partial P}{\partial y} = \int_0^f \left(x\frac{\partial \phi}{\partial y} + \dot{x}\frac{\partial \phi}{\partial \dot{y}}\right)dx$$
である．これをさらに項別積分して計算するならば，
$$\int_0^f \left(x\frac{\partial \phi}{\partial y} - x\frac{d}{dt}\left(\frac{\partial \phi}{\partial \dot{y}}\right)\right)dy + \left[x\frac{\partial \phi}{\partial \dot{y}}\right]_0^f = 0$$
である．第2項は$x(0)=x(f)=0$より0．したがって，これがつねにゼロになるための必要十分条件は
$$\frac{\partial \phi}{\partial y} - \frac{d}{dt}\left(\frac{\partial \phi}{\partial \dot{y}}\right) = 0$$
である．これを1変数変分問題の「オイラー方程式」という．（Strang, G., *Introduction to Applied Mathematics*, Wellesley: Wellesely-Cambridge Press, 1986, pp. 242-3参照．）

22〕 原著の例題のオイラー方程式
$$\frac{\partial \phi}{\partial y} = \frac{d}{dt}\left(\frac{\partial \phi}{\partial \dot{y}}\right)$$
はつぎのように変形できる．
$$\frac{\partial \phi}{\partial \psi}\frac{\partial \psi}{\partial y} = \frac{d}{dt}\left(\frac{\partial \phi}{\partial \psi}\frac{\partial \psi}{\partial \dot{y}}\right) = \frac{d}{dt}\left(\frac{\partial \phi}{\partial \psi}\right)\frac{\partial \psi}{\partial \dot{y}} + \frac{\partial \phi}{\partial \psi}\frac{d}{dt}\left(\frac{\partial \psi}{\partial \dot{y}}\right).$$

$$\frac{\frac{d}{dt}\left(\frac{\partial \phi}{\partial \psi}\right)}{\frac{\partial \phi}{\partial \psi}} = \frac{\frac{\partial \psi}{\partial y} - \frac{d}{dt}\left(\frac{\partial \psi}{\partial \dot{y}}\right)}{\frac{\partial \phi}{\partial \dot{y}}} = \frac{l^{-1} - \frac{d}{dt}\left(\frac{\partial \psi}{\partial \dot{y}}\right)}{-\sigma l^{-1}}.$$

ここで $\psi = (y - \sigma \dot{y}) l^{-1}$ なので,

$$\frac{\partial \psi}{\partial \dot{y}} = -\sigma l^{-1}$$

である.よって,$l = l_0 e^{\alpha t}$ を考慮すれば,

$$\frac{d}{dt}\left(\frac{\partial \psi}{\partial \dot{y}}\right) = \frac{d}{dt}(-\sigma l^{-1}) = -\sigma \alpha l^{-1}.$$

ゆえに,

$$\frac{\frac{d}{dt}\left(\frac{\partial \phi}{\partial \psi}\right)}{\frac{\partial \phi}{\partial \psi}} = \frac{l^{-1} - (-\sigma \alpha l^{-1})}{-\sigma l^{-1}} = -\left(\frac{1}{\sigma} - \alpha\right) \tag{*}$$

がしたがう.

23〕 他方で,

$$\phi = \log(z - \bar{z}) = \log((y - \sigma \dot{y}) l^{-1} - \bar{z})$$

である.よって,

$$\frac{d\phi}{dz} = \frac{1}{(y - \sigma \dot{y}) l^{-1} - \bar{z}}.$$

$$\frac{d}{dt}\left(\frac{d\phi}{dz}\right) = \frac{-(\dot{y} - \sigma \ddot{y}) l^{-1} + (y - \sigma \dot{y})(-\alpha l^{-1})}{\{(y - \sigma \dot{y}) l^{-1} - \bar{z}\}^2}.$$

$\frac{d}{dt}\left(\frac{d\phi}{dz}\right) \Big/ \frac{d\phi}{dz}$ と訳注22(*)式を等しく置けば,

$$\ddot{y} - \frac{2}{\sigma}\dot{y} + \frac{1}{\sigma^2}y = \frac{1 - \sigma \alpha}{\sigma^2}\bar{z} l_0 e^{\alpha t} \tag{**}$$

がしたがう.右辺をゼロとした場合の斉次方程式は,判別式が

$$\left(-\frac{2}{\sigma}\right)^2 - 4\frac{1}{\sigma^2} = 0$$

であり,この斉次方程式は重根をもち,一般解が

$$(Y_1 + Y_2 t) e^{t/\sigma}$$

になることがわかる.ここに,Y_1, Y_2 は任意定数である.そこで,非斉次方程式の特解を

$$Y(t) = a e^{\alpha t}$$

と置いてみる.これを(**)式に代入すれば,

$$a\left(\alpha^2 - \frac{2}{\sigma}\alpha + \frac{1}{\sigma^2}\right) e^{\alpha t} = \frac{1 - \sigma \alpha}{\sigma^2}\bar{z} l_0 e^{\alpha t}$$

がしたがう.設例から $\alpha^2 - \frac{2}{\sigma}\alpha + \frac{1}{\sigma^2} \neq 0$ なので,a が計算できる.ゆえに

第11章　最適成長経路と低開発経済

$$Y(t) = \frac{\frac{1}{\sigma^2}(1-\sigma\alpha)\bar{z}l_0}{\left(\alpha-\frac{1}{\sigma}\right)^2}e^{\alpha t} = \frac{\bar{z}l_0}{1-\sigma\alpha}e^{\alpha t}$$

を得る．したがって，非斉次方程式の一般解は

$$y(t) = (Y_1+Y_2t)e^{t/\sigma} + \frac{\bar{z}l_0}{1-\sigma\alpha}e^{\alpha t}$$

である．

24〕　任意定数 Y_1, Y_2 はつぎのようにして決まる．まず Y_1 にかんしては

$$y(0) = Y_1 e^{(1/\sigma)\times 0} + \frac{\bar{z}l_0}{1-\sigma\alpha}e^{\alpha\times 0} = Y_1 + \frac{\bar{z}l_0}{1-\sigma\alpha}$$

で決まる．ここで $y(0)=100$, $\sigma=4$, $\bar{z}=9$, $l_0=10$, $\alpha=0.01$ を代入すれば，

$$Y_1 = 6.25$$

を得る．つぎに Y_2 にかんしては一般解を t にかんして微分して，

$$\dot{y} = (Y_1+Y_2t)\frac{1}{\sigma}e^{t/\sigma} + Y_2 e^{t/\sigma} + \frac{\bar{z}l_0\alpha}{1-\sigma\alpha}e^{\alpha t}$$

を得る．このとき，

$$\dot{y}(0) = \frac{1}{\sigma}Y_1 + Y_2 + \frac{\bar{z}l_0\alpha}{1-\sigma\alpha}$$

がしたがう．したがって，$Y_1=6.25$, $\dot{y}(0)=2.3$（または 2.66），$\sigma=4$, $\bar{z}=9$, $l_0=10$, $\alpha=0.01$ を代入すれば，

$$Y_2 = -0.2 \text{（または 1.60）}$$

がしたがう．

第12章 成長循環[*,1]

　ここで表明されるものはあからさまに図式化されており，ゆえに成長率循環のまったく非現実的モデルである．この型の定式化はいまや私には成長理論や循環理論を個々別々に，あるいは組み合わせるようなありふれた取扱いよりもいっそう有望であるように思われる．推論のビットの多くは双方に共通であるが，本章ではそれらは別様に総合される．

　つぎの諸仮定は便宜上与えられたものである．

(1) 恒常的技術進歩（体化されない）．
(2) 労働力の恒常的成長．
(3) ふたつの生産要素，労働と「資本」（工場と設備）はともに同質的であり特殊な用途に用いられることはない．
(4) 数量はみな実質的かつ純量である．
(5) 賃金はみな消費され，利潤はみな貯蓄され投資される．

　つぎの諸仮定はさらに経験的で論争の余地をもつ類のものである．

(6) 資本‐産出比率は不変である．
(7) 実質賃金は完全雇用の近傍で上昇する．

(5)は貯蓄が固定的な比率で行われるというように改変できる．これは数値を変化させるが体系の論理を変えるものでない．(6)は和らげることができるであろうが，モデルの構造をひどく複雑にすることを意味するであろう．

　使用される記号はつぎのとおりである．

　　q は産出である．
　　k は資本である．

w は賃金率である.

$a = a_0 e^{\alpha t}$ は労働生産性であり，α は定数である.

σ は資本‐産出比率（資本生産性の逆数）である.

w/a は生産物の労働者のシェア，$1 - w/a$ は生産物の資本家のシェアである.

剰余＝利潤＝貯蓄＝投資＝$(1 - w/a)q = \dot{k}$.

利潤率＝$\dot{k}/k = \dot{q}/q = (1 - w/a)/\sigma$.

$n = n_0 e^{\beta t}$ は労働供給であり，β は定数である.

$l = q/a$ は雇用である.

$d/dt(q/l)$ を $\dot{q}/l$ と書けば，

$$\frac{\dot{q}/l}{q/l} = \frac{\dot{q}}{q} - \frac{\dot{l}}{l} = \alpha$$

である[訳注1]. よって，

$$\frac{\dot{l}}{l} = \frac{1 - \dfrac{w}{a}}{\sigma} - \alpha.$$

また $u = w/a$, $v = l/n$ と約束すれば，

$$\frac{\dot{v}}{v} = \frac{1 - u}{\sigma} - (\alpha + \beta)$$

がしたがう[訳注2].

仮定(7)は

$$\frac{\dot{w}}{w} = f(v)$$

のように書くことができるであろう．これは図12.1に示されている．

つぎの分析は次数で変化するが結果の性質を変えないような $f(v)$ を使用して達成することができる．分析を明快・容易にするという利点から，私は（図12.1のように）1次近似として

$$\frac{\dot{w}}{w} = -\gamma + \rho v$$

を使用するであろう．これは点 +1 の近くで v が中位の運動をするところでまったく満足のゆくものである．γ と ρ は双方ともに大きくなければなら

図 12.1

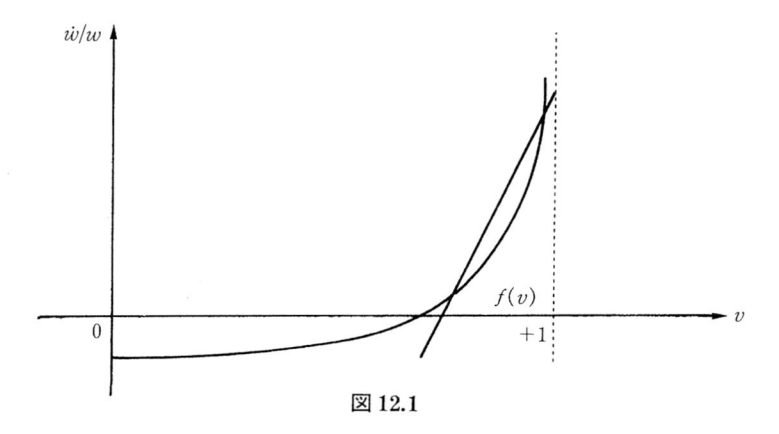

ない.

$\dfrac{\dot{u}}{u} = \dfrac{\dot{w}}{w} - \alpha$ であるから,

$\dfrac{\dot{u}}{u} = -(\alpha+\gamma)+\rho v.$

これと上記の v にかんする方程式から,われわれのモデルの使いやすい表現を得る.

$$\dot{v} = \left[\left(\dfrac{1}{\sigma}-(\alpha+\beta)\right)-\dfrac{1}{\sigma}u\right]v. \tag{1}$$

$$\dot{u} = [-(\alpha+\gamma)+\rho v]u. \tag{2}$$

このような式からヴォルテラの被食者と捕食者のケースを見出すことができる (*Lecons sur la Théorie Mathématique de la Lutte pour la Vie*, Paris: Gauthier-Villars, 1931). 相似性はある意味で純粋に形式上のものであるが,完全にそうであるわけではない. 長いこと私には, 部分的に補完的, 部分的に敵対的なふたつの母集団の共生というヴォルテラの問題は資本主義の動学的矛盾を理解するのに役立つことのように思われていた[訳注3].

時間を消去し第 1 回目の積分[訳注4]を行えば,

$$\dfrac{1}{\sigma}u+\rho v-\left[\dfrac{1}{\sigma}-(\alpha+\rho)\right]\log u-(\gamma+\alpha)\log v = \text{constant}$$

が得られる.

$$\theta_1 = 1/\sigma, \quad \eta_1 = 1/\sigma - (\alpha+\beta),$$
$$\theta_2 = \rho, \quad \eta_2 = \gamma+\alpha$$

として,これをつぎのように変換することができる.

$$\phi(u) = u^{\eta_1} e^{-\theta_1 u} = H v^{-\eta_2} e^{\theta_2 v} = H\psi(v). \tag{3}$$

ここに H は任意定数で初期条件に依存する. $1/\sigma > \alpha+\beta$ であるので,係数はみな正である. 微分により

$$\frac{d\phi}{du} = \left(-\theta_1 + \frac{\eta_1}{u}\right)\phi, \quad \frac{d\psi}{dv} = \left(\theta_2 - \frac{\eta_2}{v}\right)\psi$$

がしたがう[訳注5]. よって,われわれはこれらの関数が図12.2で与えられるような形状をもつことがわかる.

(3)で述べられるわれわれの問題は $\phi(u)$ と定数 H を乗じた $\psi(v)$ を等しくすることである. これは図12.3の正の軸からなる4象限図で手際よくすることができる. 原点をとおる勾配 $\phi/\psi = H$ (初期条件に依存し任意である) の直線 A を引く. つぎに対称的に描ける象限 [第2象限と第4象限] にふたつの曲線 ϕ と ψ を定め,これらふたつを比例定数を経て等しくすることにより u と v の値の可能な対を定める. u と v のすべての可能な対が解を構成する. 解は最後に残った象限にプロットできるであろう. これらの解の点は u-v 空間の正の閉曲線上にあるということが示されるが,これはまったく自明なことである. 方程式(1)と(2)に立ち返ることにより,どんな順序で点が互いにつながっていくか,それゆえどんな方向で曲線 B を移動していくかを見出すことができる. これは図12.3の矢印で指示されるとおりである[訳注6]. 第2回目の積分により u と v は時間の関数になり,第2の任意要因,つまりわれわれが出発する B 上の点を決められるようにする[訳注7]. A の勾配を変化させることによって B と大体相似している閉曲線の族を生み出すことができる. こうして可能な解はみな与えられる. 最初の初期条件が曲線を選定し,第2の初期条件が出発点を定める. このときわれ

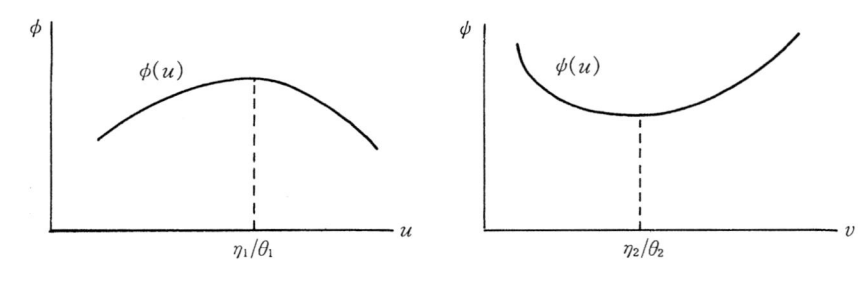

図 12.2

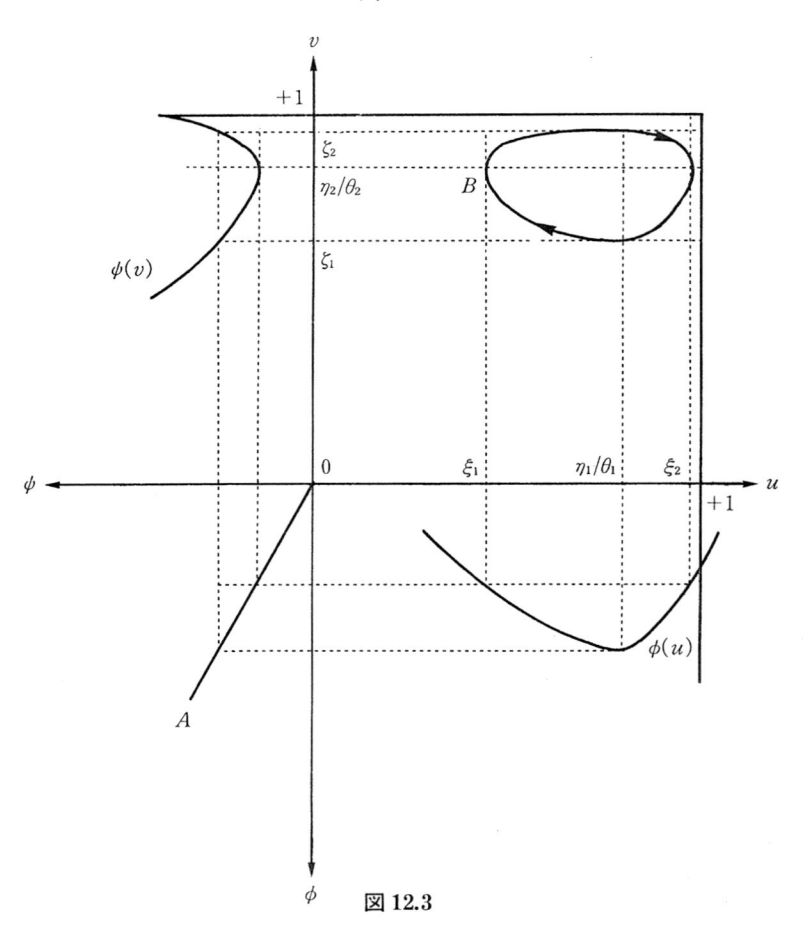

図 12.3

われは，外部的な変化が与えられることがなければ，ある特定の曲線を矢印の方向にいつまでも移動する．あとはこの運動の意味を詳しく述べるだけである．

これからは，われわれは幸運にも解くことができる型の保存系の非線形振動子としてわれわれのモデルを分類することができるであろう．代表点は閉曲線の周りを移動するので，u は ξ_1 と ξ_2 の間，v は ζ_1 と ζ_2 の間を振動する．u と v はかならずともに正でなければならない．また v は定義により 1 より小でなければならない．u もまた正常的には 1 より小になるであろうが，例外的には 1 より大になることができるであろう（賃金と消費は損失と投資撤退があれば 1 より大になる）．u 軸上の 0 と 1 の範囲で，点 u は所得の分配を指示し，左側から読めば労働者のシェア，右側から読めば資本家のシェアである．資本家のシェアに定数 $1/\sigma$ を乗じれば，利潤率，そして産出の成長率 $\dot{q}/q$ になる．利潤が最大で $u=\xi_1$ であるとき，雇用は平均的で $v=\eta_2/\theta_2$ である．高成長率は雇用をその極大値 ξ_2 に押し上げ利潤率をその平均値 η_1/θ_1 に圧縮する．成長の減速は雇用をその平均値（の割合）にかんしてふたたび低めて，利潤と成長率はふたたび最下点の ξ_2 になる．この低い成長率は産出と雇用の低落を導きそれらを完全雇用よりもかなり低くする．こうして，生産性が賃金率以上に速く上昇するので，収益性はその平均値までに回復する．これが本質的にマルクスが資本主義の矛盾とその矛盾のブームとスランプとによる一時的解決ということで意味したところである，と私は信じる．しかしながら，収益性は（かならずしも）実質賃金の低落によって回復するのではなく，むしろ実質賃金が生産性とともに上昇し損なうことで回復することを主張している点で非マルクス的である．実質賃金はかならず生産性に比例して低落する必要がある．循環の苛酷さ次第では，実質賃金は絶対的にも低落できるであろう．収益性の改善は，産出と雇用のあまりにも活発な拡張を発生させることにより，それ自身の破壊を引き起こす種を運び，こうして労働の産業予備軍を破壊し労働者の交渉力を強化する．この生まれつきある衝突と労働者と資本家の補完性は共存を象徴している．

攪乱のない体系は u にたいしては η_1/θ_1, v にたいしては η_2/θ_2 という不変の平均値をもつ．ゆえに所得と失業の度合いについての分布の長期平均が一定不変である．攪乱のある体系が依然として同じ一定不変の値をもつということははるかに注目に値することである．u の時間平均と v の時間平均は初期条件から独立である．われわれはこのことを，A の回転（外部的変化）が曲線 B を大きくしたり小さくしたりするにすぎず，その中心点を変更してしまうことはないであろうという事実からみることができる．したがって，連続的なショックは循環の形状を変更してしまうが長期的な平均値を変更してしまうことはないであろう．産出と雇用はともに成長の率にかんして交互の変化を示すであろう．それらが実際的に減少するか上昇はするもののあまり急速には上昇しないかどうかは循環の苛酷さに依存するであろう．循環が穏やかであれば，成長率は減少するであろうが負になることはないであろう．他のケースでは鋭敏な低落になるであろう．しかしながら，増加はかならず減少にまさるはずである．というのは，$1-u$ の時間平均は正であり，したがってまた $\dot{q}/q$ の時間平均もまた正であるからである．同様にまた，雇用は，v の時間平均が不変であることから，長期には労働供給と同率で成長する．同じようにして，賃金の成長と生産性の成長との均等は u の不変性からしたがう．対照的に，利潤率は $1-u$ に等しい．したがって不変になる傾向がある．われわれはこれをリカード（とマルクス）を逆立ちさせているものと見ることができよう．進歩はまず利潤として入ってくるが，利潤は拡張を導き，拡張は賃金を上向きに利潤を下向きにさせる．したがってわれわれは利潤についてマルサス的鉄則を得る．これは資本家ではなく資本が過度に繁殖する傾向があるために生じる．対照的に，労働は，その供給が可変的であるけれども賃金の関数であるとは思われないので，レントを生み出す財の一種である．労働が技術進歩の唯一の究極的受益者である．今までに，歴史上で起こったことが，賃金率は上向きになり，利潤率は下向きのままであったということにかなりの一致があるだろうと思う．この理由の説明が本章の論文が与えようとしたことである．

注

* "A Growth Cycle", in C.H. Feinstein (ed.), *Socialism, Capitalism and Economic Growth, Essays Presented to Maurice Dobb*, Cambridge: Cambridge U.P., 1967, pp. 54–8.

1) 1965年ローマで開催されたエコノメトリック・ソサエティの第1回世界会議で発表された．

訳注

1) $\dfrac{d}{dt}\dfrac{q}{l} = \dfrac{\dot{q}}{l} - \dfrac{q\dot{l}}{l^2}$ であるから，

$$\frac{\dfrac{d}{dt}a}{a} = \frac{\dfrac{d}{dt}\dfrac{q}{l}}{\dfrac{q}{l}} = \frac{\dot{q}}{q} - \frac{\dot{l}}{l}$$

がしたがう．

2) $\dfrac{dv}{dt} = \dfrac{\dot{l}}{n} - \dfrac{l\dot{n}}{n^2}$ であるから，

$$\frac{\dot{v}}{v} = \frac{\dot{l}}{l} - \frac{\dot{n}}{n} = \frac{1-u}{\sigma} - \alpha - \beta$$

がしたがう．

3) ヴォルテラの問題は「ヴォルテラ-ロトカ方程式」として定式化されるが，これはロトカがヴォルテラとは独立に解いたため両者の名前で呼ばれるようになった．しかし，その原型として有名なのは数学者ヴォルテラがイタリアの動物学者ダンコナに依頼されて定式化した「生存のための闘争の理論」である．鮫を捕食者，その他の魚を被食者とする．鮫がその他の魚を食べ過ぎれば当然鮫自身の数も減少せざるをえない．このように敵対的かつ補完的な関係は，t での鮫の個体数を $y(t)$，その他の魚の個体数を $x(t)$ とすれば，「ヴォルテラ-ロトカ方程式」で表すことができる．

$$\frac{\dot{x}}{x} = A - By, \quad \frac{\dot{y}}{y} = Cx - D, \quad A, B, C, D > 0. \tag{*}$$

まず，平衡点は $\dot{x}=0$, $\dot{y}=0$ で定義される点であるので $\left(\dfrac{D}{C}, \dfrac{A}{B}\right)$ である．このとき，解は

$$Cx - D\log x + By - A\log y = K, \quad K \text{ は定数}$$

を満たす．$Cx - D\log x$, $By - A\log y$ は x, y の増加関数であると同時に x, y が $+\infty$ のとき $+\infty$ になる．したがってこれは

$$(Cx - D)^2 + (By - A)^2 = K$$

と同じように (x, y) 平面で閉曲線を示す．こうして「平衡点と座標軸を除くヴォルテラ-ロトカ方程式のすべての軌道は閉軌道である」ことがわかる．こ

こではリミット・サイクルは存在しない．山口昌哉『食うものと食われるものの数学』筑摩書房，1985年の第9章は数学の大家による初等的説明が与えられている．

ここでは Hirsch, M., and S. Smale, *Differential Equations, Dynamical Systems, and Linear Algebra*, New York: Academic Press, 1974（邦訳：田村・水谷・新井訳『力学系入門』岩波書店，1976年）の第12章第2節「捕食者と被食者」の証明を与える．まず，

$$H(x, y) = F(x) + G(y)$$

が $\dot{H} \leq 0$ となるような条件を求める．

$$\dot{H}(x, y) = \frac{d}{dt} H(x(t), y(t))$$
$$= \frac{dF}{dx}\dot{x} + \frac{dG}{dy}\dot{y}.$$

これに $\dot{x} = (A-By)x$, $\dot{y} = (Cx-D)y$ を代入すれば，

$$\dot{H}(x, y) = x\frac{dF}{dx}(A-By) + y\frac{dG}{dy}(Cx-D).$$

ゆえに，

$$\frac{x(dF/dx)}{Cx-D} \equiv \frac{y(dG/dy)}{By-A}$$

ならば，$\dot{H} \equiv 0$ がしたがう．x, y は独立変数なので，上式が成立する必要十分条件は

$$\frac{x(dF/dx)}{Cx-D} \equiv \frac{y(dG/dy)}{By-A} \equiv 定数$$

であることがわかる．いま定数を1と定めれば，必要十分条件は

$$\frac{dF}{dx} = C - \frac{D}{x},$$
$$\frac{dG}{dy} = B - \frac{A}{y}$$

である．これを積分して

$$F(x) = Cx - D \log x,$$
$$G(y) = By - A \log y$$

を得る．したがって，関数

$$H(x, y) = Cx - D \log x + By - A \log y$$

は $x > 0, y > 0$ にたいして定義され，(*)の解曲線上で一定値をとることがわかる．

ヴォルテラ-ロトカ方程式からつぎのふたつの重要な結果が得られる．

(1) $\frac{\partial^2 H}{\partial x^2} = \frac{D}{x^2} > 0$, $\frac{\partial^2 H}{\partial y^2} = \frac{A}{y^2} > 0$ であるので，平衡点 z は H の狭義の極小値である．よって，リャプノフ関数 $H - H(z)$ は保存力の場における平衡点 z で

狭義の極小値をとる．ゆえに平衡点zは安定的平衡点である．

(2) Hはどのような開集合上でも定値関数にならないことから，ヴォルテラ–ロトカ方程式にはリミット・サイクル（極限周期軌道）は存在しない．

最後に証明なしにヴォルテラ–ロトカ方程式にかんする重要な定理をひとつ述べておく．

〈定理〉「ヴォルテラ–ロトカ方程式の平衡点と座標軸を除くすべての軌道は閉軌道である．」

4〕 原語は a first integration である．ただし，結果は「第1次積分」を得ている．

　連続的に微分可能な関数$f: D(\subseteq R^2) \to R$は，もしも$f(x(t))$が体系の任意の解$x(t)$にたいして不変であるならば，領域$D \subseteq S$上で体系$\dot{x} = X(x)$, $x \in S \subseteq R^2$の第1次積分 first integral と言われる．たとえば，Arrowsmith, D.K., and C.M. Place, *Ordinary Differential Equations*, London: Chipman and Hall, 1982, p. 101 を参照せよ．

　ヴォルテラ–ロトカ方程式の第1次積分は
$$f(v, u) = v^{\eta_2} e^{-\theta_2 v} u^{\eta_1} e^{-\theta_1 u}$$
である．Arrowsmith, D.K., and C.M. Place, *ibid*., p. 145．これは(3)式を意味する．

5〕 $(\theta_1 u - \eta_1 \log u) + (\theta_2 v - \eta_2 \log v) = \text{constant}(= -\log H)$
であるから，
$$\eta_1 \log u - \theta_1 u = -\eta_2 \log v + \theta_2 v + \log H$$
がしたがう．これは底を変換すれば，
$$u^{\eta_1} e^{-\theta_1 u} = H v^{-\eta_2} e^{\theta_2 v}$$
である．これより，(3)式と
$$\frac{d\phi}{du} = \left(-\theta_1 + \frac{\eta_1}{u}\right)\phi, \quad \frac{d\psi}{dv} = \left(\theta_2 - \frac{\eta_2}{v}\right)\psi$$
がしたがう．しかし，この意味は訳注3によって与えられている．

6〕 (1)式より，$u \geq \eta_1/\theta_1$のとき$\dot{v} \leq 0$, $u \leq \eta_1/\theta_1$のとき$\dot{v} \geq 0$．また(2)式より，$v \geq \eta_2/\theta_2$のとき$\dot{u} \geq 0$, $v \leq \eta_2/\theta_2$のとき$\dot{u} \leq 0$．したがって，変数uとvの変化の方向のみをみれば時計回りの閉曲線を描くことがわかる．

7〕 $\dfrac{d\phi}{du} = \left(-\theta_1 + \dfrac{\eta_1}{u}\right)\phi, \dfrac{d\psi}{dv} = \left(\theta_2 - \dfrac{\eta_2}{v}\right)\psi$ を変数分離形
$$\frac{1}{\phi} d\phi = \left(-\theta_1 + \frac{\eta_1}{u}\right) du, \quad \frac{1}{\psi} d\psi = \left(\theta_2 - \frac{\eta_2}{v}\right) dv$$
にしてから積分を行えば，
$$\log \phi = -\theta_1 u + \eta_1 \log u + H_1,$$
$$\log \psi = \theta_2 v - \eta_2 \log v + H_2$$

がしたがう．ここに H_1, H_2 は定数である．
$$\log \phi - \log \psi = \log H$$
であるので，H_1, H_2 を与えれば B 上の出発点を定めることができる．

第 13 章　資本主義の黄金律*

　以下の単純で相互に関係する命題の集合は，ブルジョア経済学者[訳注1]が広く受け入れている前提にもとづいている．

　(1) 各利潤率に相対価格の集合が対応している．相対価格が変化すれば競争的生産者が選ぶ生産技術は変更される．

　(2) 任意の個々の成長率に効率的技術，つまり，必要な蓄積を斟酌したのち，他の任意の技術よりも大きな消費を生み出すような生産工程の集合が対応する．

　(3) このような最善の技術は，投下資本の利潤率が成長率に等しいならば，競争的生産者により選ばれるであろう．

　(4) 生産される資本財を所有する者がなんらかの消費をすることは，利潤率が成長率よりも大きいことを意味する．その帰結は，成長率と利潤率が等しい技術が選ばれたならば資本家と労働者の双方がより多くの消費をすることができたことになるであろうという意味で，非効率な技術選択である．

　(5) 資本家が実際利潤の一部を消費していることから，資本主義経済はみなこの意味で非効率である．

　(6) 成長率より大きな利潤率はいずれも特定の階級の利益のために租税を産出に課することと同じである．このようなあらゆる租税と同じく，それらの租税は様々な財に不均等に降りかかり，よって相対価格の変更となるが，そのような変更は生産工程の操業上の局面とは無関係なものである．その帰結は非効率な技術と最適に達しない資源配分である．これは正当化できない消費配分とは別物であるが，そのうえに付加される．

(7) それゆえに，最適性は事実上資本家からの徴収を必要とする．というのは，もし資本の所有者が現在にも将来にも所得をなにも消費することがけっしてありえないなら，資本の所有権は名目的なものになり，その「果実」は社会全体のものになるからである．

(8) 各利潤率・成長率に最良の技術がちょうど対応するのと同様に，成長率ゼロである定常状態にも最良の技術が存在する．ゼロの利潤だけが生産者にそのような技術を選ばせるようにするであろう．

(9) それゆえに，自発的にせよ強制されるにせよ資本家が蓄積をやめるならば，最適性は資本家の収入がゼロにまで削減され成長がゼロになることを要する．

(10) 資本家は，たとえ彼らの遂行能力が不完全であったり浪費的であったりしようとも，成長のエンジンであったし，いまなおそうである．結果として，工業化した経済は不可避的にであるが次第に減速していくので，資本家はその機能を失う．このとき資本の収益率の決定は生産物のシェアをめぐる露な闘争になる．しかしまたその結果は逆に分配されるべき生産物のサイズに影響を与えるであろう．これは独占的価格形成または内国消費税とまったく同じことになるであろう．

* "Capitalism's Golden Rule", *Bulletin of the Conference of Socialist Economists*, 1972.

訳注
1) この章は『社会主義経済学者会議会報』（*Bulletin of the Conference of Socialist Economists*, 1972）からの転載である．「主流派経済学者」のことを社会主義，マルクス主義の伝統にしたがい「ブルジョア経済学者」と表現したと思われる．

第14章 ウィクセルとマルサス的カタストロフィー*

第1節 序　　論

　ウィクセルはいま進行中の苦悶のなかの経済成長の再評価にかんして格別に適切な人物である．持続的であるが発作を起こしていく成長が200年あったあと，成長が将来にもつ含意について重大な疑念が生じてきた．人々は成長を欲している．政治家たちはそれを説きそれをつねに行おうと試みる．経済学者たちはこの20年間それ以外のほかのことを考えることがなかったであろう．石油危機になるまで，将来のことを誰もが心配しなかったらしい．

　ここがウィクセルがとても適切になるところである．科学的訓練を受けてから，彼はある時点でマルサス的なメッセージを読み知った．知覚鋭く彼は提出された論点がそれらが授かっている以上に深い経済分析を必要とすることに気づいた．すなわち，彼はこうして人生の残りをその課題に捧げた．こういうわけで，彼はすぐに新しい経済学，つまり限界主義の影響を受けるようになり，それがマルサスと古典派経済学一般の影響よりも卓越していると感じた．彼と新マルサス主義との係わりを次第に削り取り，究極的に事実上根絶してしまったのはこの影響であったのであろう．私の見解では，これは悲劇である．私はどうしてそうなのかという理由を説明することにしよう．

　まず最初に変な質問をする．新古典派経済学の方法は古典派の方法よりも良好であろうか．どんなことにたいして良好であろうかという問いをする必要がある．私が教条的であったならば，私は，限界主義は原則的に古典派の分析よりも巧妙で技巧を凝らしたもので，またある意味で真に迫っていると

言おうとすることになるであろう．それはものすごく複雑なものになりすぎ，微細な点，経済の入念な構造に至っている．しかしながら，この利得はかなり大きな犠牲を払って成し遂げられるものである．広範な輪郭，中心的な傾向，全体の進化というようなすべてのことが喪失することになった．ケインズが登場してはじめてそれらのいくつかを取り戻した（しかしその過程でマルサスに過度の賛辞を呈してしまった）．

ウィクセルは多くのことが喪失してしまっていることに気づき，彼自身ささいなことに迷わないように闘ったと，私は思っている．私が学生時代彼をほかのすべての経済学者よりも好んだというのは，一部はこのような理由からであったと私は考えている．小心翼々とした論理から遠ざからなかったけれども，彼はワルラスの流儀やマーシャルの流儀でささいなことにけっして耽ることがなかった．にもかかわらず彼は彼の最終的遺書となった『講義』[訳注1]の第2版では人口統計学の箇所を省いてしまったことは事実である．彼は実質的にけっして定常状態と単利の世界を超えて資本分析を行おうとしなかった．彼は資本蓄積という基本的問題を『講義』では要約的で，特徴づけをせずに試験的に論じる箇所に移管した．彼はマルサスとリカードに感銘を受けてはいたが，古典派経済学のマルクス的展開の意味を評価していたとはけっして思われない．

マルサスとウィクセルがともに承認したように，人口は内密に生産に関連している．人口統計学はかつては経済学者たちの領分であり，またそうあるべきであったろうが，彼らは，一見したところマルサスがした悲惨な予測が間違っているという単純な理由から，それを放棄した．彼らは過失は経済学にあったのであり人口統計学にあったのではないということに気づき損ねた．動物人口理論は，古典的な葦－真珠実験におけるように，環境と食物利用可能性が本質的に不変であると仮定することができる．これでは人々の代役は務まらないであろう．マルサスは粗野なかたちの等差－等比級数公式を提案した[訳注2]．これもまたそうならないであろう．そこでわれわれはせめてこれをリカードの土地の限界生産物逓減にまで進歩させる必要がある．

第14章 ウィクセルとマルサス的カタストロフィー

　こういうわけで経済学は19世紀初頭には陰鬱科学〔訳注3〕になった．その理由は経済学が生活水準にホメオスターシス〔訳注4〕の原理をもつフィードバック機構を予測したからである．すなわち，技術がどんなに進歩しようとも，人口は増加し生産物増加を水浸しにしてしまうことになるであろう．長期には消費水準はつねに出生と死亡を均等にするような水準になければならない．この命題は，両者が不均等になっている200年後には，荘厳さが減じられているように思われる．それにもかかわらず，それらが無限に不均等にされるとは想像しがたいということも依然として真実である．しかしながら，それらがなにによって，いつ，世界総人口のどんな水準で均等になるかという精確な機構はもっとも上質の分析の網の目を免れてきた問題である．もちろん，マルサスはつねに近くで待機している．すなわち，なにかもっと礼儀正しい振舞いの機構が挫折するならば，有限の世界に無限の成長という最終解がある．

　マルサスを発信源とする命題はきわめて長い間虚偽のものになった．なぜなら，産出は人口爆発と歩調を合わすことができ，実際世界の多くの箇所でそれを凌ぐどころではなかったからである．究極的につぎのきわめて重大な問題が提出されるべきである．これが恒久的な解決になりうるのであろうか，あるいはマルサス的亡霊が延期されているにすぎないのであろうか．疑いを更新する主たる理由は，更新可能な資源と更新不可能な資源の間の区別から出てくる．マルサスは，彼の時代としてはまったく正しく，主として農業のタームで考えた．源泉を太陽エネルギーに依存するすべてのものは実際的にはみな永久不変なものと考えることができるであろう．これによりリカード的地代理論が導かれる．対照的に，このような理論は全体的に，石油，ウラニウム，鉄，銅などのような枯渇しうる資源には適用することができない．それらは完全に異なった不穏なほど錯雑な状況を構成する．緊急性はふたつの事実から発している．ひとつはこれらの資源は固定量しかなく，いったん使用されると，ほとんどの場合で，再使用できないという事実である．第2は，地球のほんの一部だけが生産の大突出を経験するかぎりでは，問題は差

し迫ったものには見えなかったという事実である．今世紀の後半にはじまったことであるが，多かれ少なかれ全世界が相似的な産出爆発を達成することを目指した．たとえ不満足なものになるとはいえ，世界の産出と世界の人口のタームで分析することが必要であるというのは，こうした理由からである．

経済学者は人口統計学を専門的人口学者に明け渡し，人口学者は主題を（正しく）複雑なものにしたが，きわめて満足のゆくなんらかの予測力を成就することに成功しなかった．人口学者はつぎに主題を歴史学者に明け渡したが，そのことは多分定量的理論への望みを放棄したのと同じである．歴史学者は疑いなく死亡率と出生率の種々の影響についてのわれわれの知識の経験的基礎をとてつもなく改善するであろうが，なんらかの一般的に妥当する法則が浮上するということは未決定できわめて疑わしい．経済学者の職務怠慢が嘆かれるべきである．というのは，主題は実は（きわめて大きな技術的な複雑さを別とすれば）経済問題であり，マルサスが提出しウィクセルが追求した精神でまったくそのとおりであるからである．問題が出生率と死亡率が均等になる機構の性質を分析するというものであるということは，動物人口というより単純なケースでは十分示されてきたことである．

私もそう信じるように，われわれの工業文明のある種の壮大な崩壊が結局は起こりうることになるであろうと信じるならば，この主題は，たとえ時間的には遠いものであろうとも，重大な関心を引くものである．問題が手に負えないほど複雑なものであるという事実はそれが消えてしまうであろうということを意味しない．経済学者にはここで悪い記録がある．彼らはそのような危険を警告したような科学者，実業家，変人の一連の人々を無視し攻撃した．彼らは誰も経済的将来を予測することができないという健全な理由でそうしていた（彼らは知るべきであろう．自分たち自身の悲惨な記録を見よ）．しかしこれは両刃の剣である．われわれが不幸を予測することができないならば，われわれはなにもないであろうということを予測することもできない．永続的な進歩という19世紀的信念はその信念が永眠する場を経済学者に見出したように思われる．将来への信頼を冷やしてしまった今世紀に起きた複

数の災禍がやっと経済学者にそれを覚醒させたように思われる．

必要となるものは定性的でもあり大局的でもある分析である．特殊な数量的関数に頼らないという点で定性的であり，数量の大きな変動を包含しているという点で大局的である．ゆえに線形化は本当は適切ではない（とはいえ私は分析の単純化のためにそのような線形化を使用する必要があるであろう）．この世のことを考えれば，われわれの社会は強い不均衡の連続であり，あらゆる過去の社会と同じく，時間の経過とともに消滅するであろう．この潜在的な腐食を分析する良好な候補は人口統計学分析であり，それは，社会がいつ消滅するかということについてはめったに示唆することはないけれども，社会が消滅するような方法と理由を示唆することができるであろう．われわれは出生・死亡率の純率を決定する要因についてほとんどわずかしか確たる知識をもっていないけれども，にもかかわらず，なんらかのきわめて精確な関係式をもたずに，ある大局的な結論に到達できる．もっとも明白な例題は，なにもわかっていないなら，出生率と死亡率は恒久的に不均等になることはありえないと言うことができるというものである．私は，前方に横たわる地勢を空からみたようなものを取り出すという限定的目的をもって，もっとも荒削りな概念を使用するであろう．このことが単一の世界産出，単一の世界自然資源，未加工の出生率と死亡率を使用させることになる．こういうわけで純率，年齢構成，依存と分与の率，国と地域の差異が無視される．1人あたりの産出が，成長率の影響を考慮することなく，生活水準を表示するとみなされるであろう．

第2節　人口と資源：被食者・捕食者機構

理由はなんであれ，平均的出生率と平均的死亡率はともに等しく不変であったと仮定せよ．よって，人口 x は一時的な逸脱があっても不変にとどまる．

$$\frac{\dot{x}}{x} = b - d = 0.$$

若干の外生的なパラメトリックな変化が起こり b または d のどちらかを他方より高くするか低くするかのいずれかになるならば,このとき人口の挙動は定性的に異なったものになる.一方では数は際限なく増加する.他方では種は消滅する.これは,b と d は等しくないが,小さい変化があるケースと対照させられるべきである.挙動は定量的に変更になるが,定性的に変更されることはない.b と d が等しくなるところで,体系は構造的に不安定になると言われる.これは通常の動学的不安定性とはっきりと区別されるべきものである.そのような小さなパラメトリックな変化が挙動に明瞭な分岐を引き起こさせるところに,ルネ・トムがカタストロフィーと新たに命名したもののなかで,いちばん単純な例題がある.これは人口理論に格別にふさわしい呼称である[1].

$b < d$ のケースは,食用に適する食物が生育する所与の環境をもつある領域に新しく種が導入された状態に対応する.しかしながら,この体制は期間を延長して維持することができない.エネルギー源(太陽)が不変であり,食物は一定のフロー生産されると,ちょうど食物の年間産出量を消費するだけの人口 x が存在するであろう.x のなんらかの増大は過度の放牧という事態に至り,1人あたりの食物供給の低落に至る.d の上昇とおそらくは b の低落となる.線形近似を仮定すれば,結果は基礎的な人口方程式,ロジスティック曲線になる.つまり,

$$\frac{\dot{x}}{x} = A - Bx.$$

$\dot{x} = 0$ のとき $x = A/B$ になる[訳注5].人間の人口についてはちょっとあまりにも単純な話であるけれども,これは実際マルサスの強力な論理を例証する.

この例題はまたカタストロフィーについていままでよりも若干面白くなる例題を可能にする.このエデンの園にわずかな数であるが人間夫婦が入ってきたと想定してみよ.彼らは肉食で猟師・漁師の民である.被食者の死亡率はいまや環境と人間の数 y に依存する.x はいまや動物のストック,y は人間人口を記す.成長率を与える式は線形関係であるとすると,

図 14.1

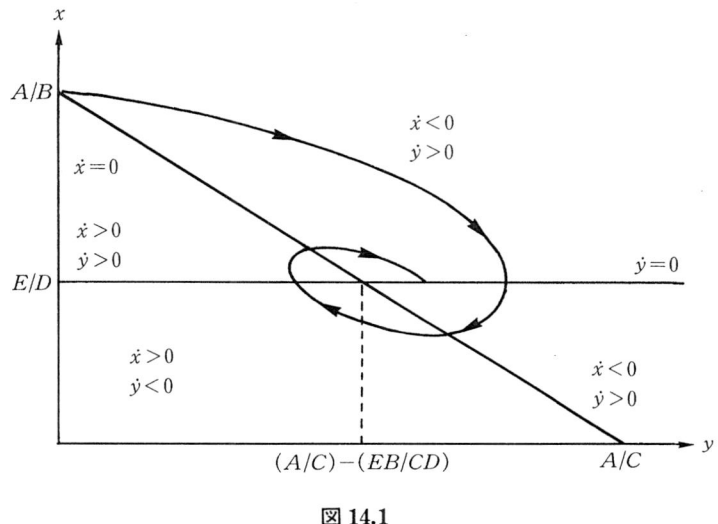

$$\frac{\dot{x}}{x} = A - Bx - Cy.$$

これは $\dot{x}=0$ にたいして

$$x = \frac{A}{B} - \frac{C}{B}y$$

を与える．人間は人間自身の数に従属する変数であるこの被食者だけを食物供給とするので，ゆえに，

$$\frac{\dot{y}}{y} = Dx - E$$

である．これは $\dot{y}=0$ にたいして $x=E/D$ を与える．添付の図〔図 14.1〕に示されているように，ベクトル場は 2 本の座標軸に沿って 4 つの領域から構成される．人の出現の前には，動物人口は，たとえば気候によって攪乱されようとも，x 軸に閉じこめられており，つねに安定的均衡点 A/B の方向に向かう傾向があるであろう．わずかな数であるが人類の導入はカタストロフィーの構成要素となり，それは動物人口の完全に異なった挙動に至る．人間の人口は例外的に有利な環境では急速に増加するが，それ自体の成長がその

被食者を減少させるので次第に減速する．いったん捕食者の数が十分低落するならば，動物はふたたび増加し始める．こういうわけで，ふたつの人口は補完的かつ競合的にともに相互依存しながら，同調せずに振動して減速しながら安定的渦状点に向かう[2]．帰結はきわめて小さな初期変化が動物を点A/Bから引き離し，けっして戻れないようにさせる．これと平行的に，人間の人口は大きな，非恒常的な成長をしながら新均衡水準$\frac{A}{C}-\frac{EB}{CD}$に乗り出していく[訳注6]．

結果として生じる循環的挙動はヴォルテラ（と独立的にロトカ）が解いた有名な被食者・捕食者機構[訳注7]の変形である．この理論はコルモゴロフ[3]により一般化され，一般的な非線形関数，つまり，

$$\frac{\dot{x}}{x} = f(x, y),$$

$$\frac{\dot{y}}{y} = g(x, y)$$

について有益な定性的結果を与えることが示された．この関数についてのある一定の定性的特性だけがわかっていれば，結果として生じる挙動を述べることができる．

「様式化した歴史」にしたがえば，人は定住農業により太陽エネルギーを利用する優れた技術を発見する．植物を食べて生育する動物を食べて生育するよりも，植物を食べて生育する方がはるかに効率的である．牧草地が耕作されるようになるので，動物は一部または全面的に消滅し，人が過去に動物が直面したのと同じ成長法則に服するようになる．$\bar{y} > \frac{A}{C} - \frac{EB}{CD}$のようなある一定の人口になるであろうが，それは年間生産物を消費するような人口であろう．それを超えて成長すれば，1人あたりの消費が低落するであろう．線形のかたちで書けば，

$$\frac{\dot{y}}{y} = A - By$$

である．

第3節　人口と資源：被食者が枯渇しうる機構

　このようなある意味で安定的な状態は長い間つづいた．おそらくは A はゆっくりと上昇したであろう．つぎに 18 世紀から 20 世紀にわたる産業革命が到来した．これは定性的にも定量的にもともに人口と産出の挙動および構造的関係を変更したという意味でカタストロフィーの構成要素であった．マルサス的機構はそれが作用しなくなったときはじめて気づかれたにすぎなかった．体系は動学的安定性から動学的不安定性に変化した．複雑な問題を単純に述べよう．死亡率は縮小したが出生率は縮小しなかった．こうしてそれらを実質的に等しくしていた機構を廃止した．よくわかっていることであるが，死亡率を縮小した同じ科学的革命がまた，種々の鉱物の大量使用とともに，人間と動物のエネルギーに取って代わる貯蔵された太陽エネルギーの使用により 1 人あたりの産出を増加させるに至った．現在の目的からすると，この過程の本質的特徴は加速的な規模で枯渇しうる資源を使用していることであった．

　マルサス的な罠は避けられてきたが，将来に不吉な暗示を残すかぎりにおいてのことにすぎない．生活水準の上昇とともに容赦のないマルサス的機構は実在しないというほかはない．出生率は多くの国々で低落するが，究極的に死亡率に等しくできるような機構は複雑で不確実なもので，過去の挙動にしたがって振舞うようなことはきわめてありそうにないであろう．しかし，たとえ来世紀のうちに，両者が一致するようになったとしてさえ，人口はとてつもなく膨れ上がり，産出の率はさらにもっと膨れ上がっておりそれに対応的な巨大な率で更新することができない有限の資源を吸い込んでいるであろう．こういうわけで，マルサス的問題の本質的な論理は太陽エネルギーに基礎を置く不変の資源というのとはまったく異なった状況で提出される．これは被食者・捕食者機構であるがつぎのような重大な差異がある．つまり，被食者はいったん消費されると，たとえ食べるものが不足して捕食者の人口

が10分の1除かれるときでさえ，再生されることはないであろう．単純な類推はいわゆるオランダエルム病〔ニレ立ち枯れ病〕で与えられる．1回の材木の船積みがイングランドにわずかな数の保菌甲虫を持ち込んだ．今までに何十億ものこれらの甲虫が存在して彼らが依存するニレノキ人口を増大的率で破壊している．ニレノキが消滅するとき，それらを使用する甲虫もまた消滅するであろう．それは，わずかなパラメトリックな変化が一方の人口の全面的またはほぼ全面的な消滅に至り，これと平行的にもう一方の人口がまずとてつもなく成長し究極的に消滅するという明瞭なケースである．

人類の困難な将来についての重苦しい予測は今までに科学者からまた実際家と非実際家の取り揃えで出てきている．これは一部には経済学者が無責任で世界経済問題を無視し個々の国々の問題だけに限定していたことにも理由がある．科学者は数値的に所与のパラメーターが特定化する関係式で仕事をすることに慣れている．そのようなパラメーターはきわめて多様な環境のもとで保持されるであろう．対照的に，経済学者は「普遍の」定数をなにももたない．その結果として科学者が予測を得ようと払った努力ははっきりと信じられないものとして受け取られた．私がしようとすることは，経験的に大ざっぱに妥当すると望めるようなきわめて単純な非定量的仮定を保持して，つぎにこれらのきわめて「弱い」仮定からある実質的な結論に達することが可能でないかどうかを調べることである．

単一の実体であるが，更新可能資源 $\bar{n}$ と更新不可能な資源 n とに分割できるような資源が存在すると想定してみよ．よって，総量は $n' = \bar{n} + n$ である．人間の人口も同様に $y' = \bar{y} + y$ に分割できると仮定せよ．もちろん，実際には，生産性とそれに同伴する人口の両型は徹底的に混じり合っている．y はあらゆる資源で維持可能な人口と太陽が引き出す資源だけで維持可能な人口との差と考えることができるであろう．マルサス的機構は $\bar{y}$ に妥当する．私は，地殻の富の鍵を開けた科学革命が最初から $\bar{y}$ 人口に完全な影響を与えるという思い切った仮定をすることにしよう．それゆえ，$\dot{\bar{y}}/\bar{y} = A - B\bar{y}$ で，恒久的な均衡水準は A/B である．y の成長率は n に正比例し，

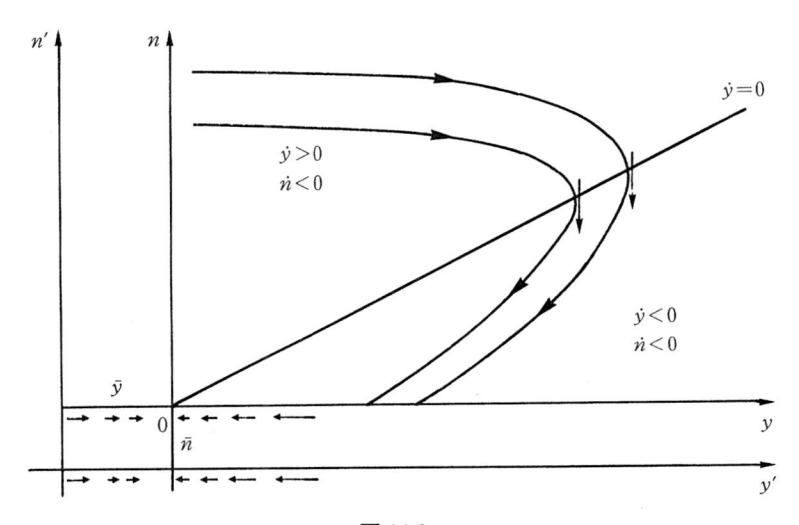

図 14.2

またyに逆比例するとみなされる．こういうわけで，単純に線形のかたちで書けば，$\dot{y}/y = Dn - Ey$ であり，$\dot{n} = -Cy$ である．初期にyはきわめて小さく，nはきわめて大きい．定義より，nとyはともに非負である．このとき，このような体系の進化は，精度やスケールにこだわらなければ，図14.2のように表示することができる．

nとyの均衡状態は $n = (E/D)y$ と $y = 0$ で与えられる．yの比例的成長は最初から減速するが，その大きさはまず増加し，つぎに，yのサイズが資源，ゆえにまた生活水準に影響を与え始めるにつれて，減少する．このような道筋がつづけばかならず $Dn = Ey$ になり人口は増加しなくなる．しかしながら，この点で，資源の枯渇率が極大値に達する．それにつづくyの減少は枯渇率を緩和するが，究極的な枯渇を回避しないであろう．このときyは超マルサス的になり，加速度的率で死に絶える．しかしこれは文字どおりに受け取ることはできない．非現実的にふたつの人口を分離しているし，線形の仮定をしていることを指摘するだけにしておく．体系は大局的漸近安定を呈示する．

第4節　結　　論

　この単純なモデルを詳細に追ってもどうしても実際に将来起こる事象の経過を表示することはできない．それは明らかに一定の支配的要素を顕示することを意味するにすぎない．線形性の仮定は明らかに満足のゆくものではないし，過程の中心的特徴を容易に理解できるようにするためにだけ弁護できるにすぎない．第2に，つぎの意味でヒステリシス[訳注8]があることはほぼ確実である．つまり，減少は上昇のときと同じ規則に従わず，ふたつはまったく別個の理由から生じるであろうという意味である．人々は上昇と低落にたいして対称的に反応しない．第2に，技術の進歩，主として医療技術の進歩が減少のときも完全に喪失することはないであろう．こういうわけで因果関係を変えていくであろう．

　問題のもつ本当におじけづかせるほどの複雑さは，信頼できる専門家の誰もがいままで直面したことがないような影響を与える．まったく粗野に単純化しすぎているこのモデルが目指すものは，ふたつの否定しがたい事実が本当に引き起こす結果を明らかにすることである．そのような事実とは，資源の有限なストックが加速的に枯渇すること，そして避けがたく巨大になる人口がストックの収縮に依存することである．誰もこのような瓦解が当然起こるはずであると言うことはできないが，これと同じ理由で，それは起きるかもしれないということを否定はできない．技術進歩のある注目すべき継続がマルサスの悪魔を出し抜きつづけることは可能であるとしても，けっして確実なことではない．まったく確実と言えることは，われわれの文明はかつてない以上に複雑なすべてを包括するような技術にますます依存しているであろうということである．これは自由と民主主義の双方の価値がかつてない以上に減少していることを意味するかのようである．

　英国の天体物理学者であるフレッド・ホイル卿は，マルサスにかんする注目に値する論文で，人口・産出爆発の解決は直接的な貧困化をつうじてでは

なく，高度に発展した技術と組織が必須なものになる帰結として出てくると論じている．複雑な，精巧な構造に基づいている社会は次第に社会の衝突，暴力，汚染，環境の不均衡に脆弱なものになっていく．その結果として，「……過剰人口が引き起こす一連の組織崩壊，つまりカタストロフィーがあるであろう．」これはいままでとは別の，かつてなく険しく激烈な崩壊を表示するであろう[4]．

考えられるところでは，人口のある種の最適制御がはるかにもっと悲惨でない事象の進行を提供できるであろう．公衆，政治家，経済学者が成長にかんしてもつ強迫観念がそのような解をありそうにないものにする．さらにまた，これまでなされてきたような努力の弱々しい結果は勇気づけられるものではない．世紀の変わり目にすでに，ウィクセルはつぎのように書いた．「私自身としては，この最適人口というものはすでにわれわれ自身の国でもヨーロッパの国々でみなかなりの程度超過してしまっているという確信に次第に到達していった．よって，繁栄増大への道はさらに人口を増加させていくことではなく，むしろその後何十年もつづけて人口を精力的に削減していくことに掛かっている．」[5] われわれがいま現在とこれからの計画としてもつ世界人口について知っていることに鑑み，果たして彼はいまなにを言わねばならないのであろうか．

注

* "Wicksell and the Malthusian Catastrophe", *Scandinavian Journal of Economics*, 80 (1978), pp. 190-8.
1) Thom, R., *Structural Stability and Morphogenesis*, Reading, Mass.: W.A. Benjamin, 1975.
2) 体系は大局的に安定で局所的に漸近安定であることを示すことができる．
3) Kolmogoroff, A., "Sulla teoria di volterra della lotta per l'Esistenza", *Giornale dell'Istituto Ital. Attuari*, 7(1936), pp. 74-80.
4) Hoyle, F., A Contradiction in the Argument of Malthus, University of Hull, 1963.
5) Wicksell, K., "The Theory of Population, Its Composition and Changes",

in Göran Ohlin (trans.), *Some Unpublished Works*, Lund, 1977.

訳注
1〕 Wicksell, Johan Gustav Knut (1851-1926). Wicksell, K., *Föreläsningar i nationaleekonomi, Häft I*, Stockholm, Lund∮ Fritzes, Berlingska, 1901. このスウェーデン語の第3版（1928年）の英訳が *Lectures on Political Economy, vol. 1: General Theory*, London: Routledge & Kegan Paul, 1934 である. また *Föreläsningar i nationaleekonomi, Häft II: Om penningar och kredit*, 1906 のこのスウェーデン語の第3版（1929年）の英訳が *Lectures on Political Economy, vol. 2: Money*, London: Routledge & Kegan Paul, 1935 である.
2〕 食物は等差（算術）級数的に増加する一方，人口は等比（幾何）級数的に増加するというもの.
3〕 第9章訳注5を参照.
4〕 ホメオスターシス（恒常性機能）については第10章訳注4を参照.
5〕 ロジスティック方程式を
$$\dot{x} = Ax\left(1 - \frac{1}{A/B}x\right)$$
と書く．0 と A/B の間の範囲がロジスティック成長と呼ばれるものである.
 解は
$$x = \frac{(A/B)x_0 e^{At}}{(A/B) + x_0(e^{At} - 1)}$$

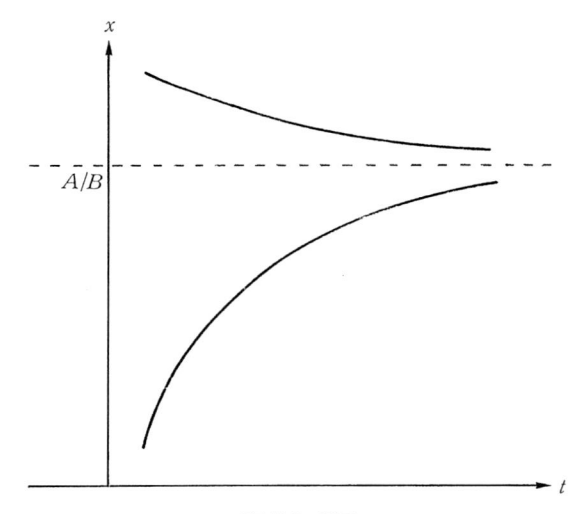

訳者作成図 14.1

である．
6) $x=\dfrac{A}{B}-\dfrac{B}{C}y$ に $x=\dfrac{E}{D}$ を代入すれば，$y=\dfrac{A}{C}-\dfrac{EB}{CD}$ がしたがう．
7) 第12章訳注3を参照せよ．
8) 原語は hysterisis．「履歴現象」とも言う．ある量 A の変化に伴って他の量 B が変化する場合，A の変化の経路によって同じ A にたいする B の値が異なる現象．

付録　2行程振動子*

ル・コルベーエ

第1節　序　　論

2階の自励的,対称的振動子理論は,ファン・デル・ポルの古典的論文[1]のおかげで,今日よくわかっている.物理学的な系の変数のひとつはレイリー卿が与えた微分方程式[2]

$$\ddot{x}-\varepsilon\left(\dot{x}-\frac{\dot{x}^3}{3}\right)+x=0, \tag{1}$$

またはファン・デル・ポル方程式

$$\ddot{y}-\varepsilon(1-y^2)\dot{y}+y=0 \tag{2}$$

を満たすであろう.これらの方程式では,xとyは次元をもたず,独立変数τは次元をもたない時間であり,ドットはτにかんする導関数を指示する.$y=\dot{x}$と述べるならば,(1)と(2)が数学的に同値であることがわかる.レイリー卿は$\varepsilon\ll 1$のケースだけを考察した.その場合,周期解はほぼ非正弦的になる.ファン・デル・ポルは,εが0から$+\infty$に増大するとき,過渡解と周期解は非正弦的な型から緩和型へ進化することを示した.曲線$x(\tau)$, $y(\tau)$はあまりにも知られているのでここで繰り返す必要はない.また相平面(x, y)または$(y, \dot{y})$に描かれる対応する軌道についても同様である[3].

これらの力学的展開の美しさが研究者や読者に現実の振動子がもつ物理学的関係式を忘れさせてしまうことがありうるという危険がいくらかある.そ

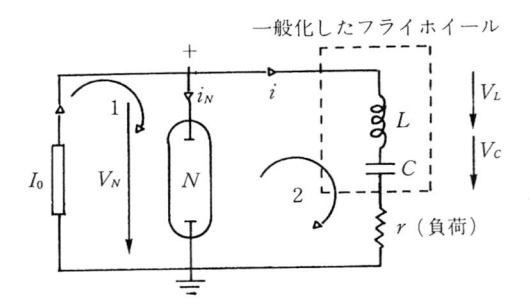

図 A.1 直列型 2 階自励的振動子

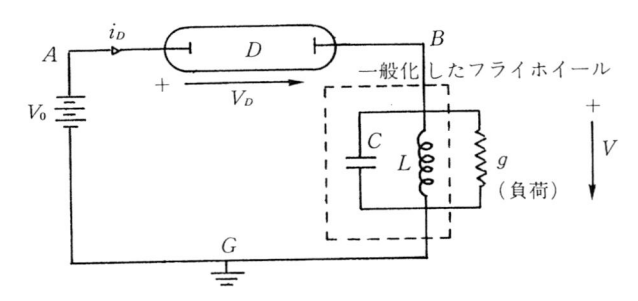

図 A.2 並列型 2 階自励的振動子

の危険はとくにエネルギー交換にかんしてチャールズ・ファブリーが1929年頃著者に指摘したところである．事実，ふたつの初期の論文[4]はこの注意が喚起したものである．もっとも単純な種類の電気的振動子にはふたつの型があり，ともに相互に双対である．直列型の電気的振動子（図 A.1）では，エネルギー源は固定電流発電機であり，それに平行的に電流-制御非線形ダイオード N とインダクター L，キャパシター〔変電器またはコンデンサー〕C，小さい抵抗負荷 r の直列結合が並んでいる．並列型では（図 A.2），エネルギー源は理想的バッテリーであり，それに直列的に電圧制御の非線形ダイオードと線形要素 (C, L, g) が結ばれている．図 A.1 では，メッシュ〔網状の電流〕1 は固定電流 I_0，メッシュ 2 は振動的電流 i を伝達する．図 A.2 では〔定在波の振幅が極小になる〕節点 AG が固定電圧 V_0 である．節点

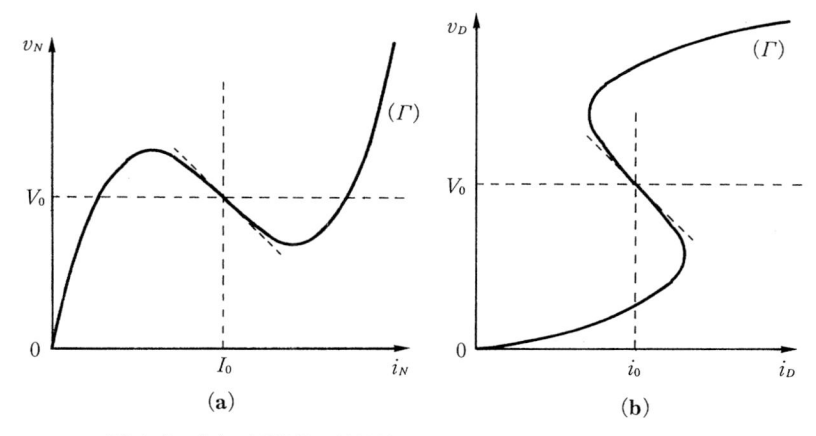

図 A.3 (a) 直列型の対称性をもつ振動子の3次特性曲線．
(b) 並列型の対称性をもつ振動子の3次特性曲線

BG 間の電圧が振動的電圧 v である．ダイオード N の「特性」は $i_N = I_0$ で対称的な形の方程式であり，ダイオード D の「特性」は対称の中心が $v_D = V_0$ と交わる3次特性である [図 A.3(a), (b)]．直列の (L, C, r) を流れる電流 i と並列の (C, L, g) の両端を横断する電圧 v はファン・デル・ポル方程式(2)を満たす．機械的振動子もまたふたつの型があり，力学的アナロジーにより上記のことに対応する（補遺Iをみよ）．これらの系の任意のひとつが振動するためには，数値 $r/\sqrt{L/C}$ またはその類似数がある一定限界より小さくなっている必要がある．

　インダクターとキャパシターのような保存的要素の対，バネと質量の対は一般化したフライホイールと呼ぶことができる[5]．レイリーの方程式(1)のケースでは，(x, y) 相平面における一意的な閉軌道（リミット・サイクル）は原点を中心にもつ卵形線である．リエナールの作図法[6]により動径ベクトルの長さは代表点が卵形線のまわりを1回周るとき極大値 M と極小値 m の間で2度振動する（図 A.4）．x, y から同じ数量に戻ってくることにより，x^2 と y^2 は運動エネルギーとポテンシャル・エネルギーに対応する．また逆も真である．よって，いずれのケースでも，動径ベクトルの平方和（x^2

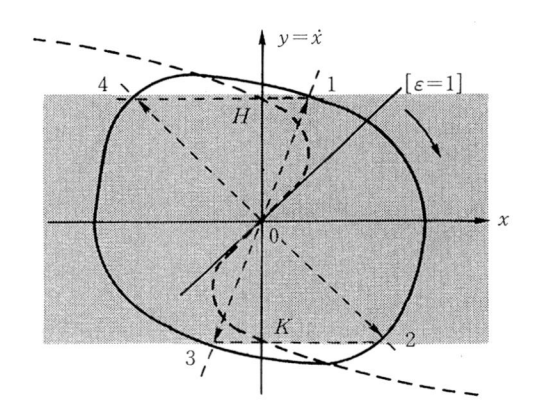

図 A.4 $\varepsilon=1$ のときのレイリー卿の方程式の $(x, \dot{x})$ 相平面におけるリミット・サイクル．保存的要素 (L, C) により伝達されるエネルギーは 1-2, 3-4 に沿って増大し，2-3, 4-1 に沿って減少する

$+y^2$) は一般化したフライホイールでは時間 t で蓄えられた総エネルギーに対応する．動径ベクトルが増大するとき（弧 1-2, 3-4），ソースはエネルギーを負荷および一般化したフライホイールに引き渡す．動径ベクトルが減少するとき（弧 2-3, 4-1），ソースおよび一般化したフライホイールはエネルギーを負荷に引き渡す[7]．一般化したフライホイールはいわば各周期の間に2度呼吸する．われわれはこうした性質をもつ振動子を 4 行程振動子と呼ぶことにしよう．こうした例の典型は(1)や(2)に付随する振動子である．

　本論文の目標は，一般化したフライホイールに蓄えられたエネルギーは極小値から極大値に変化し，周期あたり 1 回だけでつぎに再び元に戻ってくるような非対称的振動子をもついくつかの数学的モデルを呈示することである．このような振動子を 2 行程振動子と呼ぶことにしよう．そのような振動子が存在する可能性がないかと著者は久しく待ちわびていた．というのは，呼吸に見られるような種々の振動子はそのような型のものであると著者には思われていたからである．2 行程振動子の最初の例は経済学者リチャード・M.グッドウィン博士の労作に登場した．彼は 1950 年 12 月にそのことを伝えて

くれた（第5節をみよ）．以下の研究はグッドウィン博士が最初に与えた例題の体系的一般化と正当化である．

第2節 古典的非線形方程式の一般化

まず(1)と(2)を一般化しよう．われわれは特性関数 $F(x)$ が一意的な周期解をもつようになっている任意の方程式

$$\ddot{x}+F(\dot{x})+x = 0 \tag{3}$$

をレイリー卿型方程式（Lord Rayleigh-type equation. LRT と略記する）と呼ぶことにしよう．（「特性」という過度に使用される形容詞については以下で正当化する．）この方程式はまた

$$\ddot{x}+R(\dot{x})\dot{x}+x = 0 \tag{4}$$

と書くことができる．われわれは $R(\dot{x})$ を速度制御型抵抗と呼ぶことにしよう．この可変抵抗は何度も負になる必要がある．というのは，負にならなければ周期解が存在できなくなるであろうからである．

変位制御型抵抗 $r(y)$ が方程式が一意的周期解をもつようにしている任意の方程式

$$\ddot{y}+r(y)\dot{y}+y = 0 \tag{5}$$

をファン・デル・ポル型方程式（van der Pol-type equation. VDPT と略記する）と呼ぶことにしよう．やはりこの抵抗も何度も負になる必要がある．

われわれは(3)または(4)の任意の解をレイリー関数，また(5)の任意の解をファン・デル・ポル関数と呼ぶことにしよう．ふたつの異なる LRT 方程式と VDPT 方程式は，もし $r(y)$ が $F(y)$ の導関数になるならば，対をなすと言うことにしよう．つまり，

$$r(y) = F'(y) = yR'(y)+R(y). \tag{6}$$

任意のファン・デル・ポル関数はこういうわけでレイリー関数の導関数になる．$r(y)$ は $R(y)$ の導関数ではなくて $F(y)$ の導関数であることに注意せよ．

第3節　LRT方程式のリミット・サイクルの作図

まず直列型の電気的振動子図 A.1 を考察しよう．ダイオード N をもつ電流制御型特性 (i_N, v_N) は図 A.5 で示されるような一般的な形状をもつ．これは手書きで与えられたものである．ダイオード電流 i_N は I_0 の周りで，ダイオード電圧 v_N は v_0 ($0'$ の縦座標) の周りで振動する．つぎのように述べよう．

$$\begin{aligned} i_N &= I_0 - i, \\ v_N &= v_0 + v, \\ q_C &= q_0 + q. \end{aligned} \qquad (7)$$

図 A.1 の振動的メッシュ (L, C, r, N) にかんする電圧方程式は

$$-v + L\frac{di}{dt} + \frac{q}{C} + ri = 0 \qquad (8)$$

または

$$v_L + v_C = v - ri = \mathscr{S}(i) \qquad (9)$$

である．ここに，$\mathscr{S}(i)$ はスティミュランス電圧である．これはリューデンベルグ教授が議論全体が依存する関数について名づけた造語である[8]．

われわれはすぐに図式解法が相互に直交する斜線を含むようにしたいところである．これは i_N 軸，v_N 軸上にプロットされたデータでは処置できない．というのは電流と電圧のスケールは独立的であるからである．ひとつのスケールを引き延ばし，他方を引き延ばさないと角の関係が破壊されるであろう[9]．それゆえ電流に固定抵抗，たとえば $\sqrt{L/C}$ を乗じ w_N (ボルト) $= \sqrt{L/C}\, i_N$ と述べよう．(N) をこのようにして獲得された特性であるとしよう．$w = \sqrt{L/C}\, i$ とせよ．図 A.5 では，$0'v$ は垂直的に上に向かい，$0'w$ は水平的に左に向かう．任意の時点 t で $\overline{QP} = v$, $\overline{0'Q} = w$ とせよ．$0'$ を通る勾配 $-\sqrt{C/L}\, r$ の線 (負荷線) を引く．このとき，$\overline{QR} = ri$．M を $\overline{PM} = -L(di/dt)$ となるような点であるとしよう．われわれはベクトル恒等式

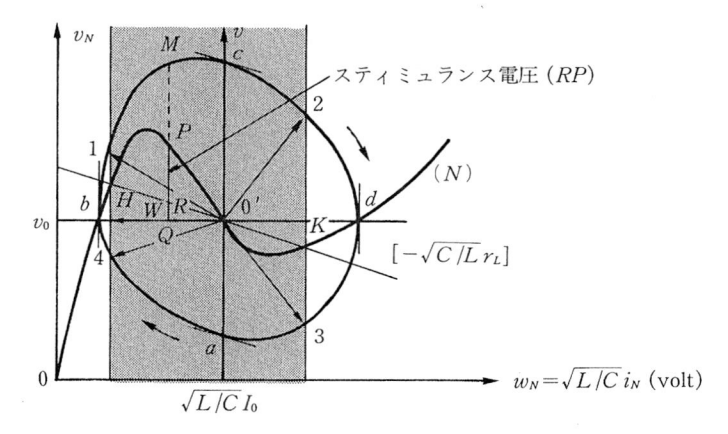

図 A.5 電圧 $v_C + ri = \overline{QM}$ は，図 A.1 の振動子が周期的定常状態にある場合（閉曲線 1-2-3-4-1），電流 i にたいしてプロットされている．曲線 (N) はダイオード特性（であるが 3 次曲線ではない）

$$\overline{PQ} + \overline{QR} + \overline{RM} + \overline{MP} = 0 \tag{10}$$

をもつ．これは電圧方程式

$$-v + ri + v_C + v_L = 0 \tag{8}$$

に対応する．ゆえに，$\mathscr{I} = \overline{RP} = \overline{QP} - \overline{QR}$，つまり，$\mathscr{I}$ は曲線 (N) の縦座標と負荷線の差である．

時間単位として $\sqrt{LC}$ を取り，$t = \sqrt{LC}\,\tau$ としよう．このとき，われわれは

$$w = \sqrt{\frac{L}{C}}\,i = \frac{1}{C}\frac{dq}{d\tau} = \dot{v}_C \tag{11}$$

かつ

$$v_L = \sqrt{LC}\sqrt{\frac{L}{C}}\frac{di}{dt} = \frac{dw}{d\tau} = \ddot{v}_C \tag{12}$$

をもつ．こうして (9) は LRT 方程式

$$\ddot{v}_C - \mathscr{I}(\dot{v}_C) + v_C = 0 \tag{13}$$

となる．

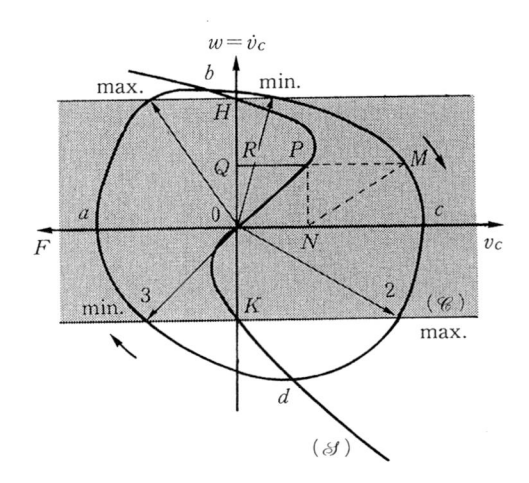

図 A.6 ダイオード特性が図 A.5 の曲線 (N) である場合の図 A.1 の型の振動子のリミット・サイクル．リエナールの図式解法が示されている．曲線 ($\mathscr{S}$) は「既約特性」$\overline{RP}=\mathscr{S}$ である

この方程式をグラフで議論するために相平面 (v_c, w)（図 A.6）に移ろう．方程式(13)は

$$\frac{dw}{dv_c}w - \mathscr{S}(w) + v_c = 0 \tag{14}$$

と書くことができる．w はいまや正方向を上向きにプロットされているので，$F=-\mathscr{S}$ と述べ F を左に正方向にプロットするのが便利である．方程式(14)はこのとき

$$\frac{dw}{dv_c}w + F(w) + v_c = 0, \tag{15}$$

あるいはベクトル表示で

$$\overline{MP} + \overline{PR} + \overline{RM} = 0$$

となる．

MP は「法線影」の長さであり，ゆえに MN は M の軌跡あるいは「軌道」にたいする法線である．これがリエナールの作図法である（この命名は

著者によるものである）．

　われわれはいま述べたステップの継続により物理的な (i_N, v_N) 特性から導かれた曲線 $(\mathscr{S})$ を振動子の既約特性であるとすることができるであろう．$(\mathscr{S})$ が既知であるならば，リエナールの作図の助けを借りて，われわれはリミット・サイクル $(\mathscr{C})$ をそれが存在するときは見出すことができる．$(\mathscr{C})$ は既約特性 $(\mathscr{S})$ により完全に決定されるが，その逆は真ではないということに注意しよう．しかし，$(\mathscr{S})$ から $(\mathscr{C})$ に至る解析的過程はいっさい知られていない．

　われわれの例題では，$(r/\sqrt{L/C})$ は十分小さく負荷線は図 A.5 のダイオード特性と 3 点で交差する．ゆえに，$0w$ 軸は図 A.6 の曲線 $(\mathscr{S})$ と 3 点 $H, 0, K$ で交差する．われわれは 0 から曲線 $(\mathscr{C})$ に 4 つの法線を点 1, 2, 3, 4 に降ろすことができる（非対称性に注意せよ）．このようにしてわれわれは 4 行程振動子を取り扱う．

　つぎに線分 PM を図 A.6 から図 A.5 に移そう．われわれは点 M の軌跡として時計回りに描かれる閉じた卵形線を得る．点 b, d で接線は負荷線に垂直であり，点 a, c で接線は負荷線に平行的である．この振動子では，可変抵抗 $R(\dot{v}_C) = F(\dot{v}_C)/\dot{v}_C$ は H と K の間で負，外側で正である．こういうわけで，閉曲線に沿って，4-1, 2-3 で正，1-2, 3-4 で負である．（図 A.5 は $0'1, 0'2, 0'3, 0'4$ は閉曲線にたいする法線ではない．）

　こういうわけで直列型の振動子の電流と電圧すべての相対値は，ダイオード特性が与えられているなら，周期的運動にとって（そしてまた必要ならば任意の一時的運動に沿って）いかなるモーメントについて既知である．上記のきわめて単純な図式解法はアナログ計算機上で方程式を組み立てるのと同値であるが，ウールワース〔氏創設の 5 セント，10 セント均一の安物雑貨店〕から購入した方眼紙と 1 対のコンパスのような一番簡単な道具があれば机上で達成することができる．時間の関数 $v_C(\tau)$ (LRT) の図式解法はこれよりややこしい（補遺 II をみよ）．電流 $i(\tau)$ と電圧 v_r はファン・デル・ポル関数であり，v_L はファン・デル・ポル関数の導関数である．リエナール

の作図法は，適宜一般化しなければ，LRT 方程式にだけ適用でき，VDP 型には適用できないことに注意せよ（補遺 III をみよ）．

上記の議論は $v_c, \dot{v}_c$ など電圧のタームに次元のない時間変数 τ を使用して行われた．つぎに単位として任意の電圧 $\mathscr{V}$ を取り，$x=v/\mathscr{V}$，$y=\dot{v}/\mathscr{V}$ と置こう．このとき方程式は(1)と(2)で次元のない形式をもつことになるであろう．われわれはのちに $\mathscr{V}$ のような特定の単位を選ぶ機会をもつようになるであろう（第5, 6節）．

直列型の機械的振動子では，v_c の類似数は質量 M の速度（あるいはフライホイール J の角速度）が交替する部分である（補遺 I）．こういうわけで，M の位置変数 x が交替する部分はレイリー関数の積分，非常に滑らかな曲線である．

さてつぎに並列型振動子（図 A.2）に移ると，ダイオード D の特性（i_D, v_D）は，たんに電圧と電流の軸を交換するだけで，直列型振動子のダイオード N の特性と同じ一般的形状をもつと仮定することができる[10]．今度は電流を垂直的に i_D，水平的に j_D（アンペア）$=\sqrt{C/L}\,v_D$ のふたつの軸に沿ってプロットしよう．読者は，特性の変化，つまり，ふたつの卵形が変化しないことを仮定すれば，図 A.5，図 A.6 でわれわれが与えた説明に容易に追従するであろう．

ダイオードの電圧 v_D はバッテリーの電圧 V_0 の周りで振動し，ダイオードの電流は i_0（$0'$ の縦軸）の周りで振動する．

$$v_D = V_0 - v,\quad i_D = i_0 + i \tag{17}$$

および（ファラデーの法則 $v=d\varPhi/dt$ から）

$$\varPhi = Li_L = \int v\,dt \tag{18}$$

と置こう．j（アンペア）$=\sqrt{C/L}\,v$ とせよ．任意の時点 t で $\overline{QP}=i$，$\overline{0'Q}=j$（左側が正）である．$0'$ を通り勾配線（$-\sqrt{L/C}\,g$）を描け．このとき $QR=gv$，$PM=-Cdv/dt$ と置く．電圧の方程式(8)はいまや電流の方程式

$$-i + C\frac{dv}{dt} + \frac{1}{L}\Phi + dv = 0 \tag{19}$$

または

$$i_C + i_L = i - gv = \mathscr{L}_{\mathrm{par}}(v) \tag{20}$$

により置き換えられる．ここに $\mathscr{L}_{\mathrm{par}}$ はスティミュランス電流である．$\sqrt{LC}$ を単位時間にとれば，$j = di_L/d\tau$，$i_c = dj/dt$ を見出す．こういうわけで i_L を水平に，j を垂直にプロットすることにより，図 A.6 が導かれる．

並列型電気的振動子では，$i_L(t)$ はレイリー関数，i_0 と v はファン・デル・ポル関数，i_c はファン・デル・ポル関数の導関数である．並列型機械的振動子では，質量の交替する速度 v がファン・デル・ポル関数であり，ゆえに位置変数 x （または θ）が交替する部分がレイリー関数である．4つの時間関数が全問題に入ってくることが観察される．すなわち，次のとおり．

	直 列 型		並 列 型	
	電気的	機械的	電気的	機械的
レイリー関数の積分		x_M または θ		
レイリー関数	v_C	v_M	i_L	x, f_K
ファン・デル・ポル関数	i, v_r	f, v_D	v, v_θ	v, f_D
ファン・デル・ポル関数の導関数	v_L	v_K	i_C	f_M

質量にせよフライホイールにせよ慣性の働く要素の振動は，同じ特性を仮定すれば，直列型の方が並列型よりも滑らかである．

第4節 2行程振動子と指数型

いまや(3)-(5)型の方程式を2行程振動子について組み立てたい．抵抗 $R(y)$ または $r(y)$ は，原点を不安定にするためには，$y=0$ で負となるべきであろう．y_0 を正の数量とみなせば，このとき抵抗は $y<y_0$ にたいして負，$y>y_0$ にたいして正となるべきである．（これはいまからわれわれの仮説となるであろう．y_0 を負とみなして，抵抗は y_0 の左側では正，右側では負で

あると考えても一向に差し支えない.)

　かならず一意的なリミット・サイクルに至ることになるはずの型の可変抵抗は, 図A.7の型である. そこでは $y \to -\infty$ のとき, 負の抵抗はゼロに向かう. 0の周りで y の小さな振動はまず振幅が増大し, つぎにまもなく振動が大きくなって抵抗が正になる領域に入るほどになる. しかし, 振幅が大きくなればなるほど, 1回の振動の完了するまでの「平均的な」負の抵抗はますます小さくなり「平均的な」正の抵抗はますます大きくなる. ゆえに振幅 (右側にあるときよりも左側のときの方が大きい) は次第に限度に達するであろう. 図A.7の $R(y)$ または $r(y)$ いずれにも適合する簡単な解析式は $-\rho(1-y)e^y$ である. もしも $R(y)$ がこれに等しいとするならば, われわれはつぎのような方程式の対

$$\text{LRT} \qquad \ddot{x} - \rho(\dot{x} - \dot{x}^2)e^{\dot{x}} + x = 0 \qquad (21)$$

$$\text{VDPT} \qquad \ddot{y} - \rho(1 - y - y^2)e^y \dot{y} + y = 0 \qquad (22)$$

を得る. もしも同じ式を $r(y)$ とみなすならば, われわれはもうひとつの方程式の対

$$\text{LRT} \qquad \ddot{x} - \rho[(2-\dot{x})e^{\dot{x}} - 2] + x = 0 \qquad (23)$$

$$\text{VDPT} \qquad \ddot{y} - \rho(1-y)e^y \dot{y} + y = 0 \qquad (24)$$

を得る.

　後者の対の方程式が前者の対の方程式にたいして利点をもつのは, それらが ρ のすべての正の値にたいして周期解をもつという点である. (21)と(23)のリミット・サイクルを得るのは容易であるが, ここでは再現しない.

　筆者は多くの関数を, 2行程振動子をもたらすような指数ひとつの場合と指数ふたつの場合に試してみた. すべてのなかでもっとも単純なものは $\rho(e^y - 2)$ であるように思われる. しかしながら, そこではパラメーター ρ は領域 $0 < \rho < 1$ に制限される必要がある (図A.8). $R(y)$ がこれに等しいとするならば, われわれは

$$\text{LRT} \qquad \ddot{x} + \rho(e^{\dot{x}} - 2)\dot{x} + x = 0 \qquad (25)$$

を得るが, これは著者がこれまでに2行程振動子として見出したもっとも単

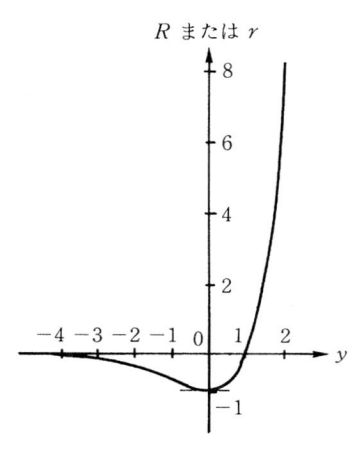

図 A.7 関数 R (または r) $= -\rho(1-y)e^y$ は，パラメーター ρ の任意の正の値にたいして安定的リミット・サイクルをもつ2行程振動子をもたらす可変抵抗を表示する

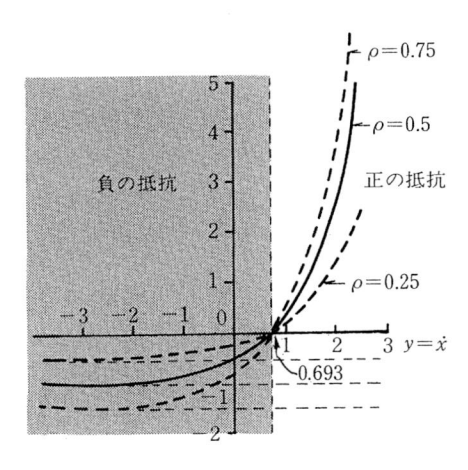

図 A.8 関数 R (または r) $= \rho(e^y - 2)$．1より小さい任意の正の値の ρ で安定的な2行程振動子をもたらす可変抵抗をもつ型の関数

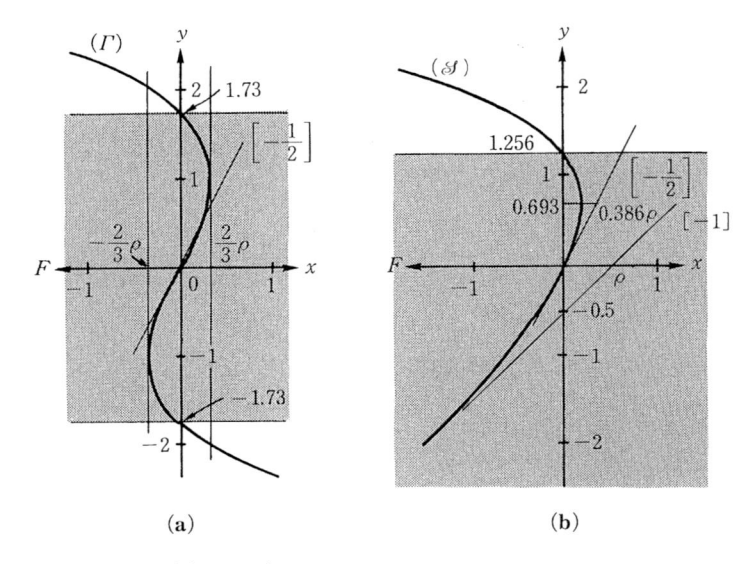

図 A.9 (a) $\varepsilon=1/2$ のときのレイリー卿の方程式の3次特性．(b) $\rho=1/2$ のときの図 A.8 の可変抵抗から生じる既約特性．「フライホイール」(L, C) のエネルギーが増大する負の $R(\dot{x})$ または $r(y)$ の領域は点描してある．それ以外では，抵抗は正で (L, C) のエネルギーは減少的である

純な LRT 方程式である．また

$$\text{VDPT} \quad \ddot{y}+\rho(ye^y+y-2)\dot{y}+y = 0 \tag{26}$$

を得る．同じ式を $r(y)$ にたいして使用すれば，

$$\text{LRT} \quad \ddot{x}\rho+(e^x-1-2\dot{x})+x = 0 \tag{27}$$

$$\text{VDPT} \quad \ddot{y}+\rho(e^y-2)\dot{y}+y = 0 \tag{28}$$

を得る．これは2行程振動子としてもっとも単純な VDPT 方程式である．4つの方程式すべてで，われわれは $0<\rho<1$ をとる必要がある[11]．

(27) の特性 ($\mathscr{S}$) は図 A.9(b) にプロットされてあるが，またつぎに比較のために図 A.9(a) にレイリー卿の方程式のよく知られた3次特性 (Γ) が与えられている．双方ともに原点で勾配が $(-1/2)$ になっている．一瞥して新しい特性は Z 字型でないばかりでなく，どこにも変曲点をもってさえいない

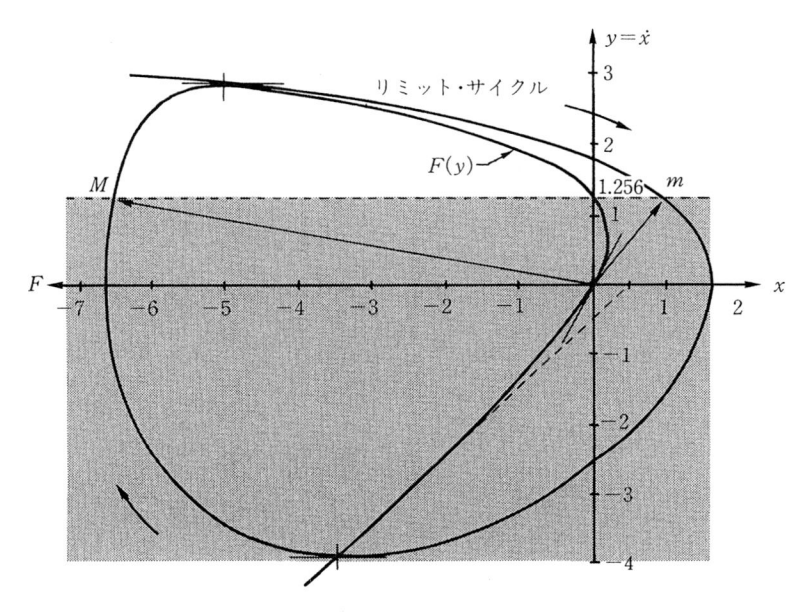

図 A.10 図 A.9(b) の既約特性から得られたリミット・サイクル

ということが明白である．筆者は，（それが当時一般的な理解ではあったけれども）特性は振動を生み出すためには一般に Z, N, S 字のいずれかの形状をかならずもつ必要がある（あるいは，かならず屈曲がふたついると言ってもよい）と信じるのがつねであった．そうでないことは，グッドウィン博士が証明するまでわからなかった．

　図 A.9(b) の特性から生じるリミット・サイクルは図 A.10 に示される．関数 $F(y)$ はいまや単一の非ゼロの根 $y=1.256$ をもつ．こうしてリミット・サイクルの動径ベクトルはただひとつの極大値と極小値をもつ．代表点 (x, y) が時計回りで m から M に移動するとき，力のソースはエネルギーを負荷と一般化したフライホイールに引き渡す（第 1 節）．M から m への移動では，ソースと一般化したフライホイールはエネルギーを負荷に引き渡す．こうしてわれわれは 1 変曲点の特性から 2 行程振動子を得るのである．

　これに対応するデフィゲレードの例を使用した周期関数 $x(\tau)$（LRT）と

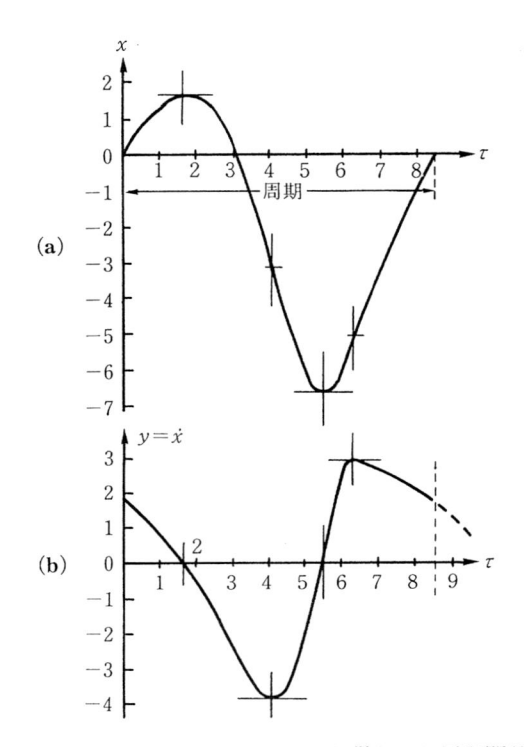

図 A.11 図 A.10 のリミットサイクルから得られた周期関数 $x(\tau), \dot{x}(\tau)$

$y(\tau)$ (VDPT)[12]は図 A.11(a) と (b) に示されている.

われわれが注意したようにパラメーター ρ は 0 と 1 の間になければならない. 図 A.12 と図 A.13 はそれぞれ $\rho=0.1$ と $\rho=0.8$ のケースでの (27) のリミット・サイクルを示す. $\rho=0.1$ では, リミット・サイクルは 0 の左側に中心をもつ半径 2 の円にいくらか似ているが, ゆがみは対称性をもつケースで $\varepsilon=0.1$ であるときよりもはるかに大きい[13]. $\rho=0.8$ では, リミット・サイクルは事実上特性の上側の部分と一致し, 下側の部分は対数螺旋に近似する. y の負の振幅は正の振幅のほぼ 5 倍であり, したがって, $x(\tau)$ の上方への行程は周期のうちで小さい割合である. $\rho=1$ という境界的ケースでは, ($\mathscr{C}$) の最低点は無限大になり, ゆえに $x(\tau)$ の周期解は存在しない.

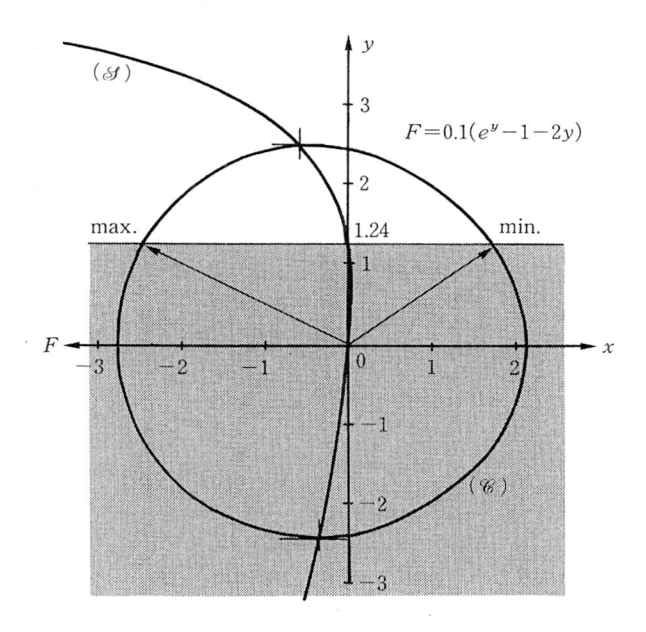

図 A.12 $\rho=0.1$ のとき図 A.8 の可変抵抗から引き出された既約特性 ($\mathscr{S}$) とリミット・サイクル

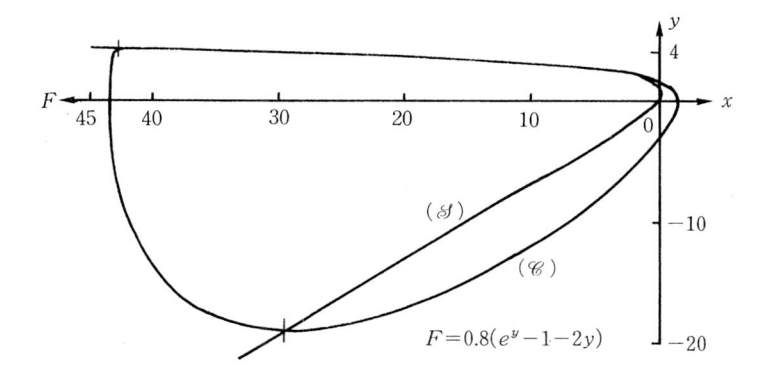

図 A.13 $\rho=0.8$ のとき既約特性 ($\mathscr{S}$) とリミット・サイクル. 図 A.12, 図 A.10 と図 A.13 を比較せよ

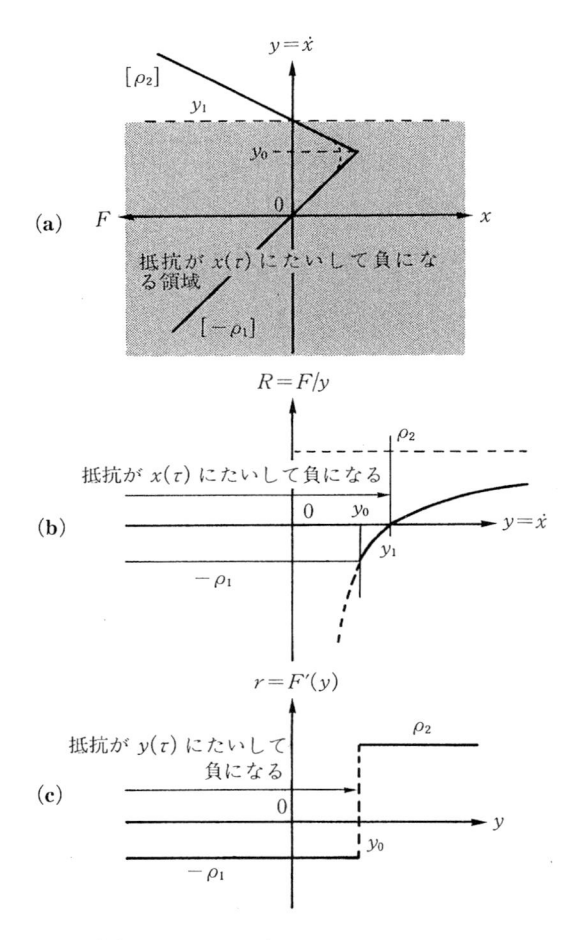

図 A.14 (a) 相平面 $(x, \dot{x})$ でのグッドウィン特性. (b) LRT 方程式における対応する抵抗 $R(\dot{x})$. (c) VDPT 方程式の抵抗 $r(y)$

第5節 グッドウィン特性

2行程振動子を得るために,われわれは,解析的でないが,指数関数より

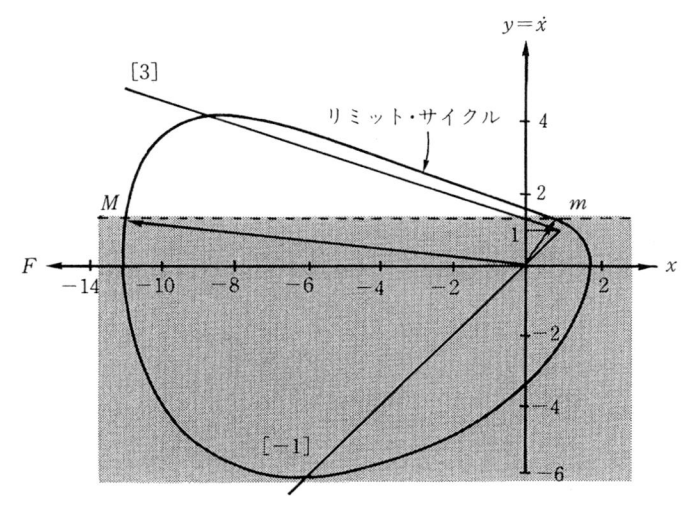

図 A.15 $-\rho_1 = -1$, $\rho_2 = 3$ のときのグッドウィン特性のリミット・サイクル

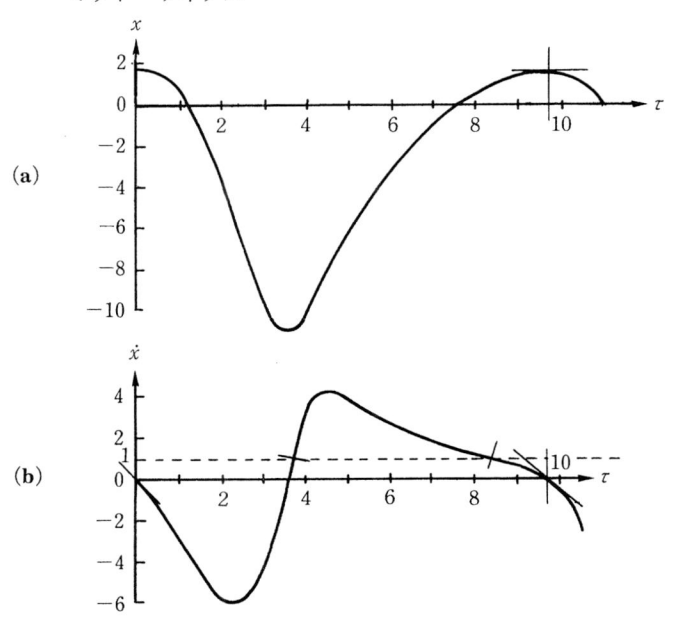

図 A.16 (a) 図 A.15(b) のリミット・サイクルから引き出される周期関数 $x(\tau)$. (b) 周期関数 $\dot{x}(\tau)$

ずっと単純な抵抗関数 $r(y)$ を使用することができる．前と同様に y_0 を正にとり，y_0 の左側に $-\rho_1>-2$ なる不変値の負の抵抗を，右側に $\rho_2>\rho_1$ なる不変値の正の抵抗 [図 A.14(c)] を仮定しよう．これに対応する方程式は (3)-(5) である．$F(y)$ と $R(y)$ は図 A.14(a)，(b) に表示されている．

2 本の直線から出来ているが，丸めたコーナーをもつ特性はグッドウィンが（未公刊の）1950 年に経済モデルで使用したものである．図 A.14(a) の特性はコーナーがあるにせよないにせよグッドウィン特性と呼ぶにまったくふさわしいものである．この 2 パラメーター特性はまた 2 行程振動子の標準形とみなすことができるであろう．それは詳細にデフィゲレードの博士論文で議論されている[12]．単一の例題として，われわれはここでは図 A.15 と図 A.16 にデフィゲレードから引用した $\rho_1=1$，$\rho_2=3$ のケースのリミット・サイクルと関数 $x(\tau)$，$y(\tau)$ を与えよう[12]．単位電圧として $\mathscr{V}$ を適当に選択することにより（第 3 節），図 A.14 で $y_0=1$ を仮定することはつねに可能である．

第 6 節　非対称性が大きい場合の 3 次特性

2 行程振動子をもたらす解析的な特性の例題として，最後に，3 次特性を示そう．

対称性をもつ $F=\varepsilon(-y+y^3/3)$ というケースでは，3 次特性 (Γ) は原点のほかに 2 点 H，K で $0y$ 軸と交差し，われわれは 4 行程振動子をもつ [図 A.17(a)]．実際的に，振動子が 2 行程か 4 行程であるかどうかという区別は，負荷線とダイオード特性の交点の数に依存するのではない．これらの点が（原点のほかに）リミット・サイクルの内側で 2 個あるか 1 個あるかどうかに依存する．目下のケースでは，もしも (Γ) に沿って (x,y) 座標の原点を対称性の中心から離れて勾配が無限大になる点 C に向かうならば，リミット・サイクルは収縮して点 K に近づくことになる．原点，特性が一定の位置をとるとき，$0y$ 軸とリミット・サイクルはみな K で交差する [図 A.

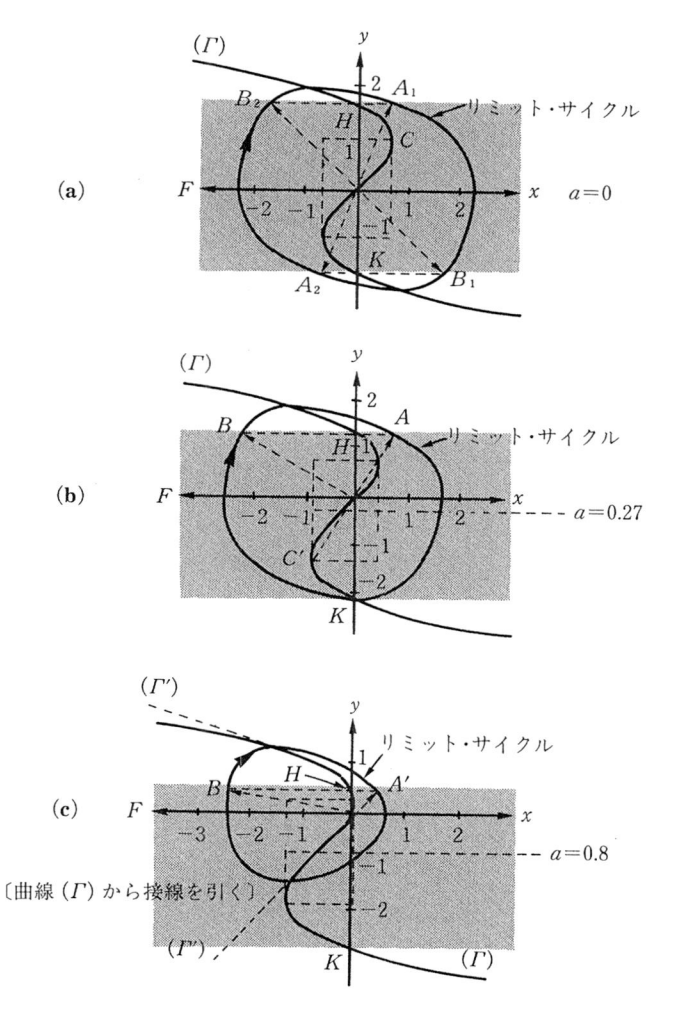

図 A.17 非対称性が増大したときの3次特性とそのリミット・サイクル．(**a**) 完全な対称性．原点が変曲点である．4行程の対称性をもつ振動子．(**b**) 臨界的ケース．変曲点の縦座標が -0.27．図 A.17(a) の点 A_2, B_1 は K で併合されている．(**c**) 非対称性が臨界的ケースより大きい．リミット・サイクルの動径ベクトルは A から B に増大し，B から A に減少する．2行程振動子．グッドウィン型の特性 $(\varGamma')$ は3次特性 $(\varGamma)$ と同じリミット・サイクルを与える

17(b)］．またもっと原点から離心している状態のとき，K はリ̇ミ̇ッ̇ト̇・サ̇イ̇ク̇ル̇の̇外̇側̇にあり，われわれは2行程振動子をもつ［図 A.17(c)］．図 A.17 はデフィゲレード論文から引用されている．

　図 A.17(c) におけるリミット・サイクルの存在は，特性 Γ が Z 字型をしているという事実に依っているのではない．実際的には，この例題では，Z 字型はつぎの理由で関係ない．LRT 方程式のリミット・サイクルが不安定な渦状点や結節点を囲んでいるときはいつでも，リミット・サイクルとそれに漸近的である内点の軌跡すべては，リミット・サイクルの外側にあるような特性の箇所から完全に独立である．原点近くにある初期状態から出発する代表点 (x, y) は，その無限大の寿命の間それらの箇所についてなにかを学ぶチャンスをけっしてもたない．われわれがリミット・サイクル ($\mathscr{C}$) を得た̇あ̇と̇で̇，もしも ($\mathscr{C}$) の外側にある無限個の弧を（たとえば）(Γ) のタンジェントで代置するならば，(Γ) の内点の箇所プラスふたつのタンジェントから合成される新特性 (Γ') は同一のリミット・サイクル ($\mathscr{C}$) と同一の内点の軌跡を正確に命ずるであろう．しかしながら，外点の軌跡は異なるであろう．この手続きは，勾配が無限大の点 C' が ($\mathscr{C}$) の内側にあるかぎり，依然として2変曲のある特性を与える．しかし，C' が ($\mathscr{C}$) の外側にある図 A.17(c) では，新特性 (Γ') はグッドウィンの双1次の特性であり，コーナーは3次の弧で丸められている．

　図 A.18 は図 A.17(c) の関数 $x(\tau)$ (LRT) と $y(\tau)$ (VDPT) を示す．

　われわれとしてはどんな条件のもとで図 A.17(b) の臨界的ケースが生じるかを知りたい．われわれはまず3次方程式を定義するパラメーターの集合を決める必要がある．図 A.19 において $(-a, b)$ を中心となる座標 C，$(-\varepsilon)$ を C での3次方程式の勾配（これはファン・デル・ポルと同じパラメーター），また y が非常に大きいとき $F \sim \gamma y^3/3$ とせよ．中心 C を通る軸を基準とする3次方程式は $F_1 = -\varepsilon y_1 + \gamma y^3/3$．$F_1$ の極大値と極小値は C から $\sqrt{\varepsilon/\gamma}$ の距離のところにある．この距離が1に等しくなるようにせよ．これは単位電圧 $\mathscr{V}$（第3節）を図 A.5 の特性 (N) 上で v_N の極大値と極小値

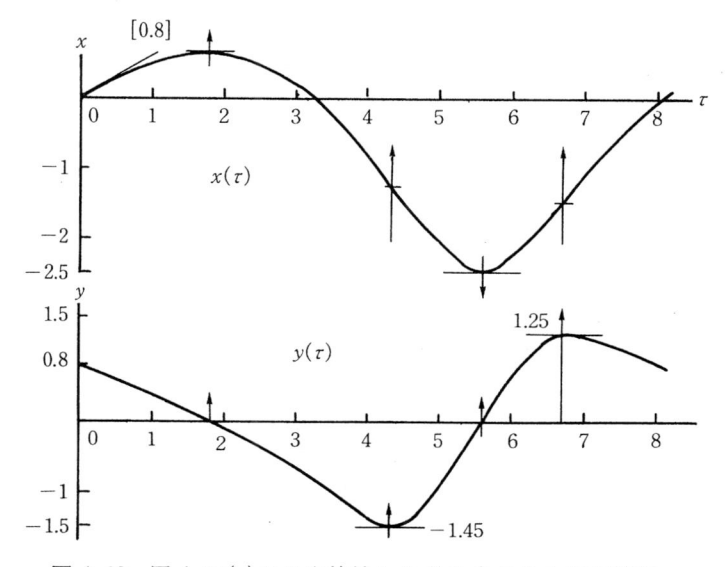

図 A.18 図 A.17(c) の 3 次特性から引き出された周期関数 $x(\tau)$ と $\dot{x}(\tau)$

$$F(y) = \varepsilon\left[-(1-a^2)y + ay^2 + \frac{1}{3}y^3\right]$$

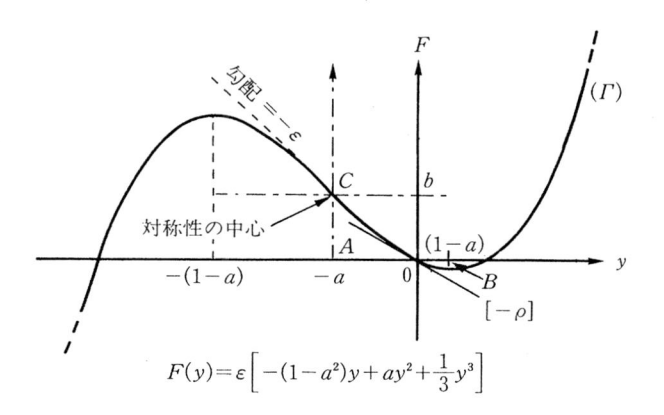

図 A.19 3 次特性に付着しているパラメーター a, b, ε, ρ の定義

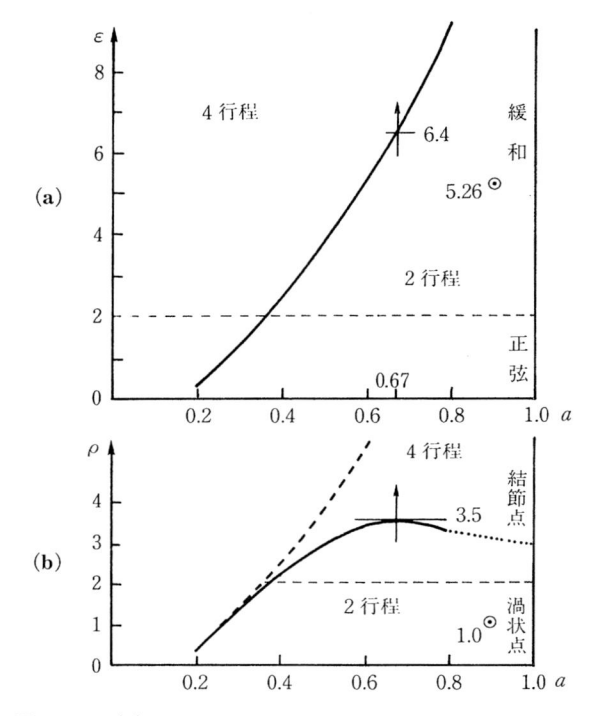

図 A.20 (a) 振動子が臨界的ケース図 A.17(b)になっているとき,図 A.19 のパラメーター a と ε の間の関係.(b) パラメーター a と ρ の間の関係.(a)で 5.26,(b)で 1.0 と表示された点は図 A.21 の対称的でない 3 次方程式に対応する

の差の半分にとることにほかならない.特性関数 $F(y)$ はこのとき

$$F(y) = b - \varepsilon(y+a) + \varepsilon\frac{(y+a)^3}{3} \tag{29}$$

$$= -\rho y + \varepsilon a y^2 + \frac{\varepsilon y^3}{3}$$

であり,

$$b = \varepsilon\left(a - \frac{a^3}{3}\right),\ \rho = \varepsilon(1-a^2) \tag{30}$$

である．あるいはまた，

$$F(y) = \varepsilon\left[-(1-a^2)y + ay^2 + \frac{y^2}{3}\right] \tag{31}$$

である．これはデフィゲレードが採用した標準形である．正弦的振動と緩和振動との区別は 2 行程振動子のケースではいくらかぼやけているが，依然としてパラメーター ε はわれわれが使用している 3 次方程式が（$\varepsilon < 2$ のとき）正弦的すなわち「ソフトな」側にあるか（$\varepsilon > 2$ のとき）緩和的すなわち「ハードな」側にあるかどうかを語ってくれる．パラメーター a は，図 A.19 では $A0$ 対 AB の比であるが，非対称性の測度である．$a=0$ のとき対称性をもつケースをもち，$a=1$ のとき極端な非対称性をもつ．

デフィゲレードが獲得した図 A.20 の曲線は 4 行程振動子と 2 行程振動子を分離する臨界的ケース［図 A.17(b)］になるような(31)のパラメーターの値を繋いでいる．この曲線から任意の所与の ε にたいしてつねに 2 行程振動子を得ることが可能であるということがわかるが，必要とされる極小の非対称性は ε とともに増大することがわかる．原点での勾配 $(-\rho)$ と非対称性 a との間の関係(30)は臨界的ケースについて図 A.20(b)で示される．ρ はつねに ε より小さくならねばならないこと，臨界的ケースでの ρ の極大値は 3.5 であることに注意しよう．こうして 2 行程リミット・サイクルは不安定結節点 $(\rho > 2)$ の周りで形成することが可能である．a の値が 0.9 より大きいとき，$a = 1-\eta$ と置くと，諸関係

$$\rho \sim 3 + 20\eta^2, \quad \varepsilon \sim \frac{3}{2\eta} + \frac{3}{4} + \frac{83}{8}\eta \tag{32}$$

は臨界的ケースの良好な近似になっているように思われる．

図 A.21 と図 A.22 は大きな非対称性（$a=0.9$）をもつ場合の 2 行程緩和振動（$\varepsilon = 5.6$）の例題である．原点での負の抵抗は $\rho = 1$ である．図 A.21 はリミット・サイクル，図 A.22(a), (b)は LR 関数 $x(\tau)$，VDP 関数 $y(\tau)$ を示す（補遺 II をみよ）．

デフィゲレード博士が彼の博士論文でファン・デル・ポル関数 $y(\tau)$ の式

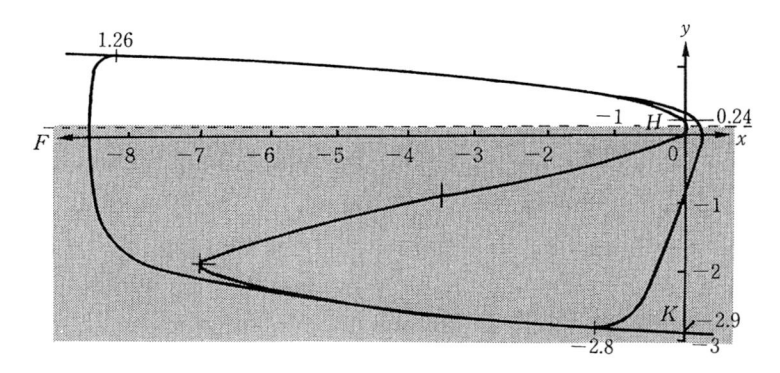

図 A.21 非対称性が大きく $a=0.9$ のとき，対称性のない 3 次方程式とそれに対応するリミット・サイクル

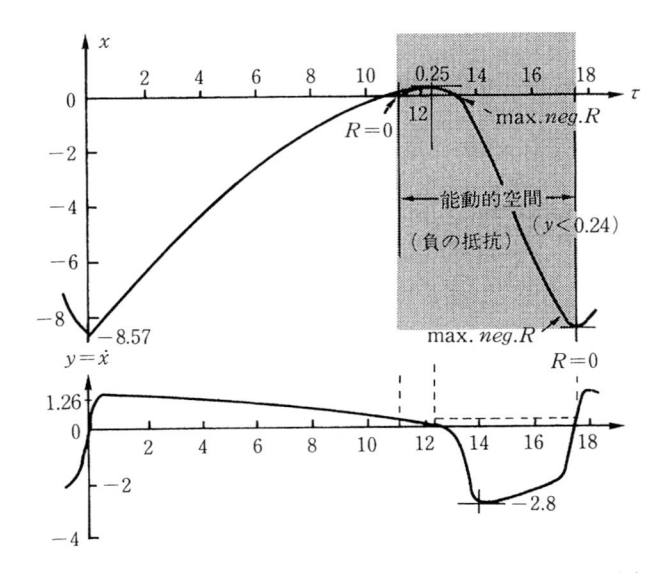

図 A.22 図 A.21 から引き出された周期関数 $x(\tau)$ と $\dot{x}(\tau)$．W. ネイエンハイスはファン・デル・ポル関数 $y(\tau)$ の極端な正の振幅と負の振幅の比がつねに 3 より小さいということを示した

を非対称性をもつ3次方程式から引き出して ε が小さい場合と ε が大きい場合について与えた．ε が小さい場合，彼の $y(\tau)$ の式は，$\cos 4\omega_0 t$ まで含めて8項から成る．彼の ω_0 にかんする式は ε^2 のオーダーで3つの修正項を含む．ε が無限大のときファン・デル・ポル関数はふたつの不連続性をもつ．デフィゲレードは ε が有限だが大きく，任意の非対称があるとき，ふたつの連続的な弧にたいして近似式を与えている．同様にまた周期にたいしても近似式を与えている．

ネイエンハイスは，ε（彼の ε'）が非常に大きく任意の非対称があるとき，ファン・デル・ポル関数 $y(\tau)$ の4つの部分のすべてに近似を与えた[18]．

こういうわけで3次特性のケースは，それが4行程振動から2行程振動への変遷を示すという点でとくに興味あるものである．もしも物理的振動子のあるパラメーター λ が連続的に変動するならば，図 A.6 の既約特性（$\mathscr{A}$）は一般に変動するであろう．もしも3次にとどまると仮定することができるならば，パラメーター ε と a は λ の関数として変動し，(ε, a) の代表点は，4行程の2行程への遷移が説明されることになる図 A.20(a) にある一定の経路を叙述するであろう．

第7節　デフィゲレード博士の理論とレイリー卿型方程式

読者はきっとわれわれの表明になにも数学的証明がなされていないことに気づいているであろう．これまで，周期解に関係する表明を証拠立てたのは対応するリミット・サイクルの図式解法によってだけである．これは本論文の著者の仕事をはっきりとデフィゲレードのものと分離するために行われた．

振動子の非線形要素の特性（第1節）が連続的でありまた連続的な導関数をもつとき，十分条件は周期解の存在と一意性についてすでに知られている．それらの条件はポアンカレ（Poincaré (1882)）とベンディクソン（Bendixson (1901)）による古典的諸論文にもとづいている．この課題はその時以来幾人かの研究者により進展させられた．最近この分野はコディングトン

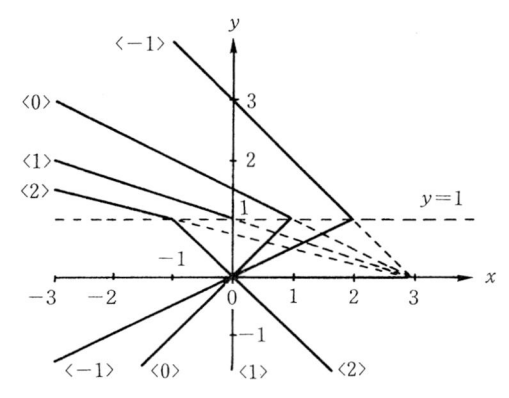

図 A.23 $-\rho_1=-1$, $\rho_2=2$ であるような図 A.14(a) のグッドウィン特性のときの関数 $f(x, y)=k$ の等高線

とレビンソンのような 2 人の一流の寄稿者による論評が与えられた[17].

双 1 次的グッドウィン特性 $F(y)$ は以前に考察されていた特性とは 2 点で異なった. $|y|$ が大きいとき, F は y の符号をもつ代わりに正であった. また $F(y)$ の導関数 $r(y)=F'(y)$ は $y=y_0$ で不連続であった（第 5 節）.

方程式

$$\ddot{x}+F(\dot{x})+x = 0 \tag{33}$$

は体系

$$\frac{dy}{dx}y+F(x)+x = 0 \tag{34a}$$

$$\dot{x} = y \tag{34b}$$

と同値である. この体系では第 2 方程式は

$$\frac{dy}{dx} = f(x, y) \tag{35}$$

であり,

$$f(x, y) = \frac{-F(y)-x}{y} \tag{36}$$

であるような一般型を成分としている.

F が例題として $-\rho_1=-1$, $\rho_2=2$ であるような図 A.14(a) のグッドウィ

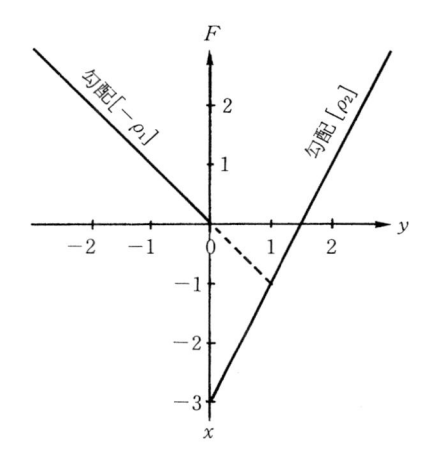

図 A.24　デフィゲレードが存在定理の証明に際して使用した不連続的特性 $F(y)$（第 4 章「存在と一意性」）

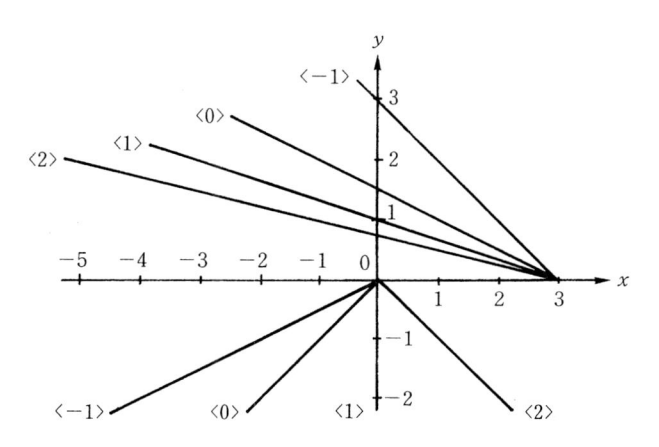

図 A.25　図 A.24 のデフィゲレード特性のときの関数 $f(x, y) = k$ の等高線

ン特性であると仮定しよう．族 $f(x, y) = m$ で $m = -1, 0, 1, 2$ のときの 4 つの曲線は図 A.23 で示される．関数 $f(x, y)$ は至るところで連続であり，その偏導関数 f_x, f_y は直線 $y = 1$ を横切る点で不連続である．

　さらにいっそう強力な不連続性が考察される必要があるであろう．$F(y)$

を図A.24に示される特性とせよ．それに対応する体系(34)は，デフィゲレードが導入し彼が「補助的体系」と呼んだものであるが，彼の理論で重要な役割を果たす．族 $f(x,y)=m$ は図A.25に示される．ここに $f(x,y)$ は線 $y=0$ を横切るところを除き至るところで連続である．

彼の博士論文の第2章で，デフィゲレードは，もしも $f(x,y)$ が曲線 Λ_{12} を横切る不連続性を除いて定義域 D で至るところで連続であるならば，任意の点で Λ_{12} を横切る(34b)の連続的解が存在する．（われわれは，この結果をもっと明確にしていくためのいくつかの限定条件を含む完全な表明を省略している．）この証明の第5ステップはいくつかの独創的な道具を導入している．定理はとりわけ角特性のケースに及んでいる．

第4章でデフィゲレードは(33)の少なくともひとつの周期解の存在にたいする十分条件を与えている．そのうちのひとつは，(5)と(6)における $r(y)$ にあたる $F(y)$ の導関数，領域 $-\infty<y\leq y_1$ で -2 より大きくなっているべきであるというものである（-2 は方程式 $\ddot{x}+\varepsilon\dot{x}+x=0$ における不安定的な渦状点と結節点を分離する ε の臨界値である）．これがわれわれに第4〜6節で論じた特性のような2行程特性の導入を認める決定的なステップである．

第5章でデフィゲレードはすでに第4章の定理の条件を満たす方程式の周期解の一意性のための条件を与えている．主要なものは $R'(y)$ と R/y との比較に関係しており，左右で十分遠く離れている．本論文で使用された特性はみな一意性の十分条件を満たす．

要約すると，デフィゲレードは(33)が（第3節のLRT方程式になるような）一意的な周期解をもつ十分条件を見出した．そのような十分条件は $f(x,y)$ が不連続で (x,y) 平面の直線を横切る可能性を含む．これは過去に知られていたものを超えるような注目に値する進歩である．本論文の著者がこの進歩に貢献できるのは，若き研究者に問題を指摘し彼に準周期研究の奨励を与えるところにあった．

第8節 結　　論

対称的なものであれ中位の程度に非対称なものであれ，4行程振動子は，線形・保存的要素がエネルギーをソースから周期あたり2回受け取るような振動子である．それは典型的にはAクラス真空管発信器やCクラスプッシュプル回路発信器やアンクル脱進機のようなものである．本論文は多くの非線形2階微分方程式を表示した．それは2行程振動子に対応するが，そこではソースは活動しているか周期あたり1度だけ強力に活動している．これはCクラス振動子のようになっている．この第2の型がこれまで4行程モデルによって解釈することが可能でなかった多くの振動をもっと良く理解させるようにするであろう，ということが望まれる．

補遺I　電気機械的アナロジー

以下のことは1933年に合衆国でフロイド・A.ファイアーストーン博士によりはじめて唱道され，そして本論文で使用されているアナロジーの体系の要約である．

　コンダクターの電流 i は直列に挿入された電流計により任意の点で測定される．ロープの張力 f は直列に挿入された検力計またはバネの釣合によって任意の点で測定される．このような物理的変数は通過変数または$\overset{..}{1}$点変数と呼ばれる．電流 i と力 f は電気機械的類似数として選ばれている．

　1対の電極を横断する電圧 v はこれらの電極に接続されている電圧計により測定される．2点間の距離 x はこれらの2点に沿って置かれた物差しにより，あるいはカリパス〔測径両脚器〕またはマイクロメーターを接触させて読み取れる．このような物理的変数は横断変数または$\overset{..}{2}$点変数と呼ばれる．2分子の相対的速度 $v=dx/dt$（距離 dx をスカラー dt で割ったもの）もまた2点変数である．電圧 v と電気機械的類似数として速度 v を選ぶことは

便利なことである．なぜなら，積 iv と fv は瞬間的な電気的な力と機械的な力を表示し，MKS 体系のなかで同一の単位で測定されるからである（ニュートン・メートル／秒＝ワット）．

キャパシタンス C は関係 $q=Cv$ により定義され，またそれを通過する電流は $i_C=dq/dt=Cdv/dt$ である．その機械的類似数は関係 $f_M=Mdv/dt$ により定義される質量 M である．インダクタンス L は $v_L=Ldi/dt$ で定義することができる．その機械的類似数は $f_K=Kx$ で定義されるバネのスティフネスの逆数である．ゆえに $v_K=K^{-1}df/dt$ である．抵抗 R は $v_R=Ri$ を満たす．その機械的類似数はダッシュポットの粘性定数 D の逆数であり，$v_D=D^{-1}f$ を満たす（D の電気的類似数はコンダクタンス G である）．

3 つの電気的要素（L, G, C）が並列的に接続されているならば，同一の電圧 v が 3 つすべてを横断しても存在し，全体の電流 $i=i_L+i_G+i_C$ は

$$i = \frac{1}{L}\int v dt + Gv + C\frac{dv}{dt} \tag{37}$$

により与えられる．

その機械的類似数はバネ，ダッシュポット，質量を並列的に接続したものから成る．というのは，v をそれらの共通の結節点の相対的速度と定めるならば，全体の力 $f=f_K+f_D+f_M$ は

$$f = Kx + Dv + M\frac{dv}{dt} \tag{38}$$

で与えられるからである．

読者は容易にふたつの類比される直列型のトリアーデ（L, R, C）と（K^{-1}, D^{-1}, M）に妥当する方程式を書いていけるであろう．このことは，角が距離に，角速度が線形の速度に，トルクが力に取って代わる回転する機械的系の直列型にも並列型にも同様である．

補遺 II　レイリー卿型方程式を満たす時間の周期関数の図式解法

われわれは LRT 方程式のリミット・サイクルがリエナールの方法によりいかにして相平面 (v_c, $w=\dot{v}_c$) で獲得されるかをみた（第 3 節）．いまやわれわれは周期関数 $v_c(\tau)$ ($\tau=$次元をもたない時間 $\tau/\sqrt{LC}$) のグラフを獲得したい．つぎの手続きは同時にその時間導関数 $w(\tau)$ つまりファン・デル・ポル関数のグラフも与えるであろう．

図 A.6 に示されている LRT 方程式のリミット・サイクルはそのリミット・サイクルの内部の v_c の各値について w のふたつの値を与える．正の値をまず選ぶことにしよう．(v_c, τ) 平面では，任意の縦座標の水平位置 v_c を通る勾配 $w=dv_c/dt$ の多くの平行線の小さい線分を描く．v_c のすべての適当な値にこの作図を繰り返す．つぎに手書きで等傾線法と同様に指定された勾配をもつ曲線の弧を各点で描く（水平線が等傾線である）．これがわれわれに任意の時間に 0τ 軸を横切る $v_c(\tau)$ の上昇する枝の大部分を与える．

この作図を 0τ に沿って右側で進んで繰り返すことにより，別個に v_c の低落する枝の大部分を得る．しかしながら，これらふたつの枝を正確に接続することは可能でない．なぜなら，v_c が極大値や最小値に達する点はきわめて不正確にしか定義されないからである．

この困難から抜け出る単純な方法はつぎのようなものである．v_c の上昇する枝をスケッチした後に，われわれは $w=dv_c/d\tau$ に任意の垂直的なスケールを選んで，v_c に対応する正の縦座標 w の点を各横座標にプロットすることができる．これらの点を連続的な曲線で結んでいくことにより，下方に凹になっている $w(\tau)$ の弧を獲得する．この弧つまりアーチを引き延ばして 0τ にぶつかる点に至るのは容易である．こういうわけで v_c が極小値になる点 τ_1 と v_c が極大値になる点 τ_2 が得られる．

この作図を v_c の低落する部門をスケッチしたわれわれの用紙の箇所に繰り返すことにより，負で上方に凹である $w(\tau)$ の弧が得られる．それは引き

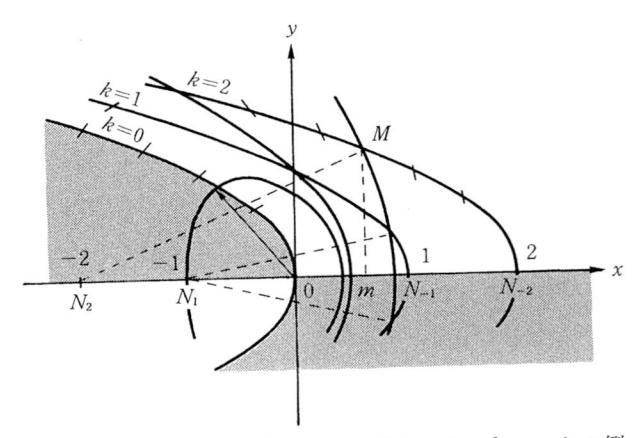

図 A.26 方程式 $\ddot{x}+(\dot{x})^2+2x=0$, $F(x,y)=y^2+x=k$ の例題と一般化したリエナールの作図．この方程式は明示的に 1 回積分可能であり，$(y^2+2x-1)e^{2x}=C$ になる．（図に示されている）軌跡 $C=0$ は閉じた軌跡と開いた軌跡を分離する．点描の領域で，動径ベクトルは増大する

延ばせば 0τ にぶつかる点に至る．こういうわけで v_C が極大値になる点 τ_3 と v_C が極小値になる点 τ_4 が得られる．

1 枚の用紙のうえに 4 つの弧すべてをトレースし，τ_2 と τ_3 を一致させるようにすることにより，同一の図面上に，周期曲線 $v_C(\tau)$ と $w(\tau)$ が得られる．これと同じ過程をリミット・サイクルが既知である VDPT 方程式に応用すれば，周期曲線 $w(\tau)$ と $\dot{w}(\tau)$ が与えられるであろう．

補遺 III　リエナールの解法の一般化と 2 階微分方程式の広範なクラス

リエナールの図式解法（第 3 節）は LRT 方程式

$$\ddot{x}+F(\dot{x})+x=0$$

に適用可能であるにすぎない．

この方法のひとつの長所は，適用可能であるとき，素早く，軌跡の小要素

が，1対のコンパスを用いて彫針を固定させたまま任意の半径を数多く使用して，獲得されるところにある．

この長所はリエナールの方法をつぎのようなより広範な方程式のクラスに拡張しても保たれる．

$$\ddot{x}+F(x,\dot{x})+x = 0. \tag{39}$$

あるいは，$\dot{x}=y$ と置いて，

$$\frac{dy}{dx}y+F(x,y)+x = 0. \tag{40}$$

問題はやはり，相平面 (x, y) の任意の点 M を所与とすれば，M を通過する軌跡にたいする法線 MN が $0x$ 軸を横断する点を見出すことである．

まず，相平面上に方程式 $F(x, y)=k$ の数本の曲線をスケッチし，k に逐次的に，$\cdots-2, -1, 0, 2, \cdots$ という値を与えておく．つぎに $0x$ 軸上に横座標 $(-k)$ の点 N_k を仕切る（図 A.26）．

$k=2$ を一例としてとり，曲線 $F(x, y)=2$ の上の任意の点 M を考察せよ．M を通過する軌跡にたいする法線は MN_2 である．というのは，m を M の $0x$ への射影と定めれば，

$$\overline{mN_2}+\overline{N_2 0}+\overline{0m} = 0 \tag{41}$$

または

$$\overline{mN_2}+k+x = 0 \tag{42}$$

であり，ゆえに(40)から，法線影 $\overline{mN_2}=ydy/dx$ であるからである．

(40)の軌跡の作図からはリエナールの方法の水平線の役割を担う曲線 $F(x, y)=k$ がしたがう．これらの軌跡のなかには閉じた軌跡（リミット・サイクル）もあればそうでないものもあるであろう．

読者はこの方法と等傾線法をファン・デル・ポル方程式

$$\ddot{x}-\varepsilon(1-x^2)\dot{x}+x = 0 \tag{43}$$

にともに適用して比較してみることは興味深いことであることがわかるであろう．方程式(40)は

$$\frac{dy}{dx} = \frac{-F(x,x)-x}{y} = f(x,y) \tag{44}$$

と同値である．

第7節にもどると，曲線 Λ_{12} に沿う $f(x,y)$ の不連続性が，変数 x は (x, y) が Λ_{12} を横断するときはいつも，（一般化された）衝撃を受け取ることを意味することは明らかである．デフィゲレード博士の博士論文の定理2.5，そして目下の図式解法は，われわれに相平面の領域1と2で異なる制約をもつ振動子のクラスを分析可能にする．たとえば，$F_2(x,y)=F_1(x,y)+y$ ならば，任意の軌道の勾配は Λ_{12} と交差するとき一方の方向で1だけ減少し，また他方の方向で1だけ増加するであろう．

任意の軌道の動径ベクトルの2乗和 (x^2+y^2) の極大値と極小値は軌跡 $yF(x,y)=0$ 上にある．動径ベクトルが増大している領域は図A.26に点描してある．

注

* P. Le Corbeiller, "Two-Stroke Oscillators", *Institute of Radio Engineers Transaction of the Professional Group on Circuit Theory*, 1960.
1) van der Pol, B., "On Relaxation Oscillations", *Philosophical Magazine*, 2 (1926), p. 978.
2) Lord Rayleigh, "On Maintained Vibrations", *Philosophical Magazine*, 15 (1883), p. 229; また *Theory of Sound*, New York: Dover Publications, Inc., vol. 1, p. 682 に所収．
3) Le Corbeiller, P., *Self-Maintained Systems and Relaxation Oscillations*, Paris: Hermann, 1931 (in French); van der Pol, *op. cit.*
4) Le Corbeiller, *op. cit.*; Le Corbeiller, P., "The Non-linear Theory of the Maintenance of Oscillations", *Journal of the Institute of Electrical Engineers*, 79 (1936), p. 361.
5) Le Corbeiller, P., "The Non-linear Theory of the Maintenance of Oscillations", *op. cit.*
6) Liénarid, A., "Study of Maintained Oscillations", *Rev. gen. elect.*, 23 (1928), pp. 901-46 (in French); Le Corbeiller, *Self-Maintained Systems and Relaxation Oscillations, op. cit.*; Le Corbeiller, "The Non-linear Theory of

Maintenance of Oscillations", *op. cit.*

7) Le Corbeiller, P., "The Non-linear Theory of Maintenance of Oscillations", *op. cit.*

8) Rüdenberg, R., *Transient Performance of Electric Power Systems*, New York: McGraw-Hill Book Co., Inc., 1950, Chapter 36.

9) Brillouin, L., *Tensors*, Paris: Masson, 1938 (in French); New York: Dover Publications, Inc., 1946, Chapter 1, p. viii.

10) Le Corbeiller, P., *Self-Maintained Systems and Relaxation Oscillations, op. cit.*

11) 方程式(25)は著者が1957年10月4日のハーバードの研究会議と1958年3月27日のレンセレル工科大学 (Polytechnic Institute) の招待講演で議論したものである. (27)と(28)の対の式はのちにファン・デル・ポル博士とデフィゲレード博士がそれぞれ独立的に示唆したものである.

12) de Figueiredo, R.J.P., "Existence and Uniqueness of Periodic Solutions in Autonomous Oscillators", Ph. D. Thesis, Harvard University, Cambridge, Mass., December 1958.

13) Le Corbeiller, "The Non-linear Theory of the Maintenance of Oscillations", *op. cit.* の図8をみよ.

14) de Figueiredo, R.J.P., "Existence and Uniqueness of Periodic Solutions in autonomous Oscillators", Ph. D. Thesis, Harvard University, Cambridge, Mass., December 1958.

15) *Ibid.*

16) Nijenhuis, W., "A Note on a Generalized van der Pol Equation", *Philips Research Reports*, 4 (1949), p. 401.

17) Coddington, E.A., and N. Levinson, *Theory of Ordinary Differential Equations*, New York: McGraw-Hill Book Co., Inc., 1955.

18) Firestone, F.A., "A New Analogy between Electrical and Mechanical Systems", *Journal of the Acoustical Society of America*, 4 (1933), p. 249.

訳者あとがき

　本書は Goodwin, R.M., *Essays in Economic Dynamics,* London: Macmillan, 1982, xi+220pp. の全訳である．ただし，付録に「グッドウィン特性」を定式化した電気工学者ル・コルベーエ「2行程振動子」の論文が収録されている．原著者にはこれまでに6冊の著書があるが，本書は，非線形加速度原理で世界的に著名な論文をはじめ非線形性の重要性を認知した先駆的な珠玉の論文からなる最上質の巻である．原著者にはすでに *Essays in Nonlinear Economic Dynamics,* Frankfurt: Peterlang, 1989 があるが，今回邦訳名を『非線形経済動学』とした．

　グッドウィン教授は，1913年生まれの経済学者であるが，画集1冊をもつ画家でもある．訳者が同じく翻訳した『カオス経済動学』（多賀出版，1992年）の表紙カバーの絵はグッドウィン作である．グッドウィンの経歴は『カオス経済動学』の「訳者解説」に詳述した．グッドウィンが幼少期より志した職業は画家であったが，実家の強い勧めでハーバード大学に入学することになった．しかし，グッドウィンはハーバード大学在学中に幸運にも終身教授に着任したばかりの大経済思想家シュンペーターの門下となる．ハーバード大学助教授を経てケンブリッジ大学講師，準教授（Reader）となったが，ケンブリッジ大学退職後イタリア・シエナ大学初の外国人経済学教授となり現在シエナ大学名誉教授である．

　グッドウィンはサミュエルソン，ジョーゼスキューレーゲンと並び称せられるシュンペーターの3大門弟の1人であるが，師シュンペーターの終生のテーマにもっとも忠実であった弟子である．循環と趨勢を分離することなく経済の進化（evolution）として経済の動学（dynamics）を創造すること，これこそグッドウィンが一貫として追求してきたことである．非線形性が単

純なモデルからカオスのようなとてつもない複雑な運動をつくり出すことは，1980年代になってはじめて周知の事実となった．グッドウィンは非線形性がもつ重要性を第2次大戦中ハーバードで物理学の教鞭を執ったときに気づいた．非線形加速度原理で世界的に著名な論文（本書第6章）はこうして生まれる．もちろん非線形景気循環論ということならば同時期にヒックスも考案した．しかし，今日数学者も認めるとおり，マクロ経済において，安定的でも不安定的でもない経済循環（リミット・サイクル）を設計する鍵が非線形性にあることを見出したのはグッドウィンの功績である．グッドウィンの非線形性論の真価は非線形性がただひとつだけで振動（たとえば景気循環）が生じることを発見したことであろう．これは1950年12月のことであり，のちにル・コルベーエにより「2行程振動子」として定式化された．生物学におけるロトカ－ヴォルテラ・モデルのような非線形性が関与する興味深い例題を経済学に応用したのもグッドウィンが最初である（本書第12章）．75歳を過ぎてからの著書『カオス経済動学』の誕生は，本書所収の諸論文がかかわる「保存系」の議論の集積の所産である．

　本書の翻訳は『カオス経済動学』の翻訳以上に骨の折れる仕事であった．訳者の力の及ぶかぎりで訳注，検算，訳者作成図を付け加えた．本書の付録は純粋に振動論の論文である．これについては草稿を大石進一教授（早稲田大学理工学部情報学科）に通読していただき，多くの重要な示唆をいただいた．ご多用の最中労多い仕事を快くお引き受け下さった大石教授に心よりお礼申し上げます．もちろんあり得べき誤りは訳者の責任である．また，索引作成にかんしては河野善文君，飯村卓也君（明治大学大学院政治経済学研究科）の援助を得た．両君に厚くお礼申し上げます．

　最後に，翻訳出版を快く引き受けて下さった日本経済評論社および編集部の清達二氏に心より感謝いたします．

　　1992年11月11日

有　賀　裕　二

索　　引

ア行

アンドロノフ - カーイケン（Andronov, A.A., and Khaiken, S.E.）　107, 135
イングランド銀行
　　──による預金水準の制御　25, 30
　　──の貸付ポートフォリオの変化　5
　　──の金のストック　3, 5
　　証券　3, 6
　　粉飾と──　10
ウィクセル（Wicksell, K.）　257-60, 269
ウィナー（Wiener, Norbert）　viii
ヴォルテラの被食者・補食者　viii-ix, 246, 264
『エコノミスト』誌の雇用指数　2
オランダエルム病　266

カ行

価格
　　──期待　35, 40, 47-9, 64
　　──期待の供給と需要への影響　65-72, 81
　　──期待の振動周期への影響　69
　　均衡──の逐次代入計算　153-6
革新　viii, 209-11, 217
　　──的投資　188-91, 193, 201
　　──の理論　93-4, 175
　　加速度係数と──　193
　　シュンペーターの──理論　111, 126, 175, 184
革新的シフト関数　94
重ね合わせの原理　167, 182
貸付
　　イングランド銀行の──ポートフォリオ 5
　　銀行──　17-24
　　商品としての──　36
　　長期と短期の──　44-7
加速度
　　──係数　136, 193
　　資本の限界効率における──原理　94-8, 109
　　成長理論における──原理　168, 191-2
加速度因子
　　景気循環理論における──　94-8, 120-1
　　伸縮的──　viii, 93-8, 191
　　──によって決定される投資　109
　　動学的乗数と非線形──　127-31
　　投資ラグをもつ非線形──　132-42
加速度・乗数　182, 198
　　投資ラグをもつ──の相図　137
　　──の相互作用　103-36, 120, 125
　　──の相図　125-30
加速度的投資　193-4, 201
カタストロフィー
　　──理論　143n
　　被食者・補食者モデル　246, 261-9
　　マルサス的──理論　ix, 257-69
カタストロフィーとしての産業革命　265
価値理論　35
貨幣
　　──供給の決定　12-5
　　──数量説　15
　　銀行──の供給：1920-38　1-33
　　現金総額と──総額　31-2
　　公衆の──供給への影響　26
　　預金勘定・当座勘定と──供給の比率　27-33

利子率と——供給　26, 29-33
利子率と遊休——　36, 38-49
⇒銀行の項の現金, 当座勘定, 預金, 比率を参照
貨幣制御と銀行の比率の安定性　12
貨幣政策　18
カーン‐ケインズ乗数　150, 189
技術進歩　124-7, 167, 175, 188, 250
技術的効率　255-6
期待
　叶えられない——　55
　——係数　66
　——の帰結　67-72
　——利子率　40-7
　不確実な——の確立頻度曲線　47
　負の——　69, 71
　⇒価格期待の項を参照
期待確率　47
供給
　価格期待の需要と——　64-72, 81
　——曲線と需要曲線のシフト　61-4, 72
　需要曲線・——曲線と蜘蛛の巣定理　57-60, 65
　需要と——の均等の逐次的代入解　153-6
供給結合　73-4
曲線, 直線　62
金
　——のストック　3, 5
　——本位　25
均衡
　一般——理論　51
　——価格の逐次代入計算　153-6
　——経路　169
　動学的に中立な——　64
銀行
　貸付　21
　貸付需要　17-21
　——による債券の購入　44
　——の現金準備　2, 3, 21-2
　——の超過準備金　44
　——の粉飾　9-12
　——のもつ現金　10, 18-9, 23
　——のもつ現金の移動平均　15
　——のもつ現金の季節的諸変動　5
　——のもつ現金の決定　2-9
　——のもつ流動性　9, 21, 24
　——預金勘定に関する利子率　29-31
　当座勘定　1
　当座勘定の季節的変動　8
　当座勘定の預金勘定にたいする割合　27, 29
　遊休預金　31
　預金　1, 3, 6
　預金総額　26-9
　預金総額に影響を与える諸要因　15-27
　⇒比率の項を参照
銀行学派　30
銀行率　30
近似的な方法　148
クズネッツ（Kuznets, S.）　169, 175
グッドウィン（Goodwin, R.M.）　276, 287-92
蜘蛛の巣定理　53, 57-60, 65, 75, 81, 156
クラーク（Clark, J.M.）　113
計画経済における成長　209-12
景気循環　viii
　供給曲線と需要曲線のシフト　61-5, 72
　——における加速度因子　94, 120-1
　——における非線形加速度因子　127-42
　——における預金総額　27-9
　——に関する動学的方程式　56
　——の下降局面と上昇局面　204
　——の持続　117-42
　——の線形モデル　119-27
　——と投資支出　130-42
　恒常的成長をもつ——の相図　125, 130
　比率の変化と——　25
　⇒循環の項を参照
経済活動における変質　188
経済の共鳴　76, 79, 81
計算機と経済動学　149-57

計量経済学
　——における総合　164
ケインズ（Keynes, J.M.）　vii-viii, 13, 26, 98, 104, 161, 168, 258
　——的流動性関数　9
　——の有効需要理論　184
　——の利子利論　35-49, 93
　——の流動性選好　x, 19, 26, 42, 46, 185
結合
　片側の——　53, 54-7
　——による循環の延長　77
　動学的——　51-4, 80-1
権威ある政府　224
限界主義　257
現金
　——総額と貨幣総額　31-3
　利子率と遊休——　36, 38-49
　⇒銀行の項を参照
減衰
　——係数　134
　——的循環　69-76, 106, 133
工業化
　成長の限界としての——の完了　218-20, 229-30, 233
工業文明の崩壊　260
厚生の極大化　209-11
構造的不安定性　vii
効用　215
　限界——　215-8, 228-9
　限界——曲線　218-9, 229
固定資本加速因子　174-5, 177
雇用
　完全——　192, 249
　完全——水準の上昇　111, 198
　完全——の振動の限界　107-11, 174, 189, 244
　完全——の達成　161, 233
　——統計　2
　——の成長　250
　取引の状態の——測度　17, 25
コルモゴロフ（Kolmogoroff, A.）　264

サ行

債券
　——の銀行による購入　44
　——の利子率　37, 40, 42
在庫　171
財ストックと生産　171-2, 174, 176
サーボ機構　151-2, 156, 162
産出
　——水準と生産能力　173-4
　——の成長への諸制約　174
　資本財——と一般的——　193
　人口爆発と——　259, 265, 268
　⇒生産の項を参照
時間
　——の周期関数　305-6
　——分析　155
　循環の和にして分析される時系列　167
　生産ラグにおける——定数　70
資源
　枯渇しうる——　259, 265-7
　人口と——　261-9
試行的解の反復　148-57
　均衡価格の——　153-6
市場の安定性
　極大の——　70
　結合による——の減少　75-6
失業　189, 211-3, 229, 250
資本
　加速度原理と——の限界効率　94-8, 109
　固定——　174-7
　——財と消費財の割合　208
　——ストック　190-1, 198-9
　——蓄積　196-201, 218, 221, 232, 250
　——の限界効率　94
　——理論における動学　36
　望ましい——量　190, 196-200, 225-6
　遊休——　189-90
　⇒現金の項の遊休現金を参照
資本‐産出比率　168, 219, 223, 226
資本主義

——に関する社会主義者の見解　249, 255-6
出生率と死亡率
　　　——の均等化　259-61, 265
需要
　　生産ラグ付きの——結合　73-4
　　有効——　184, 194
　　⇒供給の項の需要と供給を参照
循環　vi
　　価格期待による減衰的——　69-70
　　価格期待の——への影響　64-72, 81
　　下降局面と上昇局面　194, 198-201, 204-5
　　均衡点　viii, 62, 117
　　均衡点と変動（変位）　122-4, 129, 134
　　計画をもつ経済と計画のない経済での——　166
　　結合による——の延長　77
　　減衰的——　76, 106, 133
　　自己発生（繁殖）的——　93
　　自己繁殖的で無限に継続しうる——　135
　　——政策　161-4
　　——的-永年的過程　112-3
　　——における貯蓄関数　111-3, 174-6, 194-6
　　——の持続　ix, 105-10, 117, 128
　　——の投資理論　93-5
　　——の非線形理論　103-13, 117
　　——の理論　93
　　所得の——　127-30, 137-8
　　趨勢と——　111, 166-83
　　成長と——の相互関係　181-3
　　成長と——のシュンペーター理論　183-6, 200
　　政府支出によって肥大した——　163
　　2行程のリミット・サイクル　283-4, 287-9, 292-7, 306
　　販売モデル　176
　　被食者・補食者——　264
　　非正弦曲線——　137-40

リミット・サイクル　ix, 62, 110, 117, 123, 135-42, 275-81
　　⇒景気循環，商品循環，成長循環，振動の項を参照
循環的成長モデル　⇒成長循環モデルの項を参照
循環の販売モデル　176-7
シュンペーター（Schumpeter, J.A.）
　　viii-x, 49n, 93, 119, 142n
　　——的革新的理論　111, 126, 175, 183
　　趨勢と循環の理論　166, 170
　　成長と循環の理論　183-7, 200
乗数　193-4, 199
　　カーン-ケインズ——　150, 189
　　動学的——　104, 127, 150
　　非線形加速度と——　127-32
　　⇒加速度乗数の項を参照
消費
　　今と将来の——　208, 210-3, 217, 220, 223-6, 229-32
　　評価　212
商品循環
　　価格期待と——　64-5
所得
　　——循環　127-31, 136-42
　　——水準についての社会的評価　230
　　正当な——税　218
所得-支出ラグ　105
人口
　　資源と——　262-9
　　——増加　183, 260-2, 265, 269
振動
　　インパルスによる——　118-20
　　価格期待の——周期への影響　69
　　緩和——　107, 297
　　減衰的——　106, 134
　　シフトする供給曲線と需要曲線による——の持続　62-4, 72
　　——の諸制約　107-12, 174, 189, 197, 201, 244
　　——理論　108

趨勢の周りの―― 182
正弦的―― 297
生産ラグの――への影響 73-80
線形理論 107, 117, 120
爆発的―― 106, 108, 133-4, 176
非線形―― 124, 249
フィードバック 118
振子の―― 107, 118-20
⇒循環の項を参照
振動子
閾値―― 113n, 120
音叉発振器 107
グッドウィン特性 290-2, 300-1
自励的―― 273-4
――の理論 62
対称的―― 273-6, 297
電気機械的アナロジー 303-4
電気的―― 274-5, 279-83
2行程―― ix, 273-309
2行程――と指数型 283-9
2行程――の3次特性 292-9
保存系の非線形―― 249
4行程―― 276, 281, 303
振動的機構と伸縮的加速度因子 93-8
趨勢
循環と―― 166-83
――の周りの振動 182
――の理論 168
図式積分 133, 135
生活水準
――としての1人あたりの産出 261
――に関するホメオスターシスの原理をもったフィードバック機構 259
制御理論 163
生産
財ストックと―― 170-2, 174, 176
――工程と成長率との関係 255
――における時間定数 70
――能力と産出水準 173-4
――ラグの蜘蛛の巣定理 53, 57-60, 75, 81, 156

――ラグの循環的成長への影響 202-5
――ラグの振動への影響 73-84
動学的結合と――ラグ 51-4, 72-80
⇒産出の項を参照
生産性 249-50
生産ラグ付きの市場の結合 53-4, 72-80
成長 viii
雇用 111, 198, 250
斉一―― 222
最適――経路 ⇒低開発経済の項を参照
最適――の定義 209
産出の――への制約 174
指数的―― 106
循環と―― 167
循環と――のシュンペーター理論 183-7, 200
循環と――の相互関係 181-3
――循環 viii-ix
――循環の下方転換点 ix, 201
――循環の源泉 188, 198-201
――循環のラグの影響 202-4
――循環モデル (1955) 181-205
――循環モデル (1967) 244-50
――の限界としての工業化の完了 218-20, 229-30, 233
――理論における加速度理論 168, 190-1
長期―― 168
投資と―― 111
滑らかな―― 105, 113n, 125-6, 130
利潤率と――率 255-6
政府
貨幣供給と――の借入 3, 22-4
権威ある―― 224
――支出 195, 202
――の反循環政策 162-3, 194
ゼロ規正サーボ 148-51
相空間分析 ix
相互依存
価格と供給・需要の―― 72, 80-1

経済部門の—— 51
経済部門の——関係の非対称性 51-2
趨勢と循環の——関係 174
動学的—— 72, 80
ソビエト連邦 208, 221
存在定理 302

タ行

太陽エネルギー 259, 264-5
地代
　リカード的——理論 259
貯蓄
　限界——率 222-3, 234
　循環における——関数 111-2, 175-6, 194-6
　——率 208, 226
賃金
　——以上に速く上昇する生産性 249
　利潤と—— 250
低開発経済
　今と将来の消費 208, 211-3, 218, 220, 223-32
　厚生の極大化 209-11
　失業 221-3, 229
　資本財と消費財の生産 208
　資本蓄積 218, 221, 230
　新技術 209-11, 216
　貯蓄率 208, 222-4, 226, 234
　——の最適成長経路 x, 208-34
　利子率 224
　労働生産性 217-20
手形決済銀行 1-2
デフィゲレード (Figueiredo, R.J.P. de) 287, 292, 294-7, 299-302, 308
デューゼンベリー (Duesenberry, J.) 111, 173, 195
電気抵抗 277-8, 281, 283, 285-6, 289-90, 292
動学
　経済—— 148
　計算機と経済—— 149-57

資本理論における経済—— 35-6
部分的な経済—— 52-4, 58, 81
動学的
　生産ラグ付き——結合 52-4, 72-80
　——片側の結合 52-7
　——結合 51-4, 81
　——乗数 104, 127-31, 151
　——相互依存 72, 80
　——に中立的な均衡 64
投資
　革新的—— 188-91, 194, 201
　加速度的—— 193, 201
　様々な産業での—— 140
　自生的—— 170
　振動の限界としてのゼロ—— 107-11, 197, 202
　——決意の線形関数 203
　——支出 130-1, 200
　——支出ラグ 106, 120, 132-42, 170-3, 202, 213
　——と循環の理論 93-5
　——と成長 111
　——の決定要因としての加速度因子 109
　——の限界 121
　——ラグ 106, 120
　——ラグをもつ加速度乗数 136
　——ラグをもつ非線形加速度因子 132-42
　——率 121-3
　非線形加速度因子と——支出ラグ 132-42
　負の—— 121, 126
　誘発的—— 128, 170, 176
土地
　——の限界生産物逓減 258
取引の状態
　——に関連した銀行預金と貸付 18, 22-4, 28-9
　——の測度 17-8, 25

ナ行

ナイト（Knight, Frank H.） 47
ネイエンハイス（Nijenhuis, W.） 298-9
農業 59, 259, 264-6

ハ行

ハロッド（Harrod, R.F.） vii, 105, 143n, 168-70, 182, 193
ハンセン（Hansen, A.H.） 93, 97, 113n
ハンセン‐サミュエルソンの乗数‐加速度因子の相互作用 105
被食者・補食者機構 246, 261-9
非正弦的循環の時系列 137-42
ヒックス（Hicks, J.R.） 46-7
　『景気循環論』 103-4, 142n, 170, 182
微分方程式 149, 306-8
比率 6
　安全な―― 14
　移動平均 15-7
　景気循環の局面と―― 25
　限界―― 18-9, 25
　固定―― 13-4, 17, 22
　真と真でない―― 9-12
　――における変動 14-7, 22-5
　――の決定 12-3
費用
　固定―― 195
　――と拡張 172
ファイアーストーン（Firestone, Floyd A.） 303
ファン・デル・ポル（van der Pol, B.） 107, 134, 273, 277, 307
フィッシャー（Fisher, Irving） 218
フィードバック機構 viii, 162
　振動における―― 118
　生活水準に関するホメオスターシスの原理をもった―― 259
不況期 124, 127, 129, 136, 198-201
豚の循環 156
ブーム期 124-7, 131, 136, 172-3, 192-3, 198-201
部門別逐次代入法 151
フリッシュ（Frisch, R.） vii, 106, 119, 136
分解 181-2
変分法 232-4
ポアンカレ（Poincaré, Henri） 107
　――のリミット・サイクル 62, 134, 136
ポアンカレ‐リエナールの図式積分 133, 135
ホイル（Hoyle, Sir Fred） 268

マ行

マクミラン委員会の『報告』 1, 9, 18, 26
マーシャル（Marshall, A.） 155, 258
マネタリズム vi, 22
マルクス（Marx, Karl） viii, 249, 258
マルクスの循環理論 161
マルサス主義 ix, 257-69

ヤ行

預金
　イングランド銀行による――の制御 25, 30
　当座勘定にたいする銀行――の割合 26-9
　――総額 26, 29
　⇒銀行の項を参照

ラ行

ラグ
　所得‐支出―― 105
　――の循環的成長への影響 viii-ix, 202-5
　――の配分 104-5
　⇒投資ラグ，生産ラグの項を参照
ラムゼーの規則 215, 222, 233
ランゲ（Lange, O.R.） 154
乱調
　振動の―― 162
リエナール（Liénard, A.） 275, 280-1,

305-6, 307
リカード (Ricardo, D.) 258-9
利潤 255-6
利子率
　貨幣供給と―― 26, 28-33
　期待―― 40, 42-6
　期待――の弾力性 41
　ゼロの―― 39-40
　短期の―― 20-1
　投機的な退蔵と―― 35-9, 43, 45-9
　低い――の障害 40
　不変の―― 26, 224
　遊休現金と―― 36, 38-49
　――の季節的変動 7-8
利子理論 35-49
　――における流動性の概念 42, 46
流動性
　銀行のもつ―― 9, 19, 24

利子理論における――の概念 42, 46
　――選好 x, 19, 26, 46, 185
　――選好曲線 40, 42
ル・コルベーエ (Le Corbeiller, P.) vii, 118
「2工程振動子」 273-309
ルネ・トム (Thom, R.) 262
レイリー (Lord Rayleigh, S.J.W.) 107, 134, 273, 277
レオンチェフ (Leontief, W.) 64, 114n
労働
　――生産性 217-20
　――力の増加 183, 188, 201, 212
ロビンソン (Robinson, J.) 193, 195

ワ行

ワルラス (Walras, L.) x, 153-6, 258

有賀 裕二（あるか・ゆうじ）

1949年東京生まれ．1972年早稲田大学第一政治経済学部卒．1972-75年早稲田大学大学院経済学研究科（修士課程）．1976-80年京都大学大学院経済学研究科（博士課程）．千葉商科大学商経学部助教授，中央大学商学部助教授を経て1990年同大学商学部教授，現在に至る．

著　書　『現代経済学の歴史―商品生産理論の系譜―』多賀出版，1983年．

主要論文　"Generalized Goodwin's Theorems on General Coordinates", *Structural Change and Economic Dynamics* (Oxford University Press), 2(1991), pp. 69-91.

訳　書　グッドウィン著『カオス経済動学』多賀出版，1992年．グッドウィン著『線型経済学と動学理論』日本経済評論社，1988年（共訳）．レーマク著『商品生産の科学的基礎』［ドイツ語］（『現代経済学の歴史―商品生産理論の系譜―』多賀出版，1983年「資料」所収）その他．

非線形経済動学

1992年12月1日　第1刷発行Ⓒ

著　者　R.M.グッドウィン

訳　者　有　賀　裕　二

発行者　栗　原　哲　也

〒101　東京都千代田区神田神保町3-2

発行所　株式会社日本経済評論社

電話 03-3230-1661
振替東京 3-157198
太平印刷社・美行製本

落丁本・乱丁本はお取替いたします　　Printed in Japan

ポスト・ケインジアン叢書

J.A.クリーゲル　川口弘監訳　緒方・福田川訳
① 政治経済学の再構築
A5判　338頁　3200円　〒310

A.S.アイクナー編　緒方・中野・森・福田川訳
② ポスト・ケインズ派経済学入門
A5判　221頁　2600円　〒310

P.デヴィッドソン　原正彦監訳　金子・渡辺訳
③ 貨幣的経済理論
A5判　502頁　6500円　〒310

G.C.ハーコート　神谷傳造訳
④ ケムブリジ資本論争［改訳版］
A5判　366頁　5800円　〒310

A.S.アイクナー　川口弘監訳　緒方・金尾ほか訳
⑤ 巨大企業と寡占
A5判　532頁　5600円　〒310

M.カレツキ　浅田統一郎・間宮陽介訳
⑥ 資本主義経済の動態理論
A5判　242頁　3800円　〒310

R.カーン　浅野栄一・袴田兆彦訳
⑦ 雇用と成長
A5判　300頁　4500円　〒310

D.J.ハリス　森義隆・馬場義久訳
⑧ 資本蓄積と所得分配
A5判　350頁　4500円　〒310

P.M.リヒテンシュタイン　川島章訳
⑨ 価値と価格の理論
A5判　266頁　3800円　〒310

P.デヴィッドソン　渡辺良夫・秋葉弘哉訳
⑩ 国際貨幣経済理論
A5判　432頁　5800円　〒310

J.ロビンソン　山田克巳訳
⑪ 資本理論とケインズ経済学
A5判　390頁　5200円　〒310

N.カルドア　笹原昭五・高木邦彦訳
⑫ 経済成長と分配理論
——理論経済学続論——
A5判　380頁　5200円　〒310

S.C.ダウ　鴻池俊憲・矢根真二訳
⑬ マクロ経済学の構図
——方法論的アプローチ——
A5判　364頁　3400円　〒310

R.M.グッドウィン　有賀・浅田・荒木・坂訳
⑭ 線型経済学と動学理論
A5判　287頁　4500円　〒310

L.L.パシネッティ　中野守・宇野立身訳
⑮ 生産と分配の理論
——スラッファ経済学の新展開——
A5判　340頁　5200円　〒310

J.イートウェル, M.ミルゲイト編　石橋・森田・中久保・角村訳
⑯ ケインズの経済学と価値・分配の理論
A5判　462頁　6200円　〒310

L.マインウェアリング　笠松学・佐藤良一・山田幸俊訳
⑰ 価値と分配の理論
——スラッファ経済学入門——
A5判　292頁　4200円　〒310

H.ミンスキー　岩佐代市訳
⑱ 投資と金融
——資本主義経済の不安定性——
A5判　462頁　6800円　〒310

V.チック　長谷川啓之・関谷喜三郎訳
⑲ ケインズとケインジアンのマクロ経済学
A5判　533頁　7400円　〒310

J.A.クレーゲル編　緒方俊雄・渡辺良夫訳
⑳ ポスト・ケインズ派経済学の新展開
——分配・有効需要および国際経済——
A5判　272頁　3500円　〒310

表示価格に消費税は含まれておりません

非線形経済動学（オンデマンド版）

2004年7月1日　発行

著　者　　R. M. グッドウィン
訳　者　　有賀　裕二
発行者　　栗原　哲也
発行所　　㈱　日本経済評論社
　　　　　〒101-0051　東京都千代田区神田神保町3-2
　　　　　　　電話 03-3230-1661　FAX 03-3265-2993
　　　　　　　E-mail: nikkeihy@js7.so-net.ne.jp
　　　　　　　URL: http://www.nikkeihyo.co.jp/

印刷・製本　株式会社　デジタルパブリッシングサービス
　　　　　　URL: http://www.d-pub.co.jp/

AB847

乱丁落丁はお取替えいたします。　　　Printed in Japan
　　　　　　　　　　　　　　　　　　ISBN4-8188-1624-8

Ⓡ〈日本複写権センター委託出版物〉
本書の全部または一部を無断で複写複製（コピー）することは、著作権法上での例外を除き、禁じられています。本書からの複写を希望される場合は、日本複写権センター（03-3401-2382）にご連絡ください。